上海市水利建设与管理论文集

（2018）

刘晓涛 / 主编

河海大学出版社
HOHAI UNIVERSITY PRESS

内 容 提 要

本书是对近年来上海市水利工作新方法、新概念、新技术的总结。全书分为五个部分：水利规划与建设、工程运行与管理、农村水利、防汛与水利长效管理、水利科技与信息化。展示了上海市水利建设管理工作中的经验思路，体现了新时代上海水利现代化建设的发展方向。

图书在版编目(CIP)数据

上海市水利建设与管理论文集 / 刘晓涛主编. -- 南京：河海大学出版社，2018.6

ISBN 978-7-5630-5555-5

Ⅰ. ①上… Ⅱ. ①刘… Ⅲ. ①水利建设－上海－文集 ②水利工程－项目管理－上海－文集 Ⅳ. ①F426.9－53

中国版本图书馆 CIP 数据核字(2018)第 126399 号

书　　名 上海市水利建设与管理论文集(2018)
书　　号 ISBN 978-7-5630-5555-5
策划编辑 杨　曦
责任编辑 张　媛
封面设计 黄　煜
出版发行 河海大学出版社
地　　址 南京市西康路 1 号(邮编:210098)
电　　话 (025)83737852(总编室)　(025)83722833(营销部)
经　　销 江苏省新华发行集团有限公司
排　　版 南京布克文化发展有限公司
印　　刷 虎彩印艺股份有限公司
开　　本 787 毫米×1092 毫米　1/16
字　　数 350 千字
印　　张 14.25
版　　次 2018 年 6 月第 1 版　2018 年 6 月第 1 次印刷
定　　价 50.00 元

序

水是生命之源，生产之要，生态之基。上海因水而生，因水而兴，水不仅滋润了这片美丽富饶的土地，更塑造了上海独特的城市品格，孕育了海纳百川、追求卓越、开明睿智、大气谦和的城市精神。

当前，全社会对改善环境突出问题的期望很高，党的十九大将坚持人与自然和谐共生纳入新时代中国特色社会主义的基本方略，把水利摆在九大基础设施网络建设之首，对水利工作做出一系列战略部署，进一步深化了水利工作内涵，指明了水利发展方向。

历史又一次将水利工作推向时代发展的前沿。在上海市委市政府的高度重视和坚强领导下，本市水利工作坚持以习近平新时代中国特色社会主义思想为统领，紧紧围绕“人与自然更加和谐，天蓝地绿水清的生态环境更加怡人”这一目标，积极统筹水安全、水资源、水环境、水生态、水景观、水文化协调发展，主动作为，锐意进取，迎难而上，敢于担当，在全面推行河长制、城乡中小河道综合整治、苏四期环境综合治理、水务精细化管理等方面取得了显著的成绩，积累了丰富的经验。

本论文集共收录43篇论文，内容涵盖水利规划与建设、工程运行与管理、农田水利、水利科技信息化等方面，既有理论上的探讨分析，亦有实践上的经验总结。论文集的出版，将促进本市水利行业高质量发展，为进一步营造人水和谐新局面打下坚实的基础。

上海市水务局副局长

二〇一八年六月

目　录

水利规划与建设

工程运行与管理

农村水利

防汛与水利长效管理

水利科技与信息化

水利规划与建设

崇明岛盐碱土造林的实践与探索

茅　矛

（上海市崇明区海塘管理所，上海 202150）

摘　要：由于自然及人为原因，崇明沿海垦区土壤脱盐碱化收效甚微，制约了南北地区经济均衡发展。本文以2015年崇明海塘公益林项目为例，阐述了沿海防护造林建设的必要性，分析了盐碱地的成因和沿海造林各限制因素，总结归纳了技术特点及措施。

关键词：盐碱化；围垦；沿海造林

1　项目概况

崇明岛处于长江入海口，三面临江，位于东经121°09′30″至121°54′00″，北纬31°27′00″至31°51′15″，是世界最大的河口冲击岛，拥有丰富的滩涂资源。2015年崇明海塘公益林项目涉及崇明本岛沿江大堤内外平台，地段有新村、虹桥、北六滧等区域，总建设面积2 426.4亩*，其地貌为河口三角洲，沿海土壤主要类型为夹砂盐碱土。本项目根据上海市“十二五”总体规划发展战略，以加强多层次、成网络、功能复合的基本生态网络建设为要求，形成以生态效益、防护功能为主体，“带、片、网、点”相结合的沿海综合防护林。

2　盐碱现状和成因

2.1　盐碱现状

表1为公益林开工前的土壤咸度检测报告。根据不同地块采集了0～30 cm、30～60 cm土层的80个点，根据盐碱地分级指标划分（土壤含盐量0.1%～0.2%，轻度盐化土；土壤含盐量0.2%～0.4%，中度盐化土），东旺沙区域为中盐土，北六滧至北七滧、北七滧至北八滧为轻盐土，虹桥及庙港水闸东西两侧区域为脱盐土。

表1　土壤咸度检测报告

土壤采样区域	采样点数量	0～30 cm 土层含盐量(‰)	30～60 cm 土层含盐量(‰)	盐碱程度
北六滧至北七滧	10	1.50	1.60	轻盐土
北七滧至北八滧	12	1.49	1.33	轻盐土
虹桥区域	18	0.95	0.85	脱盐土

作者简介：茅矛（1990—　），女，大学本科，主要从事海塘管理工作。E-mail：375686860@qq.com。

* 为了保持文献的真实性，本书继续沿用一些非法定计量单位，如亩、公顷、度。1亩＝666.67平方米。1公顷＝10 000平方米。1度＝3 600 000焦。

（续表）

土壤采样区域	采样点数量	0～30 cm 土层含盐量(‰)	30～60 cm 土层含盐量(‰)	盐碱程度
东旺沙区域	20	2.02	2.00	中盐土
庙港水闸东侧	10	0.40	0.43	脱盐土
庙港水闸西侧	10	0.76	0.62	脱盐土

其中，东旺沙、虹桥、北七滧至北八滧、庙港水闸西侧区域的 0～30 cm 土层盐碱含量都大于 30～60 cm 土层，表土出现了返盐现象，尤其是东旺沙土表面有盐斑。土壤咸度监测为施工降盐提供了参考依据。根据含盐量，施工方可因地制宜，采取有效措施提高树木成活率。

2.2 长期咸潮包围

崇明地处长江入海口，每年 10 月至次年 4 月，海水沿河道自河口向上游上溯，形成咸潮倒灌。咸潮根据水流方向分为南支和北支，北支咸潮 10 月至次年 4 月长期包围北部沿海，所以北沿水闸只排不引。南支咸潮上溯呈现阶段性分布（表 2），历年咸潮期中（10 月至次年 4 月），至少有三个月咸潮天数小于 10 d，能进行正常的引排。表 1 中北六滧至北八滧、东旺沙区域盐碱度高，一是受到北支咸潮的长期影响难以脱盐，二是其入河口对应南四滧至团结沙区域，对比岛内其他引水口，引淡条件较差，易受到南支咸潮的入侵。

表 2　南支咸潮包围崇明时间（5—9 月无咸潮）　　单位：d

年＼月	1月	2月	3月	4月	10月	11月	12月	合计
2012 年	25	12	9	0	0	1	9	56
2013 年	5	4	15	0	17	30	29	100
2014 年	20	28	15	8	2	1	6	80
2015 年	14	20	5	0	0	0	0	39
2016 年	1	6	9	0	7	4	4	31
2017 年	4	6	6	0	0	0	0	16

2.3 围垦后缺乏建设

围垦能增加宝贵的土地资源，补充区域耕地平衡，但围垦完成后，垦区也需要进行同步建设，最关键的一步就是脱盐。盐碱地中的水溶性盐随着土壤的渗流而移动，即所谓的“盐随水来，盐随水去”，此项目中盐碱度最高的东旺沙地块因未建成合理的引排水系统和缺乏水资源供给保障，出现了严重的后果——大量盐分通过蒸发析出累积至土表，本已建立起来的生态系统受到毁灭性的冲击，被开发的盐碱地重新沦为荒滩。

3 降盐改土措施

盐碱存在易涝、易旱、盐碱分布不均等特点，造林前期工作要比普通造林严格，有效的降盐改土措施能提高造林成活率。

3.1 “一翻二耕一开沟”

“一翻二耕一开沟”指用拖拉机一次深翻土，两次精细打碎、平整，根据种植立地条件开垄挖排水沟。“一翻”能将返盐至表土的盐斑与下层土混合，改善盐碱土分布不均的情况。“二耕”是通过两次耕土将凝结的土块打碎，疏松上层土壤。经深耕的土块，内部盐分由于水分蒸发积于土块表面。降雨使积于表面的盐分溶解并随水渗入地下，加速土壤表层脱盐。“一开沟”是指针对不同地貌，利用排水沟不同的宽度和走向，发挥最佳的排灌作用。表3是本项目不同区域的水沟方向和宽度。针对外侧滩涂地貌，开挖4 m宽环形水沟和3 m纵向水沟，4 m宽环形水沟防止海水倒灌，3 m纵向水沟保证林地排水通畅，同时可以蓄水，满足平时林地浇灌用水的需要。针对带状林地地貌，外侧平地与转河相较，排灌能力较差，所以均配置了2 m宽排水沟，以保证排水通畅。

表3 开挖水沟分布

区域	水沟方向和宽度	地貌	备注
新村东段	4 m宽环形水沟，3 m纵向水沟	滩涂	外侧芦苇
新村西段	4 m宽环形水沟，3 m纵向水沟	滩涂	外侧芦苇
新村中段	4 m宽环形水沟，3 m纵向水沟	滩涂	外侧芦苇
	2 m宽排水沟	带状林地	庙港水闸两侧
虹桥西部	1 m宽排水沟	带状林地	外侧转河
虹桥东部	1 m宽排水沟	带状林地	外侧转河
北六滧	1 m宽纵向+2 m宽横向排水沟	带状林地	外侧平地
	1 m宽排水沟	带状林地	外侧转河

3.2 增加土壤有机质含量，降低盐碱度

东旺沙区域属于中盐土，造林前期工作时，在树穴底部放置有机肥，有机肥具有强大吸附力，将盐碱盐固定起来，减少盐碱对树木根部的盐胁迫。相较而言，新村、虹桥区域在围垦后都种植过小麦和棉花等富含有机质的作物，秋后作物剩余的落叶枯枝和根系能增加土壤肥力，增厚土壤表层，熟化后的土地降低了盐碱度，改善了土壤盐碱情况。

4 树种的选择和配置

由于自然条件恶劣、养护机制不完善等，沿海防护林受海水涨落影响较大，一直存在树种单一、断带缺株、长势不良等问题。

4.1 优选先锋树种，优化种植模式

优选树种对盐碱地造林起着至关重要的作用，重点种植耐水湿、耐盐碱，抗风浪能力强，具有一定观赏价值的先锋树种。此次公益林项目根据立地条件，平台和滩涂区域选用耐水湿、耐盐碱的杉类（中山杉、池杉和落羽杉），大堤内外斜坡选用榉树、乌柏等彩叶树种。杉类的种植模式采用块状混交种植，每块长度控制在100～500 m；彩叶树种种植模式采用2～3排连续种植，每段长度控制在250～500 m，以保证林带景观效果的连续性（表4）。

表 4 树种选择

树种	行距(m×m)	种植模式(m/段)	种植位置	耐盐量(%)
榉树	4×5	250～500	大堤内外坡	<0.15
乌桕	4×5	250～500	大堤内外坡	<0.3
中山杉	3×3	100～500	平台及滩涂	<0.3
池杉	3×3	100～500	平台及滩涂	<0.2
落羽杉	3×3	100～500	平台及滩涂	<0.4

4.2 控制造林密度

密度过高和过低都不利于造林。密度过高，部分树木阳光直射不够形成自然枯枝，导致间伐难度大和抚育成本高等问题；密度过低，造成郁闭度低、林相不完整、盐碱改良效果差等问题，所以，控制造林密度至关重要。根据多年沿海造林经验，设定内外坡彩叶树种栽植行距为 4 m×5 m，平台及滩涂栽植行距为 3 m×3 m，为形成良好的林相打好基础。

5 盐碱化沿海造林的建议

5.1 探索长效防护林管理机制

沿海防护林建设是一项难度极大、风险高的造林工程，无论是前期对盐碱化土壤的处理和树种的选择，还是后期的养护与抚育，都应实行专业造林，坚持“一造管三年”的造林原则，采用专业的技术评估、专业的技术人员、专业的养护队伍来保障幼林生长，并达到快速郁闭的效果。

5.2 定期土壤监测，控制区域盐碱化

土壤是造林之本，从管理角度出发，定期的土壤监测能让管理单位对管辖区域的土质有一个系统性的了解，发现问题及时通报，以便调整不合理的行为或政策。从技术角度出发，定期监测能控制盐碱地盐化速率，尽快采取措施防治，同时，有效的土壤量化指标便于对盐碱土进行合理分类，对轻、中、重盐碱地开发进行科学统筹。

5.3 科学规划，加速引排水系建设

盐碱土脱盐淡化有两方面因素同时作用，一是降雨脱盐淡化，二是靠引咸排淡的水利措施。降雨脱盐淡化是一个长期过程，应该将人工措施放在主导地位，一方面应充分利用岸转河、天然湖泊等淡水资源在天气干燥和雨水少的季节及时灌溉，另一方面，根据立地条件开挖排水沟，防止咸潮倒灌，同时满足平时林地浇灌用水的需要。

6 结语

2015 年崇明海塘公益林项目的建设为盐碱地造林对缓解沿海生态环境恶化，抵抗风暴潮侵袭，进一步改善沿海人民生活环境，提供了建设性意见，对促进崇明发展起着重要的作用。

关于城镇河道生态修复的研究

顾煜东，伍晓涛

（上海市闵行区水利管理所，上海 201100）

摘　要：针对我国城镇河道存在的水体污染严重与生态环境退化等问题，根据我国城镇河道整治的实际要求，以恢复河道生态功能、改善水体环境为目标，以植物工程应用为主要技术，提出了基于生态的城镇河道修复基本概念。从水生植物选择、护岸设计、景观设计、生态环境修复等方面，结合实际，进行分析，旨在为城镇河道生态修复的技术研究提供参考。

关键词：城镇河道；河道整治；生态修复；植物工程

水对地球上的生命至关重要。它是生物多样性、生态模式和生态过程的决定性因素。满足人类用水需求并维持水生生态系统仍然是21世纪最大的挑战之一。对于与人类密切相关的淡水系统来说，这个问题尤为复杂。目前，世界人口主要集中在城市，可以预见的是，未来人口增长依旧会在城市中心。因此，越来越多的淡水生态系统会受到城市化的影响，而人们也不得不更加依赖那些因城市化而发生显著退变的城镇河道。在城市化流域发生的物理、化学和生物变化被称为“城市河流综合征”。“城市河流综合征”导致的后果已有大量相关报道，包括基础流量变化，水文不稳定，频发、短时的高峰洪水，河流富营养化，污染物浓度上升等。同时，城市化和流域生物多样性，物种丰富度之间的相反关系也得到了广泛的确定。

而伴随着新时期人水和谐理念的深入，人们对河道水系生态服务功能与宜居环境的渴望越来越强，城镇河道整治的思路也逐步由一般的水利建设向“舒适、优美、休闲、文化”等综合治理生态工程转化[1]。河道的生态修复目前正成为应用水资源科学最突出的领域之一，它为许多国家提供了上百亿美元的相关产业，全球对水资源和环境可持续性的高度关注更是加速了这门学科的发展。在满足河道行洪等基本功能的基础上，恢复河道天然特征，遵循河流的自然规律，维持河流健康生命与生态系统良性循环，强调自然、生态的河道整治与河流环境修复，逐步成为城镇河道综合治理的主流理念，同时也成为协调城市规划建设与生态环境建设的发展趋势。

1　河道生态修复的基本概念及遵循原则

1.1　基本概念

河道生态修复就是将河道视为自然的生命系统，运用生态学原理，遵循生态平衡的准则，来进行水利工程建设。河道生态修复与纯粹的技术修复不同，生态修复更强调河道自然

作者简介：顾煜东（1984—　），男，助理工程师，学士，从事环境水利研究工作。E-mail：utada59@gmail.com。

的生态多样性群落及相应的环境系统，减少人工渠化和硬化等工程措施，主要依靠软化工程模拟自然生态系统，以河道自身的生态环境来自净，修复水体。构建人水和谐、可持续良性循环的河道[2-3]。

1.2 遵循的原则

1.2.1 以提高生物多样性为原则

在植物的选择上，注意植物的适应性、多样性，尽量多选择本地自然生长快的植物。坡顶植物的选择应结合植物结构，采用一些有经济价值的果树林木进行绿化。岸线范围灌木、树种应选择低矮植物，以便为河岸植物、野生动物的繁衍生长提供条件。河道两岸有适宜不同水情的多种类共存的自然植物群，要注重保留原有野生植物，保留或恢复湿地、河湾、急流和浅滩，为本土的水生、陆生植物和鱼类及鸟类的栖息繁衍提供条件。

1.2.2 以功能修复为原则

应合理配置生态与经济社会用水，保障排涝、防洪、通航与环保等经济社会功能，同时塑造城镇河道良好的生态服务与环境保护功能，充分发挥生态修复的综合效益[1]。

1.2.3 以环境修复与景观设计相结合为原则

天然河流有凹岸、凸岸、浅滩和沙洲，它们既为各种生物创造了适宜的生境，又可降低河水流速、蓄洪涵水、削弱洪水的破坏力。在城镇河道的景观设计中，可运用曲流、浅滩、深潭、河漫滩等手段，使城镇河道重归“近自然”状态。河道景观应符合人们的审美要求，从而具备可供观赏的性能。世界上不少历史名城，如巴黎、伦敦、华盛顿等，都有美丽的河流贯穿其中。城镇河道作为城市居民能够直接接触到的水，其要求已不仅限于传统的防洪和水利，更有生物多样化和美化城市环境的要求。营造独特气氛，或清新悦目，或激情澎湃，对于人们具有一种无可比拟的吸引力。城镇河道可长期为人们提供最普遍的户外活动，如划船、钓鱼、游泳，也可利用其特有的自然景观，创造人们聚集、游戏和休闲的优美环境[1-4]。

2 河流生态修复的方案

2.1 水生植物

水生植物因生长快、生物量大、吸收能力强等特点被广泛应用于污染水体净化和生态修复。

2.1.1 水生植物的功能

(1) 直接吸收水中的氮、磷等营养物质，吸附、富集重金属和其他有毒有害物质。通过植株的收割和生理转化，减少水体中氮、磷、有机物等污染物，从而提高水体质量和透明度。水生植物的吸收、吸附、富集作用与植株的生长状况和根系发达程度密切相关，不同的气候季节、不同的植物品种、不同的污水源，都会影响污水净化的效果。

(2) 稳定并改善基质层的物理化学结构，提升微生物净化能力。植物通过光合作用将氧通过植株、根系向基质层输送，发达的植物根系可以固定大量微生物并形成生物膜。有氧区域和缺氧区域的共同存在为根区的好氧、兼性和厌氧生物提供了各自适宜的小环境，使不同微生物各得其所，发挥相辅相成的净化作用。植物根系对基质有很强的穿透作用，可提高湿地内部的通气和水流性能。植物残体和根系分泌物可以改良水体的化学性质，为微生物的反硝化作用补充碳源，促进湿地脱氮。

（3）有效拦截地表污染物，固土护坡，保持水土稳定。茂盛的水生植物群落带可以拦截、净化地表径流夹带的泥沙和其他污染物，减轻湖泊、河流的污染负荷，也能够有效减轻波浪对岸线和水体的冲击，消浪防蚀，稳定水体，防止底泥悬浮，从而减轻湖泊、河流的富营养化程度和减少生态破坏。

（4）能够改善生态景观环境，产生一定的经济价值。水生植物在净化水质，恢复生物多样性的同时，也是一道亮丽的风景线。有些还可以根据条件和需求，配置一些水生蔬菜、饲料作物、原材料植物，兼顾一定的经济价值。

2.1.2　水生植物的选用

（1）选用植株生物量大、根系发达、耐污性强的水生植物，这是首要原则。水生植物的根茎叶相比陆生植物来得更为茂盛，这样有利于吸收更多的营养物质，又有利于营养物质的运输和交换，促进根部形成更好的微生物活动环境。沉水植物要优先选用易繁殖、生长迅速、耐污性强、耐浑浊水的品种。

（2）根据水位的不同深度配置植物。各类水生植物对水位深度的适应性差异很大。通常，常年水位在 1 m 以上的深水区，应以配置沉水植物为主；常年水位在 0.3～1 m 的区域，以观赏荷花、睡莲等为主；常年水深 0.3 m 以内的浅水区，是挺水植物的主要生长区域。

（3）根据不同的气候区域、季节配置植物。我国地域广阔，南北气候跨度大，在热带地区应以喜温植物为主，寒带地区则宜配置耐寒性强的植物。目前，国内水生植物的主要应用品种很多是来自我国南方，或者南美、非洲的植物。需要注意的是，有些品种是无法在北方室外自然安全越冬的。

（4）慎用易泛滥成灾或破坏生态平衡的品种。如风眼莲和喜旱莲子草就是两种典型的水生外来入侵物种，已经造成我国大范围的生态灾难，近些年从国外引进的粉绿狐尾藻和水盾草等也是潜在的入侵物种。这些繁殖力、破坏力极强的物种在选用时一定要慎重，甚至坚决抵制使用。还要谨慎选用漂浮植物，在需要控制范围的水体中，荷花等繁殖快速的植物可采用缸或水下花坛等方式来控制。

2.2　植物护坡

植物护坡是利用植物对气候、水文、土壤等的作用，来保持岸坡的稳定。其主要作用是降雨截留、径流延滞、土壤增渗、土层固结、根系土壤的增强、土壤湿度调节、土体支撑、负重和风力传递等[5-6]。

2.2.1　护坡植物选择

对于汛期容易被水淹，水浪淘蚀情况较为严重的河道，应选择根系发达，固结表土能力强，有较强耐淹性能的护坡品种。对于河道较宽，河道比降小，水流较缓，河水排泄平稳的堤防，可在迎水坡脚设置耐涝性能强的防浪林，而主要受降水影响的背水坡面，可以设置一些具有观赏或经济价值的浅根系灌木或草本植物。

2.2.2　护坡技术选择

植物护坡技术具有近自然性、成本低、养护要求低、施工简单等优势，固坡作用显著。其中，土壤生物工程的护坡植物形成的河岸景观较为单一，生物多样性不足；而复合式生物稳定技术对河岸的稳固作用最为有效，但成本和施工难度较高。在实际工程设计中，可以整合运用，发挥各自优势，以取得更好的效果[6]。现代植物护坡工程都要求运用生态学原理，对植物-土壤系统进行考察和设计，利用植物对土壤结构的强化，对表层土壤颗粒运动的限制以及对岸坡生态系统的改善等作用，稳定岸坡，确保植被水平和垂直结构合理，生态系统的演替有序和景观优美。

3 结论

总之，河道生态修复是一个涉及众多学科门类的综合性学科，需要集中各行各业的技术人员，利用先进的技术方法和手段，综合其他专业特点，结合具体实际才能有实际收获。由于城市河道具有人文性、自然性、生态性、景观性等特点，并且河道还具有地域性特点，不同地区的河道具有不同的水文特性、生物特性、地理特性、景观特性等，因此，在从事具体的河道生态修复工作时，应把握这一特点，从河道功能的实际需要出发，边借鉴、边实践、边学习、边积累，实现当前经济社会条件下的河道生态系统的修复和改善。

参考文献

[1] 张先起，李亚敏，李恩宽，等. 基于生态的城镇河道整治与环境修复方案研究[J]. 人民黄河，2013，35(2)：36－38.

[2] 刘向荣，彭艺艺，余润生，等. 城市河道综合整治设计新理念[J]. 中国水利，2010(4)：31－33.

[3] 马亚中. 生态理念在城市河道整治中的作用[J]. 城市道桥与防洪，2010(8)：102－104.

[4] 徐国宾. 论城市河道整治与景观生态设计[J]. 城市环境与城市生态，2008，21(4)：5－9.

[5] 徐海波，宗瑞英. 谈城市河道生态护坡技术[J]. 工程建设与设计，2005(1)：57－60.

[6] 周德培，张俊云. 植被护坡工程技术[M]. 北京：人民交通出版社，2003.

浅议上海市河道疏浚底泥的资源化利用

居艳阳[1]，王弘元[2]，张雅洁[1]

（1. 上海市水利管理处，上海 200002；
2. 上海市政工程设计研究总院（集团）有限公司，上海 200092）

摘　要：本文阐述了河道疏浚底泥妥善处置和利用的必要性，分析了上海市河道疏浚底泥处置过程中存在的问题，针对性地提出了对策措施，总结了疏浚底泥资源化利用的途径，为底泥的合理处置和利用提供参考。

关键词：疏浚底泥；资源化；消纳利用

1　前言

随着我国对水环境治理的高度重视，河道底泥疏浚作为主要的内源污染消除方式得到了广泛应用。一方面，底泥疏浚有利于修复河道形态，增加河道槽蓄，提高河道防洪排涝能力；另一方面，底泥疏浚是清除水体内污染源、减小河流污染负荷的重要手段。

然而，随着中小河道治理如火如荼地开展，大规模的河道清淤产生了大量的疏浚底泥。淤泥量大面广、成分复杂，处理起来耗时长、成本高，若得不到妥善处置又会带来二次污染。因此，对疏浚底泥的妥善消纳利用研究具有极其重要的实践意义。

2　上海市河道疏浚底泥处置现状

2.1　量大面广，处理压力大

随着上海市城乡中小河道综合整治的全面开展，河道底泥疏浚在消除河道内源污染方面具有很大的优势，但是疏浚过程中必然会产生大量淤泥，量大面广的疏浚底泥处理起来存在很多难题：底泥含水率高，运输困难；成分复杂，容易造成二次污染；处理耗时长、成本高。底泥处理已成为了全国性的难题，给水环境治理的全面开展带来了极大的压力。

2.2　处理耗时长，成本高

镇村河道清出的淤泥，大多直接回填到附近农田，这也是过去几十年农村最常用的方式。淤泥回田后，需要数年时间风干，风干后还需要二次处理，在此期间，田地无法种植，政府需以租金等形式给予农民一定的补偿费用。城区里的河道，淤泥往往污染较大，通常会就近寻找闲置的、已经完成征收的土地堆放，等晾干后，再像建筑渣土一样往外清运，用于填埋。这种方式占地需求大，费用也比较高。

2.3　监测分析不足，污染防控不到位

河道污染包含外源污染和内源污染两方面。在外源污染得到有效控制后，底泥就成为

作者简介：居艳阳（1992—　），女，助理工程师，硕士，从事河道建设与管理工作。E-mail：christinaju@126.com。

河道水体的主要污染源，河道底泥中重金属，氮、磷为主的营养物质和难降解的有机物等含量都比较高，若不能妥善处置易造成二次污染。目前，底泥处理过程中缺乏系统的污染监测分析，对底泥污染的状况调查评估不够，不利于底泥的合理处置和利用。

2.4 处理方式单一，利用率低

目前，上海市常用的疏浚底泥处理方式较为传统和单一，主要是吹填、堆放，这些处置方法只是简单地进行理论处理，却未考虑疏浚底泥可能对环境造成的二次污染。在不采取有效处理措施的情况下进行简单堆放，不仅会造成大量土地被占用，而且在雨水的冲刷下还可能产生二次污染。另外，底泥中的有益成分不能得到充分利用，造成资源浪费。

3 疏浚底泥资源化利用

疏浚底泥作为一种有很大利用价值的潜在资源，对其进行处理，并最终进行资源化利用，是今后上海市疏浚底泥处理的主流方向。疏浚底泥的资源化利用，既减轻了大规模河道清淤带来的处置压力，降低了经济成本，又能将这种压力转化为极大的经济效益和环保效益。

3.1 加强底泥监测分析

加强底泥监测分析是资源化利用的前提，有利于为河道底泥的合理处置提供科学依据。底泥处置前，应加强底泥成分监测，对污染底泥进行无害化处理后再利用，并根据监测分析结果制订合理的消纳利用方案；底泥利用过程中，做好施工场地、中转运输、消纳利用等环节的环境防护工作；底泥利用后，落实疏浚底泥土壤修复跟踪监测，防止对大气、水体和土壤造成二次污染。

3.2 拓展底泥资源化利用途径

3.2.1 土地利用

土地利用是一种经济可行的底泥资源化利用方案，是指将疏浚底泥重新用于土地修复。该技术将底泥用于农业园林、湿地、受扰动的土地等，达到土地修复重建的效果，在减轻底泥处理压力的同时最大化地实现了底泥的资源化利用，使其重新进入自然界的能量和物质循环当中[1]。

土地利用操作简单，能耗低，效果显著，是上海目前可采用的最有效的底泥资源化利用方式。

（1）农业园林利用。

疏浚底泥作为农业和林业土地利用具有极大的优势，一方面，底泥有助于促进植物生长，不仅通过自身含有的腐殖质胶体使土壤形成团粒结构，保持养分，而且底泥中含有植物所必需的有机质肥料[2]；另一方面，植物可以将疏浚底泥中的污染物固定，降低了其进入食物链的危害。众多学者的研究表明，将疏浚底泥作为农业和林业用土是具有资源化价值的底泥消纳利用途径。目前，农业园林利用是上海市疏浚底泥资源化利用着力推广的一种方式，将疏浚底泥用于沿河河道蓝线内绿化带，就地利用建造沿河生态走廊，或者结合本区规划的郊野公园和绿地林地建设，设置相对集中的利用场所，利用堆坡造景、覆土造林等方式，开展疏浚底泥的就近综合利用。

(2) 湿地及栖息地建设。

疏浚底泥另一个资源化利用途径是用于湿地建设，以及作为动物栖息地，对于生态环境的建设具有重要意义。这一利用方式在国内外取得了一些显著成效，美国亚拉巴马州将疏浚底泥用于盖亚尔渠，底泥上种植湿地植物，建造动物栖息地；美国华盛顿将疏浚底泥建成岛屿，大量种植海边水生植物，成为人工湿地；“低洼之国”荷兰利用泥土抬高陆地高度和扩大陆地面积，并堆积成了风车岛建成湿地[3]。

(3) 修复受扰动的土地。

严重扰动的土地是指由于被破坏而需要复垦的土地，如地表严重破坏区、垃圾填埋场、建筑取土废用的深坑等。这类严重扰动的土地失去了土壤应有的特性，而底泥中含有的有机物可以改良土壤特性，修复土地，从而提高植物成活率。

国内外已通过实践研究证实了这种方式的可行性。我国秦峰等利用苏州河疏浚污泥进行垃圾填埋场封场覆盖的实验，证明了疏浚底泥不会对周围环境造成二次污染，并且其土力学指标也符合相关的安全使用标准，满足填埋场覆土的防渗要求[4]。美国纽约、新泽西港，将底泥与灰分、石灰石混合的材料回填到露天矿石场内，消除了原硫矿中酸性浸出液[5]。目前，上海部分地区也在尝试采用覆坑填埋的方式对疏浚底泥进行资源化利用。

3.2.2 填方材料

我们可以通过物理（干燥脱水）、化学（固化）和热处理等方式对疏浚底泥进行预处理，使其成为填方材料并加以使用。用化学方法将底泥进行固化处理在实际工程中应用较为广泛，具有应用强、适用广、成本低的特点。固化后底泥不需要进行碾压机地基处理，同时具有透水性小、强度高、不易固结沉降的特点，通常可以用于道路地基、筑堤材料、低洼地区的回填等工程[6]。

3.2.3 建筑材料

疏浚底泥的矿物成分与黏土基本相似，因此可以替代黏土用于建筑材料的制造。随着我国城市化建设的不断发展，建筑材料需求量不断增加，这一利用途径具有广阔的应用前景。在我国，众多学者开展了利用疏浚底泥制造建筑材料的实验，梁启斌等将武汉东湖底泥和粉煤灰混合后加入花岗岩和石英，烧制出了通过性能测试的瓷砖[7]；许可军等利用黄河淤泥完成了制砖实验[8]；杨磊等将苏州河底泥作为原料完成了水泥熟料烧制实验[9]。目前，这种利用方式在实践应用中显现出了良好的经济效益和环保效益。

4 展望与建议

随着社会对生态环境的日益重视，水环境治理正在积极地推进当中，大量的疏浚底泥需要得到妥善的消纳利用。上海市河道疏浚底泥的资源化利用仍处在初步探索阶段，为了将底泥处置的压力充分转化为资源再利用，科研部门、政府部门和公众需要共同努力，为此提出以下建议：

(1) 全面开展清淤河道底泥污染的调查。结合“苏四期”“劣五类”河道整治以及断头河整治等重点工作，伴随大规模的河道清淤整治，建议同步开展河道底泥污染状况的评估，为底泥的合理处置提供科学依据。

(2) 持续推进河道底泥综合利用的科学研究。从施工过程减量化、处置资源化、监管规范化等方面进行全面探索，结合实际，不断创新发展底泥处置和利用方式。基于上海市建设海绵城市的大背景，建议开展河道底泥用于绿化基质和植被可渗透地面砖的研究，为大规模河道底泥的综合利用提供技术支撑。

（3）强化合作，形成合力。依托河长制工作平台，以实施“河长制”为契机，各部门加强沟通，形成合力，确保底泥消纳利用的有效落实。同时加强考核和指导，将考核结果纳入“河长制”考核范畴。

参考文献

[1] 张旭东，祁继英. 疏浚底泥的资源化利用[J]. 北方环境，2005，30(2)：48－50.

[2] 夏治河，戈文英. 上海市污染河道底泥处理研究[J]. 水利水电技术，1995(4)：50－53.

[3] 陶君. 河道疏浚底泥处理与资源利用方案研究[D]. 天津：天津理工大学，2010.

[4] 秦峰，陈善平，吴志超. 苏州河疏浚污泥作填埋场封场覆土的实验研究[J]. 上海环境科学，2002(3)：163－165.

[5] 李幼萌. 纽约港利用疏浚泥浆的尝试[J]. 港工技术，1998(4)：30.

[6] 朱广伟，陈英旭，周根娣，等. 疏浚底泥的养分特征及污染化学性质研究[J]. 植物营养与肥料学报，2001，7(3)：311－317.

[7] 梁启斌，周俊，王焰新. 利用湖泊底泥和粉煤灰制备瓷质砖的实验研究[J]. 地球科学，2004，29(3)：347－351.

[8] 刘贵云，姜佩华. 河道底泥资源化的意义及其途径研究[J]. 东华大学学报(自然科学版)，2002，28(1)：33－36.

[9] 杨磊，计亦奇，张雄，等. 利用苏州河底泥生产水泥熟料技术研究[J]. 水泥，2000(10)：10－12.

借鉴国内外经验，促进上海城市水土保持工作

龚　碧

（上海惠中建设发展有限公司，上海 200434）

摘　要：基于国内外城市水土保持理念、做法与经验，结合上海城市化建设和水土保持工作的特点，分析了在认识、思路、监管等方面存在的差距与不足，提出了加强宣传，增强全民水土保持意识；明确责任，落实目标责任制；因地制宜，推进水土保持工作；网络管理，实行生产建设项目全覆盖；建立监测、公示、公报制度，形成全社会共同参与机制等对策措施。

关键词：上海市；水土保持；对策措施

1993 年，国务院发文指出，水土保持是我国必须长期坚持的基本国策。1995 年，面对严重的城市水土流失状况和潜在的发展趋势，水利部又提出要重视城市水土保持问题，并随后开展了城市水土保持的试点工作[1]。进入 21 世纪，随着城市化、城乡一体化进程，党的十八大将城镇化作为全面实现小康社会的重要内容。党的十八大、十八届三中全会及中央城镇化工作会议都明确中国城镇化要坚持生态文明，指出保护生态环境必须依靠制度，建设生态文明必须建立系统完整的生态文明制度体系，从而对城市水土保持工作提出了更为明确和更高的要求[2]。党的十九大则明确提出要“加大生态系统保护力度”“开展国土绿化行动，推进荒漠化、石漠化、水土流失综合治理，强化湿地保护和恢复，加强地质灾害防治”。

上海城市化率高，农田面积比例小，且地势低平，雨量丰沛，植物生长茂盛，因此极易模糊对水土保持重要性的认识。但鉴于上海经济迅速发展与建设项目不断增多的现状，以及从国内外城市水土保持的做法与经验分析研究来看，上海城市水土保持工作不仅需要，而且任重道远。

1　国内外城市水土保持的做法与经验

美国在城市建设中，从规划入手，尽力护林造林，护草种草，扩大绿地面积，使人居民宅、公共建筑、道路交通等融入绿色之中。在建设项目管理中，针对市政建设房地产开发带来的表土开挖与临时堆放建筑垃圾、施工扬尘等水土流失现象，重视多部门协同管理。如列克星敦市环境政策局与工程局、废弃物管理处等部门，对于重点控制施工期的开挖、堆土和扬尘，施工时随挖、随运、随铺、随压，做到了全围挡与全覆盖，以将建设期的水土流失控制在最低限度之内。列克星敦市郊耕地面积不大，风蚀作用较弱，扬尘很少。即便如此，仍然对耕地实施免耕与秸秆覆盖措施。即秋天作物成熟收割后实行免耕，并采用机械把秸秆打碎后进行地面覆盖，来年播种前才进行翻耕。这不仅有效保持了土壤水分，有利于来年的播种，更

作者简介：龚碧（1974—　），男，工程师，本科，从事农田水利工程研究工作。E-mail：353681178@qq.com。

重要的是避免了土壤风蚀，净化了空气，维护了大气环境[3]。

欧洲各国对城市建设项目的水土保持工作管理十分重视和规范，尽管不少城市建设十分繁忙，但很少发生扬尘，这与其在建筑材料的选择上尽量避免大量使用水泥和沙石料等不无关系。在城市绿化建设上，德国十分重视推行先进的近自然的林业理论和营林模式。使森林生态系统中林木的不同发育阶段不以林分分割，而是在时间和空间上处于同一经营单元内，不同树龄或不同树种相互依存、相互制约，形成交错式的镶嵌结构，以保护森林内部的持续稳定性[3]。

深圳市作为开展城市水土保持工作最早的城市和试点城市，于1995年率先在全国开展城市水土流失调查，并编制城市水土保持规划，之后又陆续编制了《深圳市裸露山体缺口水土保持生态建设规划》和由市政府批准的《深圳市水土保持生态建设规划(2000—2050)》等，实现了规划先行。2002年7月，深圳市水务局以市场运作模式，委托中介机构启动运作市水土保持监测总站，开展日常水土保持监测业务。在建设项目水土保持工作上，深圳市落实水土保持“三同时”制度的独特管理架构模式值得借鉴。对于凡涉及土石方工程的基础设施、区域性开发、房地产开发、工业园区等项目，建设单位必须依法申报水土保持方案。水土保持方案须严格按《深圳市开发建设项目水土保持方案(设计)编制指南》(大纲)要求编写。对重大生产建设项目或水土保持敏感项目，市水务局组织跨部门的联合执法检查，落实了齐抓共管[4]。

南京市开发建设区水土保持的做法与经验值得借鉴。开发建设区包括市、区经济开发区，大学城，高新技术开发区，成片的居住小区房地产开发等。针对其大规模土地受到扰动，导致地表植被破坏、松散土层裸露，极易造成水土流失、扬尘、排水系统堵塞，给周边地区造成较严重的生态危害等特点，采取了完善排水系统、建设期临时堆土场和运土需采取遮挡保护、主体工程中配置水土流失防治措施等。竣工时则对照水行政主管部门批准的水土保持方案，逐项检查验收[5]。

香港特别行政区政府土木工程拓展署承担水土保持主要职责，相关部门予以配合。首先，在工程审批过程中，由土木工程拓展署、渠务署、水务署和渔农自然护理署相继进行审批把关；确保工程设计符合各项水土保持要求之后，在工程建设过程中通过严格的监督检查和竣工后的工程验收来保证水土保持措施的落实；工程建成后的水土保持设施的维护分公共工程和私人工程两类分别进行，公共工程根据工程性质的不同主要由土木工程拓展署和路政署负责维护，私人工程则由业主负责维护，并有相关政府部门负责监督检查[6]。

澳门特别行政区在政府管理机构方面，职责与水土保持管理关联性最大的是运输公务司下辖的土地公务运输局、环境保护局和行政法务司下辖的民政总署。土地公务运输局负责建设项目审批，特点是将水土保持与其他诸项工程计划归口集中审批，有效地简化并提高了审批流程及效率。民政总署侧重于工程后期的监管维护及负责公共园林的绿化。环境保护局则从环境保护角度对工程项目实行进一步的控制与监督[6]。

我们从以上国内外城市水土保持的做法中，大致可归纳出以下几条值得学习借鉴的经验：一是规划先行，二是部门协作，三是职责明确，四是事中监测、检查，五是事后评价、验收。

2 上海城市水土保持工作成绩与问题

上海市大部分地区位于坦荡低平的长江三角洲平原，土壤以渍潜型和淋溶-淀积型的水成和半水成系列土壤为主。水网密布，西南部散见小山丘，平均海拔高度约 4 m，地质基础比较稳定。雨量充沛，年均降雨量 1 200 mm，雨日多达 132 d。降雨的季节分配较均匀，降雨强度多以中小雨为主，对植物生长较为有利。植被绝大部分为人工栽培作物和林木。天然的木本植物群落仅分布于大金山岛和佘山等局部地区，天然草本植物群落分布在沙洲、滩地和港汊。自然状态下的水土流失主要以河岸“一坡一面”（边坡和堤顶面）水力侵蚀为主。人为状态下的水土流失以大型建设项目土建环节中的扰动土和弃渣的流失为主要特征。

2.1 取得的成绩

多年来，上海水土保持工作遵循因地制宜原则，通过水土保持生态河道建设、水土保持生态镇建设、水利园区雨水集蓄利用与人工湿地建设，以及建设项目水土保持工作等，取得了一定成绩，也收到了控制和减轻水土流失的显著成效。

2.1.1 水土保持生态河道建设

进入 21 世纪，我市结合“以建设生态河道为抓手，大力推进水环境整治”，按照“以苏州河为重点，推动中小河道整治”的水土保持总体要求，点上集中力量实施“三港一城”（即龙华港、虹口港、杨树浦港、松江新城区）的水系整治和各区县重点河道的整治；面上重点推进淀浦河以北、蕴藻浜以南的骨干河道整治，抓好市中心区河道的“面清、岸洁”和郊区河道“面清、岸洁、有绿”工作。2006—2009 年开展了以村镇级中小河道整治为主的“万河整治行动”，对全市近两万条总长约 1.67 万 km 镇村级河道进行全面整治，清淤土方约 2 亿 m^3；另外，为控制整治后河道两岸的水土流失，同时开展“修整边坡”“绿化岸坡”，使整治后的河道两岸平整，两岸水土流失加速发展的势头得到明显遏制。近年来，随着《关于本市全面推行河长制的实施方案》《关于加快本市城乡中小河道综合整治的工作方案》等出台实施，上海市河道整治进入了向更广、更深层次发展的快车道。

2.1.2 建设项目水土保持工作

近年来，建设项目水土保持工作得到了重视和加强。一是积极配合水利部加强在上海域内由国家发改委立项的水土保持工作的管理力度；二是开展了市区水行政主管部门管辖范围内电力建设项目水土保持方案的审批和实施检查等。总结前阶段建设项目水土保持工作，主要做法如下：一是与有关部门加强联系，及时掌握大型建设工程有关信息，做到信息畅通；二是深入现场，及时掌握工程现场情况，对工程建设可能产生的水土流失做到心中有数；三是做好跟踪服务与管理，与建设单位和水土保持方案编制单位加强沟通，为方案编制、上报与实施提供及时服务；四是加强管理与监督，定期了解水土保持方案实施进展情况，做到科学管理。

2.2 存在的问题

2.2.1 水土保持机构有待建设健全

目前，上海市水务部门虽有水土保持处，其负责全市水土保持管理工作，但缺乏与之配合的相应专职监测与指导机构，因此无论从手段、人力上来看，均无法较好地支撑水土保持管理要求。

2.2.2 水土保持工作手段与设备有待更新

就全国而言，已建立健全相应的管理与监督监测机构网络，并研发相应的设备设施，建设技术、执法手段也在不断创新和发展[7]。而我市尚无专职单位开展此方面的研究工作，在建设与管理手段等方面也存在一定欠缺。

2.2.3 法律法规建设有待推进

与全国其他省（区、市）相比，我市在与水土保持工作相关的法律法规建设方面差距很大，由此对水土保持工作开展的制约也很大，无论是对破坏水土保持设施的人和事的处理处罚，还是对建设过程中水土保持工作的监督监管等均存在不少盲点和难点。

3 加强城市水土保持工作的对策措施

3.1 明确责任，落实目标责任制

城市各个区域的发展方向、功能定位应科学论证、合理布局。根据各个功能区的发展方向，制定与之相应的水土流失防治及水土保持目标、任务，提出预防、保护、治理、监测的具体任务和要求，促进和保障城市科学发展，并纳入政府目标考核的重要内容，形成政府换届、水土保持目标任务不停歇的机制。

3.2 因地制宜，推进水土保持工作

鉴于上海市的实际情况，上海市水土保持工作应针对水土流失以河道坡岸坍塌淤浅和建设项目中扰动土雨季施工流失等两大主要特征，遵循因地制宜原则，有目的、有规划地采取相应措施，推进我市水土保持工作。为此，应结合区县中小河道轮疏规划编制工作，开展中小河道淤积成因规律研究，摸清全市河道水土流失程度与特点，为控制水力侵蚀导致的河道岸坡水土流失提供科学依据[8]。

3.3 全程监管，实行生产建设项目全覆盖

当前随着经济建设的迅速发展，建设项目星罗棋布，对地表破坏强度大、扰动频率高，对城市生态和环境有很大影响，造成的水土流失危害具有突发性、灾难性的特点，因此，必须建立全方位、全过程的监管制度。在项目立项阶段，凡是动土石方的工程应严格按照水土保持法和水利部关于建设项目水土保持方案等相关法律法规，严格各级审批。项目进行中应加强监督检查，落实各项水土保持措施。

3.4 建立监测、公示、公报制度，形成全社会共同参与机制

借鉴国内外先进经验，建立和完善监测站、网体系，全面、连续实施水土流失与生态状况的动态监测，发布年度公报。生产建设项目应实行全过程监测制度，政府监测机构审核认定后向社会发布监测数据。建立政府任期届满考核评价制度，对造成严重水土流失和生态灾害事件的责任追究制度，对违法违规行为的经济处罚制度。加大违法行为处罚力度，对长期不守法的单位和个人给予社会信誉较差等级的评定，并予以公示。

3.5 加强宣传，增强全民水土保持意识

针对我市水土保持工作整体落后的现状，建议加大宣传力度，在全社会形成一个重视支持水土保持工作的良好氛围。要加强领导，将水土保持工作成效与单位考评等挂钩，促使各级政府在人才、资金、设备等方面的投入，共同推进水土保持工作。

要利用多种渠道，采取多种形式，向社会各界特别是各级领导和开发建设单位宣传城市

水土保持的重要性，宣传水土保持法律法规，增强全民的水土保持意识，落实水土保持的工程措施，营造良好的水土保持生态环境建设氛围。

参考文献

[1] 刘伟常，吴长文. 21 世纪城市水土保持发展[J]. 水土保持研究，2000，7(3)：8－10.

[2] 姜德文. 城市水土保持立法的必要性与重点[J]. 中国水土保持科学，2014，12(5)：110－113.

[3] 王曰鑫. 美国列克星敦市水土保持与生态环境特色[J]. 中国水土保持科学，2014，12(6)：111－115.

[4] 吴长文，黄翰森，黄琼. 欧洲城市水土保持考察及其思考[J]. 中国水土保持，2006(3)：10－12.

[5] 黄荣珍，张金池，林杰，等. 城市水土保持生态建设思路与对策——以南京市为例[J]. 南京林业大学学报(人文社会科学版)，2005，5(2)：80－83.

[6] 赵迪，李红军，洪滨，等. 港澳城市水土保持管理模式分析[J]. 广东水利水电，2016(3)：59－62.

[7] 桑保良，吴景社，刘静森，等. 上海市水土保持工作现状与建议[J]. 中国水土保持，2007(12)：9－10.

[8] 吴景社，李勉，哈欢. 上海市水土流失重点防治区划分研究[J]. 中国水土保持，2013(9)：11－13.

上海市水葫芦爆发成因分析及整治措施研究

尤　琦

（上海市水利管理处，上海 200002）

摘　要：针对本市近几年水葫芦产生现状，分析了水葫芦爆发的主要原因是生长和迁移难以控制、末端处置不及时、打捞科技化程度不够、省市界河联防联控机制不够健全等，并有针对性地提出了防止水葫芦爆发的措施。

关键词：水葫芦；监控；预警；拦截；打捞

1　概述

水葫芦的危害在于水葫芦对其生活的水面采取野蛮的封锁策略，挡住阳光，导致水下植物得不到足够光照而死亡，破坏水下动物的食物链，导致水生动物死亡。同时，水葫芦还有富集重金属的能力，水葫芦死后腐烂体沉入水底形成重金属高含量层，直接杀伤底栖生物。

近几年，由于暖冬的频繁出现，水葫芦出现时间呈大幅度提前趋势。2017 年上海市水葫芦出现时，恰逢绿萍爆发期，水生植物"双碰头"使得上海市水生植物打捞工作较往年提前开展约 3 个月，严重时甚至对水上航道交通产生较大影响。

2　水葫芦爆发成因分析

上海市地处太湖流域下游，其两条主要河流黄浦江及苏州河上游均在苏沪交界地区，整个河湖水系在上游六区分布也较为密集，且与江浙地区有多条市管河道交界。因此控制水葫芦爆发，从上游水葫芦源头地区采取有效措施整治打捞，成为每年上海市水域保洁工作的重中之重。本市水葫芦产生及爆发的原因主要有以下几个方面。

2.1　生长和迁移难以控制

2.1.1　生长规律

水葫芦学名凤眼蓝，浮水草本，原产巴西，现广布于中国长江、黄河流域及华南各省。喜欢温暖湿润、阳光充足的环境，适应性很强，具有一定的耐寒能力。上海地区水葫芦的生长有比较明显的季节性和周期性。一般来讲，水葫芦从 10 月开始出现，随着气温的逐步降低，到 12 月达到生长高峰，至次年 1 月迅速枯萎，如打捞不力即沉入水底为来年发芽重新泛滥留下隐患。水葫芦为无性繁殖，叶片分蘖速度非常快。据测算，一棵水葫芦若任其繁殖，8 个月内最多可产生 6 万棵新株，且生命力相当顽强，几乎无昆虫病毒及天敌可控制其生长。

2.1.2　产生类型

上海水域的水葫芦从产生类型上可以分成三类：原生型、输入型和输入后再繁殖。原生

作者简介：尤琦（1993—　），男，助理工程师，本科，从事河湖水环境管理工作。E-mail：1063736934@qq.com。

型是指上海郊区一些小河道中生长的零星水葫芦，由于这些河道规模较小，相对隔断，基本不与大河道直接连通，一般不会对周边产生影响。输入型是指上游水域的水葫芦通过一些开放性航道流入我市境内。由于通航需求，无法完全拦截水葫芦的迁移，水葫芦顺水而下、顺水繁殖，这是我市历年水葫芦爆发的主要原因。输入后再繁殖是指在本市水域合适的温度和水质条件下，输入型的水葫芦呈爆发性生长，这一类型的水葫芦在爆发季节也占有相当的比重。

2.1.3 迁移规律

水葫芦一般从黄浦江、苏州河流域上游流入上海，自金山、青浦沿黄浦江干流途经松江、奉贤、闵行，流入中心城区黄浦江景观水域。

目前，大陆片界河涉及金山、青浦和嘉定三区。其中，嘉定区所处的苏州河上游吴淞江及其支流输入型水葫芦相对较少，且下游有水利设施控制，因此，防控重点在金山、青浦两区。

金山区与嘉善县、平湖市接壤，界河 54 条，其中开放水域主要有大泖港、秀州塘、范塘、蒲泽塘等 5 条段，涉及黄浦江沿线支流敞开河道 26 条。

青浦区与昆山市、吴江区、嘉善县接壤，交界河湖共有 51 条段，其中开放水域主要有淀山湖、吴淞江、汪洋湖、长白荡、急水港、太浦河、红旗塘、俞汇塘等 8 条段河湖。

2.2 打捞科技化程度不够

目前，部分区属水域水葫芦打捞主要依靠人工，自动化打捞船、运输船、保洁船等投入不足，打捞效率不高。需要对水葫芦污染监控情况进行分析研判，科学预测水葫芦污染爆发趋势，做到及时预警、及早发现、快速处置。

2.3 末端处置不及时

2.3.1 水葫芦残根二次生长

随着冬天气温下降，水葫芦生长周期明显缩短，快速枯萎、腐烂的水葫芦漂浮在水面上，既恶化了水质又影响观瞻，而悬浮于水中的残根一旦沉入水底又为来年水葫芦的生长泛滥埋下隐患。

2.3.2 打捞水葫芦堆放处理不到位

主要表现在：上游地区未跨前一步将打捞的水葫芦就地掩埋；本市各级河道管理部门打捞上岸的水葫芦因短时数量剧增，水葫芦临时堆放场地租用困难，造成二次污染；对打捞水葫芦堆放场地的经费投入不足。固体废弃物处置一般以燃烧和填埋为主。由于与环卫部门就运输、填埋成本等存在分歧，目前仍有相当一部分的水葫芦堆在河边，任其自行腐烂，造成了二次污染。另外，水葫芦残根的循环利用率仍有待提高。目前，除上游个别区县正在积极开展水葫芦加工绿肥的可行性课题外，其他区县依然囿于陈腐的单向度发展的思维，不能化被动为主动，将“可持续发展”“循环经济”等环保理念落到实处。

2.4 省市界河联防联控机制不健全

江浙与本市交界河流水域多为敞开式通航河道，导致大量水葫芦源源不断地随流而下，水葫芦随着涨落潮在界河上下游来回迁移。因省市联合拦截打捞机制不够健全，水葫芦长时间滞留水面，导致单株急速生长和繁殖，大大增加了打捞难度和总量。

3 整治措施

水葫芦由于生长期集中，爆发期间对景观、水质危害较大。从历年水葫芦的生长和打捞规律来看，本市水葫芦主要集中在金山、青浦、嘉定、松江、奉贤、嘉定等黄浦江上游六区。为进一步改善河道水环境面貌，巩固水环境整治成果，结合中国进口博览会市容环境保障要求，建议从以下几个方面着手解决。

3.1 加强监控和预警

依托河长制平台，建立健全全市水葫芦打捞信息报送平台，全面掌握水葫芦爆发情况和打捞情况，及时交流信息，上下游联动，积极配合。平时以周报为主，水葫芦爆发季节应做到日报。

在流域机构协调和支持下，建立流域水葫芦污染专项整治联席会议制度。由流域机构组织召开各省市河道管理职能部门参加的联席会议，定期报送水葫芦疫情和打捞情况信息，定期召开专题会议，建立健全跨省市、跨区域水葫芦联防联控机制，加强前期预警，从源头上拦截打捞，共商全流域水葫芦污染专项整治工作，形成“流域共治”的良好局面。

金山、青浦等区与相接壤的地区政府加强对接，加强协作，取得上游地区的支持，共同开展水葫芦污染专项整治。

3.2 加强拦截，发挥现有拦截设施和水闸、泵站等水利设施的拦截作用

3.2.1 科学整治

采取围、堵、捞、联等多种措施，实现对水葫芦残根的综合整治。围：采用围栏设施把水葫芦围起来，防止随水漂移。堵：在上游地区和支河口、水闸前进行拦截。捞：合理安排打捞顺序，老根先捞，新苗后捞，最大限度地降低来年残根复活泛滥的可能性。联：开展市与邻省市、市与区（县）、区（县）与区（县）之间的联防联治，开展区、镇（乡）、村的联合行动，提高整治成效。

3.2.2 结合考虑水流、河岸和陆域条件，及时增加临时拦截设施

关口前移，拦捞结合。重点加强太湖流域苏沪、浙沪省际边界地区主要河湖打捞力度。对通航河道，在确保通航的前提下，实施分段阶梯式拦截。对非通航河道，充分利用现有水闸、排涝泵站等水利设施，或在有条件的支河口设置拦截设施实现定点拦截、集中打捞，确保切断水生植物转移通道，实现就地打捞处置。

结合本月风向、潮汐变化，重点对核心段水域极个别凹档、夹档部位开展清捞，并同步开展江面其余水域的日常保洁工作，固守核心段水域的整治成效。

3.3 加强末端处置

3.3.1 提早行动，提早准备，减轻后期负担

一是抓紧时机打捞水葫芦残根，减少原生型水葫芦数量；二清空码头垃圾，确保堆放场地充足；三是对保洁船只、码头吊机进行维修、保养，确保设施运行无故障，保障水葫芦等水生植物爆发期的打捞工作。

3.3.2 研究新型技术

研究新型打捞船舶，将已研制成功的集打捞、收集、粉碎和打包为一体的水葫芦打捞处理专用船投入使用，研究新型拦截方式，提高水葫芦的打捞效率。

3.3.3 建设码头和临时堆放场地,布设污水收集处理系统

根据打捞实际需要,增加和完善水葫芦输运码头和临时堆放场地。水葫芦输运码头要布设高效的吊运设备,提高输送能力。鉴于水葫芦放置脱水后重量大幅减少的特点,码头设置临时堆放场地可大幅减少垃圾处理总量。水葫芦堆放场地要布设污水收集和处理系统,避免二次污染。

3.3.4 协调妥善做好湿垃圾处理

湿垃圾分散处理设施采用的工艺以粉碎压榨为主,一般减量 50%~60%。建议各区县在日常管理上加强行业指导,从而进一步完善全区湿垃圾分类收集、分类运输、分类处理系统,提升湿垃圾分类减量及资源化利用水平。

3.3.5 研究新处理技术

做好水葫芦的无害化处置,加强水葫芦处置环节及处置场地的环境防护和现场管理工作,避免二次环境污染和发生扰民现象。同时,结合现有湿垃圾处置系统、农业废弃物处置系统,积极探索水葫芦减量化处置、资源化利用。目前,华南部分省份有利用水葫芦经生化处理后加工生产食品、饲料、化肥等产品的良好经验,若水葫芦加工可以在未来开辟产业化模式,则会吸引更多人去打捞,这将为整治水葫芦多提供一条途径。

3.4 制订专项行动计划

各区(县)河道管理部门应根据本区域水葫芦生长情况,制订水葫芦残根专项整治行动计划。行动计划中应明确工作目标、整治重点、责任人员、工作措施、行动安排、考核办法等。

3.5 定期开展专项整治行动

除开展日常河道保洁外,各区(县)至少开展一次区级层面的清除水葫芦残根专项整治行动,行动地点应优先选择本区(县)水葫芦生长旺盛河段以及社会关注度相对较高的河段,加强水葫芦打捞情况的信息报送工作。

4 结语

本市于 2017 年启动水葫芦专项整治工作后,在本市黄浦江水葫芦污染重点水域设置了省界水域、支流水域、干流水域等三道防线,投入专业打捞作业船 71 艘,保洁船 2 632 艘,架设固定库区 46 处,增设临时拦截设施 2 840 处;日均打捞量约 5 000 t。截至 2017 年底,全市年内已累计打捞水葫芦约 50 万 t(与近三年历史同期平均打捞量 22 万 t 相比,增长了 127%)。

目前对付水葫芦仍以打捞为主,全国每年为此耗费巨资。但需明确的一点是,水葫芦(还有蓝藻等水生植物)并不是水体的直接污染物,水葫芦泛滥成灾是水体富营养化、水环境恶化所造成的,工农业生产污水、城市生活污水才是最大污染源。我国河湖已有 65%呈现富营养状态,还有 29%正转向富营养状态。因此,要从根本上消除水葫芦危害,有赖于上游地区乃至全市范围内以消除劣Ⅴ类水体为目标的共同努力,有赖于整个水环境的根本好转。

参考文献

[1] 林彬忠. 福建省九龙江北溪水葫芦污染与整治对策[C]. 福建省水利水电青年学术交流会,2005.
[2] 郑再就. 水葫芦的危害及在污水处理中的应用[J]. 水利科技,2006(1):51-52.

长宁区新渔浦河道水生态修复技术应用与实践

朱锡麟[1]，施荣宾[2]

(1. 上海市长宁区河道管理所，上海 200050；
2. 上海市崇明区长兴海塘管理所，上海 202150)

摘　要：本文首先对水生态修复技术在河道治理中的几种常见应用类型进行分析，并结合长宁区新渔浦河道综合整治工程，探讨水生态修复技术的有效应用策略，以期为提高河道治理效果与质量提供一些有效参考。

关键词：水生态修复技术；河道治理；应用；分析

1　河道治理中的常见水生态修复技术

1.1　生物处理技术

在河道治理水生态修复技术中，较为常用的一项技术就是生物处理技术，主要包括好氧处理、厌氧处理以及二者组合处理等。它是将大量氧气或空气充入河道水中，提升水体含氧量，并通过人工培养的方式，培养能够降解某类污染物的微生物。并通过对微生物数量、配种以及生长环境的控制，与人工曝气等相结合的方法，提高处理氨氮、有机氮以及 BOD_5、COD 等水体污染物的效率，从而降解污染，提高水体活力。一般在治理过程中，需要结合河道污染程度、污染因素、水流速度以及河道面积等内容来合理制定修复措施。该项技术通常适合用在污染较为严重的河道水质净化当中。

1.2　人工湿地处理技术

人工湿地原理，就是利用生物、化学以及物理三种方法，共同进行净化水体。该类技术主要是将特定比例的土壤、煤渣、砂石，铺垫于特定面积的洼地当中，并将具有高成活率、较强处理能力的水生植物种植于其表面，使水体能够在填料缝隙中曲折地流动，或在床体表面流动，以构建成一个人工生态系统，促进内部的生态循环。该技术的主要特点：第一，能够保持生物多样性，让微生物以及水生动植物都有一个良好的生存环境；第二，能够对地表径流以及泥土含水量进行有效调节与保持；第三，能够对水中污染物进行降解，达到净化水体的作用；第四，能够利用空气湿度和气温起到调节作用；第五，能够美化环境，制造景观。在我国应用该项技术较为成功的案例有南京江心洲、西湖湿地等。

1.3　生物修复技术

生态修复技术，主要是通过采用水生微生物、动植物来对水中污染物进行分解、吸收与转化，从而实现水环境改善、水生态修复的作用。采用该种技术不但能利用单一微生物或动

作者简介：朱锡麟(1962—　)，男，助理工程师，从事河道建设管理工作。E-mail：jianggq@sohu.com。

植物来修复水生态，同时还能够利用由不同微生物、动植物所构成的水生态系统来完成水生态修复。在具体治理过程中，需要结合河道水体情况来合理选择水生植物群落，以吸收河道中的磷、氮等物质，并且采取带离植物的方式清除河道中多余物质，实现生态平衡。如，对被污染水体中投入对该种污染物具有良好耐性的鱼类、虾类、虫类以及浮游生物等，并利用食物链来对部分有机污染物进行消化、吸收、利用与分解，进而达到修复水环境的目的。又如，往河道内放养水生动物，种植水生植物，从而达到一个良好的微生物生存条件，并利用微生物吸收水体中的磷、氮以及氨等元素，从而实现水体净化。虽然动植物与微生物在生态修复中所发挥的作用不同，但是它们在水体净化中都非常重要。

1.4 人工浮岛技术

人工浮岛技术主要是结合具体情况筛选净水植物，并将其种植于水面上，利用植物根部的吸收与吸附作用，与不同物种间的竞争来将水体中的磷、氮、有机物当作自身所需营养成分进行吸收与利用，随后通过收获植物的方式来让其脱离水体，达到水体净化的目的。该项技术具有处理效果明显、维护便利、工程量小、不会产生二次污染的特点。一般情况下，人工浮岛能够起到净化水体、消除水波、改造景观、建设良好生活栖息环境等作用，目前该项技术往往被应用到对景观要求较高的城镇化区域的河道池塘当中。

1.5 生态岸坡

河道治理中水生态修复的意义，在于将被破坏与污染的河流水生生物予以逐步复原，从而使其能够依据自然规律达到水质要求以及食物链复原。生态岸坡工程是水生态修复的重要组成部分，它可以较为有效地保护河道，促进流域中生态平衡。结合实践来看，生态岸坡一般分植物护坡和植物复合护坡两类。植物护坡，就是将一些具有发达根系的植被栽种到河道岸坡上，利用植物根系来稳固土壤。植物复合坡，就是利用水泥、土木材料、碎石、铁丝网以及三维植被等，建立多元化的固体种植基，提高河道坡岸稳定性，改善河道水质。

2 长宁区新渔浦河道综合整治

2.1 长宁区新渔浦概况

新渔浦为苏州河二级支流，总长 2.3 km，起端为新泾港，迄端为外环线，河口面积 32 142 m^2，常水位 2.5 m，最高控制水位 3.8 m。根据上海市水务局 2017 年 2 月 23 日发布的《上海市建成区黑臭水体河长名单》，长宁区新泾港和新渔浦两条河道被列入上海市 56 条黑臭河道名单中。2017 年 5 月 27 日，长宁区新渔浦被列入全国重点挂牌督办的城市黑臭水体名单中。

2.2 水生态修复技术在河道治理中的应用策略

2.2.1 合理选择植物种类

植物种类的选择，是河道治理水生态修复技术的关键。在使用植物措施进行护岸过程中，植物材料类别不同，植物实际所发挥的功能也存在较大差别，必须正确选择能够与所要治理河道的水位以及地质相适应的植物。具体来说，可以按照具体水位情况、水位变动区间来科学选择植物类型。第一，对于低水位以下区域，宜选择沉水植物种植，通过构建沉水植物修复区，快速提升水体透明度。第二，对于水位变动区，则可以使用水葱、千屈菜、香蒲、野茭白、芦苇等水生植物，利用其柔韧的枝叶对水流的缓冲作用，减缓船行波的冲刷，提供动植物栖息地。第三，对于高水位以上部位，则可以选用野生地被植物与低矮灌木构成的复式植物群落，降低雨水对堤防的冲刷，减少表层土的流失。

2.2.2 建设形态多样的河流

在实际应用过程中，可以通过对河流纵向以及横向的连续性与连通性进行恢复，达到河流形态多样化的目的。在河流纵向，主要是恢复河流蜿蜒性，尽量维持河流自身弯曲多变的形态。在河流横向，主要是建设主河槽和护堤地等复合断面形态，条件允许的可以使用“季节性河道”。对于要求护岸的部分地段，使用透水性岸坡防护结构，如生态混凝土、石笼等，同时有效运用水葱、柳树、芦苇、木桩等天然材料和植物护坡，防止河流岸坡出现硬质化。

2.2.3 采取食物链的方式来建设多样性生物群落

种植水中植物，从而为微生物的生产与发展提供良好条件；投放底栖动物如河蚌、螺蛳、虾类、鱼类等至水中，构建起“水生植物—微生物—藻类—水生动物”的食物链，达到净化水体的作用。较为常见的做法是，将香蒲、美人蕉、睡莲、黄菖蒲等根系发达的挺水植物，种植在水位变化区与岸坡；将金鱼藻、狐尾藻、植苦草等沉水植物，种植在水下区，提高水体净化能力与增加水体透明度，提升边坡抗冲刷能力；投放贝类、底栖昆虫等水生动物，提高水体净化能力。

2.3 水生态修复技术于新渔浦项目中的运用成果

进过系统考量，主要通过水生植物的搭配种植，对新渔浦河道进行生态化整治，并用植物软化现有生硬的河堤，建成水生植物种植坡式护岸。

工程中，新渔浦河道铺设水生绿化 638 m^2，景观绿化费近 200 万元，在水生植物的选择上以耐污性强、弱光性的沉水植物为主，如龙须眼子菜、马来眼子菜等，以适应河道透明度低、水质差的特点。在满足稳定性要求的条件下，护岸也尽量选择透水性岸坡防护结构。在种植水生植物的同时，投放底栖动物如河蚌、螺蛳、虾类、鱼类等至水中，构建起“水生植物—微生物—藻类—水生动物”的生态食物链。该工程通过以植物种植为主的方式，达到净化河道水体、恢复场地内生物的多样性、增强河道生态系统承载力的作用。

3 结束语

水生态修复技术能够有效提高河道治理效率，实现河道水环境的健康持续发展。相关人员应根据河道区域水环境、水生态特征进行选择，广泛推广并应用，落实建设美丽中国的目标。

参考文献

[1] 李丽. 水体生态修复技术在黑臭河道治理中的应用研究[J]. 中国市政工程，2017(3)：40－42.

[2] 苗伟波，邹剑，刘国庆，等. 多方位生态修复技术在河道水环境治理工程中的应用[J]. 水电能源科学，2016，34(7)：167－170.

[3] 陈杰，王晶晶. 浅谈水体生态修复技术在河道整治工程中的运用[J]. 城市道桥与防洪，2015(11)：97－99.

[4] 钱璨，黄浩静，曹玉成. 河道水质强化净化与水生态修复研究进展[J]. 安徽农业科学，2017，45(34)：44－46.

[5] 赵文刚，崔丽. 在河道水环境治理中多方位生态修复技术的运用[J]. 工程技术：文摘版：00399－00399.

[6] 黎明，蔡晔，刘德启，等. 国内城市河道水体生态修复技术研究进展[J]. 环境与健康杂志，2009，26(9)：837－839.

长江口青草沙水库北堤水生态建设理论及措施研究

吴志钢，邓 鹏

（上海勘测设计研究院有限公司，上海 200434）

摘 要：鉴于青草沙水库在上海城市供水系统中的重要地位，考虑到水库北堤内侧护坡为硬质灌砌块石护坡结构，生态性较差，且近几年水库北堤沿线水体7—8月份富营养化现象较为严重的现状，通过分析近年水库水环境、水生态存在的问题，总结了水库已建水生态试验段部分成果，以水质净化保护和湿地修复为总体理念，结合水库局部疏浚进行水动力调整，考虑人工辅助和自然恢复结合的生态修复策略制定青草沙水库北堤滨岸带生态修复措施。

关键词：长江口；青草沙水库；水生态建设；生态修复

青草沙水库位于长江口南支下段北港分流口水域，由长兴岛西侧和北侧的中央沙、青草沙以及北小泓、东北小泓等水域组成，是目前国内最大的潮汐河口边滩水库，定位为蓄淡避咸型水库，在非咸潮期自流引水入库供水，在咸潮期通过水库预蓄的调蓄水量来满足受水区域的原水供应需求，服务人口约1 300万人。咸潮期水库最高蓄水位为7.00 m，水库最低运行水位为−1.50 m；非咸潮期最高运行水位约3.90 m，最低运行水位为2.00 m，平均运行水位为2.70 m[1]。水库自2010年12月投入运行以来，由于非咸潮期平均运行水位为2.70 m，水库北堤沿线平均水深仅为1.50～2.50 m，每年6—9月高温季节，水库北堤沿线水体容易出现不同程度的富营养化现象。如2011年7—8月富营养化现象就较为严重，影响了水库的水体质量。另外，青草沙水库设计建设过程中，由于筑堤工艺及工程建设进度上的要求，仅考虑了工程安全因素，水库北堤的库内侧护坡均采用了硬质的灌砌块石护坡结构，生态性较差。为保证青草沙水库生态系统的良性循环，减少青草沙水库出现富营养化现象的风险，确保水库的供水安全，在2012—2013年期间已实施青草沙水库北堤头部水生态建设试验示范段的基础上，有必要开展进一步的研究，利用工程措施对整个北堤14 km范围内进行切实有效的水生态改造。

1 水库现状问题

在对水库水环境现状、水生态现状、底泥氮磷营养盐特征、底泥重金属特征等委托相关单位进行专题研究分析后，总结目前青草沙水库北堤库侧及周边区域存在以下几个方面的问题：

（1）受水库来水、水库整体水生态环境、局部水流滞缓和底泥内源影响，青草沙水库水体的氮、磷含量仍然处于相对高值，水体中藻类高峰期间会达到千万数量级，全库富营养化状况为中营养化水平。总体而言，青草沙水库内的水质和氮、磷营养盐污染还需要采取水流

作者简介：吴志钢（1989— ），男，工程师，硕士，从事水利工程、海岸工程方向研究。E-mail：wuzg@sidri.com。

条件改善、生态修复等措施进行综合治理。

（2）从生态角度分析，目前北堤堤岸陆域部分主要为硬质化堤岸，硬质化的生境条件隔断了坡面上下水分、营养元素、能量等的自然运动和交流，进而破坏了生物生存、栖息、繁衍的环境，导致生物在堤岸带区域无法生存。同时，硬质化堤岸隔绝了水域、陆域的联系，使得滨岸带对初期雨水等非点源污染的拦截与降解功能丧失殆尽，致使库周滨水水生生态系统遭到孤立，不利于水库滨岸带生态系统水体自净能力的发挥和自然生态系统的恢复。

（3）从已建工程角度分析，北堤沿线保留的2＃、3＃施工平台处堤线不够平顺，在一定程度上影响了库区水流流态，加之北堤近岸带水流滞缓，在夏季蓝藻暴发期间，平台拐角处的死角均易成为蓝藻聚集地，迫切需要采取人工措施进行局部流态调整。

（4）底泥检测结果显示，青草沙水库北堤周边库底泥总体质量较好，底泥中汞、砷、铅、铬和镍含量均满足一级标准要求，但底泥中镉、铜和锌含量基本达不到一级标准要求。鉴于青草沙水库的特殊地位，仍需对青草沙水库底质重金属特征问题进行详细研究。

2 试验工程段成果

针对青草沙水库北堤段现状采用的传统护坡结构存在的生态修复能力差、景观效果差等弊病，为探索生态护坡建设方法，为建立生态型水源保护区积累工程经验，2012年9月至2013年5月间，在青草沙水库北堤上游泵闸附近的1＃平台周边区域实施了护坡生态化改造工程，同时针对护坡生态化改造工程中生态化部分水生植物种类的种植和管理维护方法进行了研究。试验工程通过青草沙水库护坡生态化工程建设区域原位种植试验筛选出了适合青草沙库区环境和水位波动的水生植物目标物种：黄花鸢尾、常绿水生鸢尾、花叶芦竹、天景伞草和金边石菖蒲。

针对水生植物的管理维护，试验工程主要通过对常见水生植物组织营养动力学实验，提出了科学的管理维护建议。试验得出：库区常见水生植物各组织中氮、磷含量在枯萎期变化不大，幼苗期最高，成熟期后含量降低并相对稳定，植物对氮、磷的吸收量与植株的生物量成显著正相关，有机碳含量在生长初期较低，成熟期后达到较高的值，且与衰亡期差异不大；植物枯萎部分在腐烂过程中，碳、氮、磷元素在一个月内达到最大释放强度，之后逐渐降低，释放累积量趋于稳定。

根据试验工程的研究成果提出针对库区水生植物科学的管理维护建议：根据植物的生长特性，在再力花、芦苇等秸秆较为坚硬的植物进入枯萎期后或3月底前对枯萎的植物进行收割，可有效地去除氮、磷；海寿花等秸秆较为柔软的植物需要在枯萎前收割，以免植物浸泡水中引起营养物质的再次释放，对青草沙水体产生二次污染；实施管理过程中，亦可在植物生长季节对植物进行部分刈割，从而减少植物在衰亡过程中营养物质的释放。

3 水库水生态建设必要性及主要目标

3.1 水生态建设必要性

3.1.1 完善青草沙水库生态保障格局的需要

为保护青草沙水库水质，围绕青草沙水库的老海塘、新建大堤及青草沙垦区等三大块区域已经和正在开展了多项生态保护措施。目前，长兴岛老海塘加高加固段外侧已经开展防护林建设，老海塘内侧已有较好的陆生植物分布；青草沙垦区范围也计划开展涵养林建设；青草沙新建大堤外围已经开展促淤保滩工程，工程实施完成后将通过自然恢复逐步形成未定的潮间带植被群落。在整个青草沙水库生态保障格局中，新建北堤内侧尚未开展生态建设，为此从完善青草沙水库生态保障格局的角度出发，青草沙北堤水生态工程建设是非常必要和迫切的。

3.1.2　阻隔降解污染，改善青草沙饮用水水源保护区水质的需要

青草沙水库全库水体受包括上游来水、底泥内源、库内水生态环境格局、库内局部水流条件等因素的综合影响，目前全库富营养化状况为中营养水平。为了改善水库水体质量，保障供水安全，针对水库内氮、磷营养盐污染，藻类污染等问题有必要进行综合治理。

3.1.3　优化生态环境，提高生态多样性，有效发挥水库自净作用的需要

目前北堤硬质堤岸生态系统单一，堤岸表面无植被，生物在堤岸带区域无法生存，不利于生态系统恢复，也不利于水库滨岸带生态系统对水体自净能力的发挥和自然生态系统的恢复。

3.2　水生态建设目标

工程的建设目标主要包括水质、生态两个方面。

3.2.1　生态目标

通过生境改造和生态修复，提高堤岸带生物多样性，形成良性的堤岸带水生生态系统；通过岸线地形塑造，改善局部平台蓝藻易堆积的现状；通过植物群落配置，优化岸线景观层次。硬质堤岸改造长度占比100%，生态系统多样性显著提高，水生植物土著物种增加2～5种，滨岸带鱼类、底栖动物种类和数量明显增加。

3.2.2　水质目标

通过滨岸带水生生态群落的恢复重建，清淤疏浚和水流条件改善，对库区水质改善起到一定的促进作用。稳定和改善近岸带水体水质，削减近岸带氮、磷等污染负荷，控制和降低夏季高峰期滨岸带水体中的藻类密度在五千万数量级以下。

4　总体理念和原则

4.1　总体理念

基于青草沙水库在上海城市供水系统中的重要地位，库内水质净化和水质保护理念应放在首位，在水生态建设总体方案设计中应以构建具有良好水质净化功能和自维持功能的滨岸带水生生态系统为重点，在工程材料和施工方案决策时需考虑其对于库区水质的影响；而库区水体水质的净化与维持应以水生态系统基本原理和生态工程的基本原则为指导，为此，工程设计中需遵循恢复生态学原理，通过人工辅助措施进行合适生境构建，配合生态群落的重建和修复，构建较为完整的水生生态系统，引导和加速水库滨岸水生生态系统健康良性发展，最终起到改善及维持库区水体水质、提高透明度的作用。

4.2 总体原则

4.2.1 突出水质净化功能原则

以保护和修复水库库周水生生态环境，改善青草沙水库水质为首要原则。以水质改善和保护，建立稳态的、近似原生态为主体的水库湿地体系，促进生态环境质量提高为主线，并贯穿工程设计的全过程，最终实现人与水、人与自然环境和谐的目标。

4.2.2 生态完整性原则

任何一个生态系统都是长期演化和发展的结果，一个生态系统的所有组成部分是通过协同进化而成为一个统一的不可分割的有机整体[2]。本工程处理的对象是青草沙库区北堤水位变动区，区域位置非常重要，为此，工程方案中的堤线改造和地形塑造应以提供良好生境为设计目标，重点关注生态系统完整性和生物多样性等生态系统水平指标的提高和改善，注重生态系统结构和功能的协调。

4.2.3 兼顾生态景观原则

在充分考虑水质净化及维持的基础上，结合大堤顺直段及平台段地形改造设计，在生境构建及水生植物群落配置时，在满足水质净化的前提下应兼顾生物多样性及适度的生态景观多样性要求，在总体上构建水质净化功能突出，景观层次丰富、协调自然的水生态景观体系。

4.2.4 因地制宜原则

滨水生态系统修复重建过程中，应紧紧围绕区域自然、社会和经济条件并充分利用水库周边现有的地形、地貌和立地条件，因地制宜地进行工程设计，合理确定工程实施地点、范围及工程总量；同时按照生物学和景观学的原理合理设计，因地制宜减少工程量，做到自然、经济、环保。

5 总体实施方案

5.1 修复策略

根据总体理念及水生态建设原则制定修复策略。考虑到青草沙北堤的现状，结合本工程修复区的实际情况综合分析，考虑采用人工辅助恢复和自然恢复相结合的修复策略。自然恢复即通过消除影响滨岸带退化的外部干扰和人为因素，如风浪、硬质基底等，构建适合生物生长的条件后不进行人为干预，系统利用其土壤和底泥基质中富含的物种基因库种子，仅通过自然选择和竞争演化形成与本地气候条件相适应的自然稳定群落状态。工程设计中对2#平台两侧外围约20万 m^3 滩地区域采用自然修复的植被恢复策略，主要进行不同类型的地形生态条件塑造，利用已有的芦苇群落和物种基因库进行种群扩增。人工辅助修复主要是在消除影响滨岸带退化的外部干扰和人为因素后，采用人工辅助的方式进行植物群落的结构和功能恢复。该类修复方式能在较短时间内恢复到目标程度。特别在修复初期，人工干预可以大大加快其生态系统恢复的进程。但在初期植被群落形成后，为了使其达到一个稳定的群落状态，往往还需要通过生态调控等措施加以引导。

除2#施工平台外围区域，本工程大部分区域均采用人工辅助修复手段。通过地形塑造，在竖向高程上分1.5～2.5 m、2.5～3.5 m、3.5～5.5 m三个梯度，采用人工辅助手段恢复沉水、挺水和湿生植物群落。

5.2 总体思路

工程实施堤段长度为 13 991 m。工程的目标主要是水质改善和生态修复两个方面。针对工程现状和工程目标，方案分析时考虑为施工平台段和常规的大堤顺直段两种类型。

5.2.1 施工平台段（包括 2＃平台段和 3＃平台段）

2＃平台段具体包括 2＃施工平台及上下游区域，桩号范围 ST7＋192～ST9＋831，长度共计 2 639 m。该段外侧水流滞缓，平台两侧的死角区域是蓝藻易聚集区域。平台外围现状地形已达 2.00 m 以上，低水位运行时部分滩地露出水面，已经存在一定数量的芦苇植被。设计以维持现状水生植物植被群落为基础，重点对平台两侧水流滞缓区域进行边界优化，消除蓝藻易进难出的滩地凹湾；对外围现状滩面以地形整理为主，生态修复设计以自然恢复为主，人工修复为辅。近岸平台死角区重点采用人工修复，外围区域重点进行自然修复，主要利用现有芦苇植被群落进行种群扩增。

3＃平台段具体包括 3＃施工平台及上游区域，桩号范围 ST13＋147～ST13＋991，长度共计 844 m。该段外侧水流滞缓，平台两侧的死角区域是蓝藻易聚集区域。上游侧现状地形均在 1.00 m 以上，但无滩地分布。下游侧水深较深，且临近下游水闸。在设计时主要考虑对平台上游水流滞缓区进行边界优化。生态修复以人工修复为主。

5.2.2 大堤段

工程范围内 2＃、3＃平台段之外的区域为大堤段。桩号范围 ST0＋000～ST7＋192、ST9＋831～ST13＋147，长度共计 10 508 m。该段现状主要为硬质基底，外围现状高程 1.0 m 左右，无滩地和水生植物分布。该段重点是通过地形塑造对沿线生境进行改造。生态修复采用人工修复为主。

6 预期效果

通过工程实施对青草沙水库北堤岸线进行调整以及水上、水下地形进行塑造，能够优化局部水域水流条件，尤其是平台段原缓滞流区水动力条件能够得到改善，增强水体交换，缩短滞流时间，能够有效地防止水温分层，增加水体混合层，改变浮游植物种类组成，稀释或降低浮游植物的现存量，破坏藻类等浮游植物繁殖和生存条件，进而减缓富营养化进程和降低水华发生概率。北堤沿线在进行人工辅助与自然恢复相结合的水生生态修复后，预期水生植物土著物种增加 5 种以上，植物群落的恢复能有效提高滨岸带水质净化功能，经过植物直接吸收、微生物转化、物理吸附和沉降作用除去氮、磷和悬浮颗粒，同时对重金属分子也有降解效果。

7 结语

对青草沙水库生态环境系统的修复是集环境、生态、经济、社会以及技术等多重因素的系统工程，其目的是维护库区水质、区域生物多样性及水土保持等，以形成良性循环的生态系统。阶段性的理论研究还需要配合实际项目建设过程中、后期的跟踪监测，积累优势的技术经验，为水库运行管理提供科学依据[3]。

另外，由于青草沙水库所处的长江口区域在 4—9 月份盛行东南风，在持续的东南风影响下，水库北堤沿线的水动力条件依然相对较差。为了彻底改善青草沙北堤附近水体的流动性，还需要在构建水库水生态系统的条件下开展更为深入的动力条件专项研究。

参考文献

[1] 闫红飞，吴焱. 长江口青草沙水库库区泥沙冲淤数值模拟[J]. 人民长江，2015，46(6)：84－86.
[2] 吴旭，魏传江，申晓晶，等. 水库生态调度研究实践及展望[J]. 人民黄河，2016，38(6)：87－90.
[3] 张晶. 水库生态修复若干问题及对策[J]. 水利技术监督，2016，24(6)：55－56.

浦东新区农村黑臭河道整治的关键技术研究

鲁炎松[1,2]

（1. 上海顶新工程规划设计有限公司，上海 201315；
2. 河北大地建设科技有限公司上海分公司，上海 201315）

摘　要： 浦东新区农村覆盖范围广，当前河道水体污染问题严重，唐镇作为上海市浦东新区涉及黑臭河道数量较多的街镇之一，具备了新区农村黑臭河道综合整治的各种特点及难点。本文针对唐镇农村黑臭河道现状及污染源的分布特点，围绕消除黑臭、水质达标的整治目标，研究了适用于浦东新区农村地区的控源截污、水系沟通、护岸结构、水生态修复等关键技术，为农村黑臭河道的整治提供了一定的技术参考。

关键词： 黑臭河道；污染源；截污纳管；水质达标

1　概述

浦东新区濒江临海，区内水系属于平原河网，分布密集，外围系黄浦江与长江口及杭州湾水域环抱，受沿江沿海潮汐影响，内河水位可“乘潮避咸”进行调蓄。全区规划河道 1 247 条段，总长 3 357.89 km，区域水资源量丰富，河网纵横交错，水系发达，承担着排涝、灌溉、引水、航运、景观、生态环境等综合功能。相对封闭的浦东水利片整体上骨干河网基本成型，由圩外的黄浦江和圩内的川杨河、大治河、咸塘港、浦东运河等组成。

随着上海市社会经济快速发展，城市人口激增和建设用地扩张，在城市环境负荷的增加和承载力降低的双重作用下，环境问题日益凸显，特别是城市水环境不堪重负。为了改善上海的水环境质量，重塑上海城市形象及提高人民生活居住环境质量，上海历届市委、市政府高度重视水环境治理工作，并付出了很多努力，使问题有了很大改善。

但是部分郊区和城乡接合部中小河道黑臭问题依然突出，中小河道黑臭已成为本市水环境治理的短板，严重影响城市环境大局及人民的幸福指数。为贯彻落实国务院《水污染防治行动计划》，积极推进《上海市水污染防治行动计划实施方案》，改善本市河道水环境质量，浦东新区制定了《上海市浦东新区水污染防治及水环境治理工作任务书》，主要涉及“五违四必”治理、减量化、畜禽退养、污水管网及收集工程、骨干水利基础设施等。

在浦东新区先后锁定各镇的第一批国考及市考河道 279 条段的治理任务后，浦东新区新增黑臭河道的梳理过程：2017 年初，市水务局对照 2016 年全市高分辨率航空遥感影像，分析比对浦东新区各街镇河湖水面，提取了 1 962 个疑似黑臭水体点位。新区环保局组织镇政府等相关单位共同开展了现场复核、水质采样。经分析核对，全区涉及水质黑臭的有 276 条，唐镇涉及的有 22 条[1]。

作者简介： 鲁炎松（1992—　），男，助理工程师，工学学士学位，从事水利工程设计。E-mail：luyansong209@163.com。

针对新增的黑臭河道，按照市、区统一部署，唐镇坚持以“清障、拆违、截污、面洁、岸绿、道畅、水达标”为整治标准，将河道整治与“五违四必”整治、“198”区域减量化、产业结构调整和美丽乡村建设等工作紧密结合，加强水岸联动，提高河道整治的效果，确保在2017年底全面消除黑臭。

2 农村黑臭河道特点

2.1 居民污水排口数量多，分布散乱

由于城市人口增速太快，外来人口的急速导入，外来人口与本地居民数量的比例超过10∶1，河道周边违章搭建随之骤增，加上农村房屋坐落杂乱，建设初期没有考虑相应的排污管道，雨污混排现象普遍存在。根据实地调查，每户居民房排放口平均为3～6个(图1)，且分布在沿河不同位置和不同高程，给截污工程的实施提出了很大的难题。

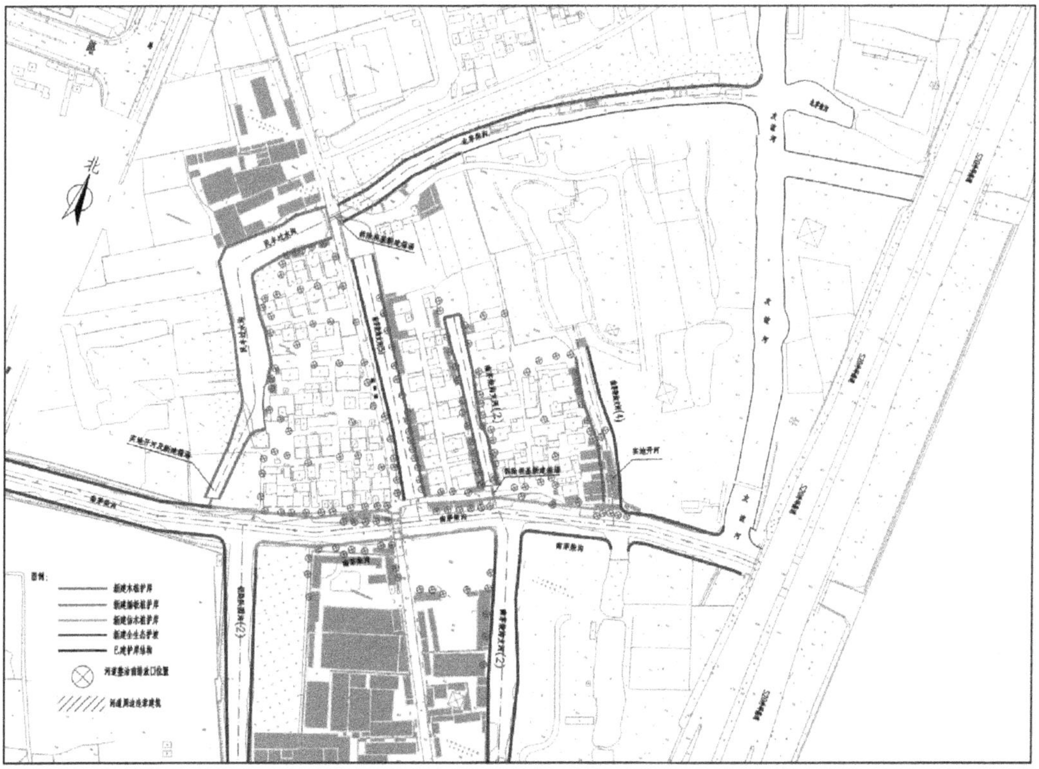

图1 唐镇南茅柴沟及周边水系排污口分布及河道岸线设计布置图

2.2 河道水动力差

平原地区水力坡降平缓，水动力不足[2]，除洪季暴雨期外，流速均小于0.3 m/s，水体交换能力弱。浦东新区内河水体含沙量高，本次部分整治河道因长年未得到养护，河床抬高明显，局部岸段又受汛期雨水浸泡冲刷，岸坡极易坍塌，河道过流能力被大大削弱。

在居民区集中区域，为方便出行，还存在居民私自填河的现象(表1)，阻水坝基的存在隔断了河道基本的防汛排涝功能。

表 1　唐镇黑臭河道整治前基本情况一览表

河道情况	规划河道（条）	非规划河道（条）	淤积厚度 $H<1.0$ m 河道（条）	淤积厚度 1.0 m$<H<2.0$ m 河道（条）	淤积厚度 $H>2.0$ m 河道（条）	阻水坝基数量（处）
数量	4	18	2	15	5	17

2.3　其他污染源

农村河道的水质恶化还与农业面源、禽畜养殖、产能落后企业的违规排放等有关。

（1）农药化肥中含有大量的氮、磷成分，在上海农村地区，农田氮肥的年使用量高达 300 kg/hm^2。其残留物通过降雨或灌溉后的地表径流汇入周边河道，又随着河水浸润沉积于河道底泥之中，造成二次污染。

（2）农村地区普遍沿河进行小规模的禽畜养殖，本不至于导致河道黑臭，但在河道被侵占或填堵，河床大量淤积之后，河道内部生态系统被摧毁，丧失了原有的自净能力。对于大规模的禽畜养殖场，必须采取截污或退养措施(图 2)。

（3）农村小企业通常以劳动密集型产业为主，不仅存在排放工业废水和雨污混接问题，同时“厂中村”“园中村”的存在大大增加了生活污水的排放量，生活垃圾的随意堆放也造成了局部面源污染及其他水环境问题隐患。

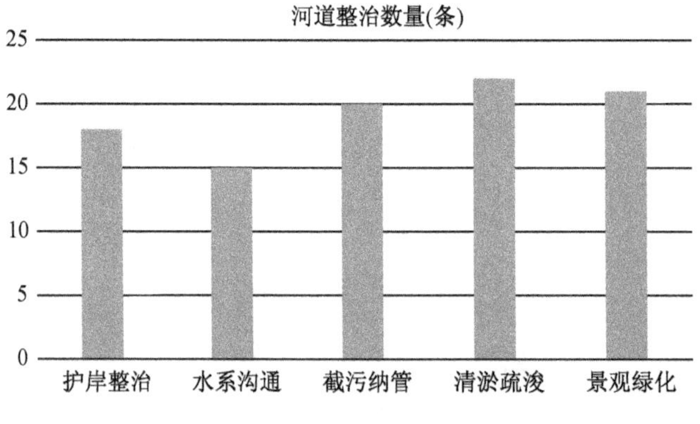

图 2　唐镇黑臭河道治理措施应用情况

3　主要关键技术

河道的治理远不能依赖水体的自净，要从根本上治理黑臭河道，目前常通过控源截污、护岸整治、沟通水系、清淤疏浚、绿化种植、生态修复及人工曝气增氧等技术来改善水质。针对农村河道污染分布广、面源污染严重、整理难度大的特点，综合考虑农业灌溉用水、区域防洪排涝、生态环境等方面的需要，结合改善水环境保护、水污染治理的目标，结合河道规划、美丽乡村及周边区域建设规划等条件，因地制宜，科学制订治理方案，尽量还原河道应有的水生特征及自然属性。

3.1　沿河截污

沿河截污是一种针对农村生活污水排放点多、分布散乱，短期内无法实施入户逐个处理污水排放点的情况，通过沿河排管，阻止污染源入河的有效截污措施。

沿河截污一般依托周边市政污水收集管网，通过污水纳管及建设污水截流管等方法有效截污。管道排水采用重力流，对于纳管处井底标高较低，重力流排水不能满足接入市政污水井要求，采用一体式污水提升泵站有效解决这一问题。针对施工面较小区域，结合河道护岸工程，采用将管道埋设于护岸工程后面的处理方式。为了防止管道纵向不均匀沉降及过高地下水位引起管道上浮等不利因素的影响，管道地基采用土工布及中粗砂包裹加固方式，这样能起到地基梁的作用(图 3)。

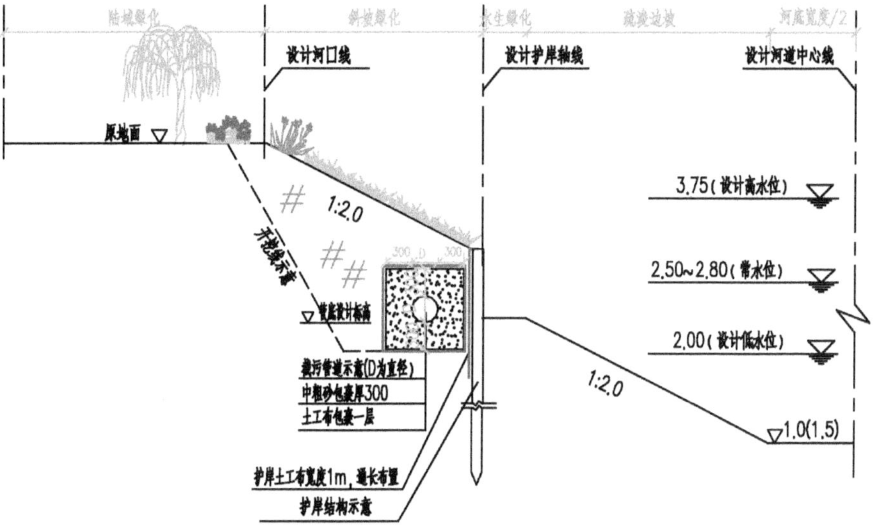

图 3 河道护岸与纳管结构断面示意图(水位:m;尺寸:mm)

3.2 清淤疏浚

河道淤泥是污染物集中的重要场所，底泥耗氧加快了河道黑臭的进程。对于中小河道的底泥疏浚，主要采用水力冲挖或抓斗式挖泥船等方式。对于农村中小河道不满足挖泥船对吃水深度、净空高度及设备进场等要求时，通常采用水力冲挖方式，其施工精度较高，人为操作容易有效控制。需要注意的是，降水作业前应对临河没有护岸结构的居民房屋采取钢板桩支护等措施进行临河房屋的保护，同时要求临时泥库与施工作业面距离控制在 300 m 范围内。通过底泥疏浚，永久性去除了河道中表层沉积的污染物，亦增加了河道的蓄水能力，改善了水流条件。

3.3 水系沟通

河道与外界水系存在的阻水坝基造成水动力不足，水体不能与外河水体交换也是河道黑臭的原因之一。工程中采用实地开河、拆坝建桥或者拆坝建涵等方式沟通水系，其中对于乡村主要交通干道，根据道路地面高程、防洪要求、河道通航要求、河道过流能力以及工程投资等方面综合考虑对桥梁或者箱涵的选择。对于普遍存在的非规划村沟宅河上的非机动车便道沟通问题，可采用过沟便桥的方式，既解决了居民通行的需要，又有效沟通了水系(图 4)。

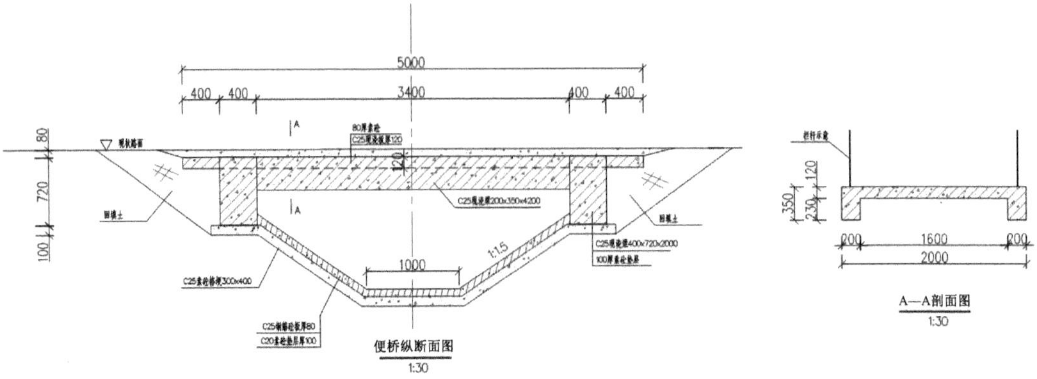

图4　便桥结构断面图(工程中河口宽度5 m,尺寸:mm)

3.4　生态修复

种植挺水植物和沉水植物,借助浮床载体种植,不仅减轻了富营养化程度,而且营造了小型水生生物的栖息环境[3,4]。自然水体的自净以及修复主要是利用土壤—微生物—植物生态系统有效去除水体中的有机物、氮、磷等污染物。水生植物是水生态系统的关键,对生态系统的稳态转换起主要作用,在河道整治初期,通过生态修复的方式,可以在短期内加速河道生态系统的构建过程。对于已经实施工程措施的河道,虽经过沿河截污,总体上消除了污染源的河道,由于周边居民密集,零星的乱倒、乱抛现象无法完全杜绝,可采用人工曝气增氧、微生物分解等有效措施大大增强水体自净功能(图5、图6)。

图5　唐镇大众顾家宅河

图6　唐镇顾家宅河

4　案例分析

南茅柴沟及其周边水系极具唐镇黑臭河道的代表性。南茅柴沟为规划河道,河道岸边违章建筑面积高达6 556 m^2,“198”企业数十家,居民房屋及违章建筑的生活污水排放口分散,河道内禽畜养殖多,镇政府在工程实施前进行违章搭建拆除及禽畜退养等三清工作。河道淤积严重,支河存有坝基5处导致水系沟通不畅,工程通过实地开河及新建箱涵等方式沟通主河与支河的水系。根据乡村河道周边空间条件、河道定位等因素,河道护岸设计进行不同风格的构思;对于紧邻居民房的河道,采用插板桩护岸结构(图 7);对于河道周边施工作业面较广区域或者农田地段,采用生态性好的仿木桩护岸(图 8);对于不具备沿河截污开槽埋管区域,采用排水管与护岸结构有效结合的方式,通过污水纳管将河道周边居民生活污水收集到芳春路市政污水管网(图 9)。考虑到安全因素,设置仿木栏杆防止意外发生,通过布置有一定观赏性的植被和水生植物来增强水土保持能力及水体净化能力,美化居住环境的同时也增强了当地居民的幸福感。通过工程的实施,南茅柴沟及周边水系有了明显的改善,水质综合评价达到地表Ⅴ类水体,工程前后水质对比见表 2。

图 7　南茅柴沟支河(工程前后对比)

图 8　南茅柴沟河道(工程前后对比)

图 9　唐镇南茅柴沟及周边水系截污纳管及河道岸线设计布置图

表 2　唐镇南茅柴沟及周边水系水体水质监测结果对比表

河道名称	断面名称	施工前水质								施工后水质						
		采样时间	臭和味	水温(℃)	DO(mg/L)	高锰酸盐指数(mg/L)	总磷(mg/L)	氨氮(mg/L)	黑臭判定	采样时间	臭和味	水温(℃)	DO(mg/L)	高锰酸盐指数(mg/L)	总磷(mg/L)	氨氮(mg/L)
南茅柴沟	卫家桥	2017-02-23 9:05	无臭	7.6	4.6	7.6	0.710	6.40	黑臭	2017-12-11 11:56	无臭	14.2	6.2	2.4	0.089	1.76
钥匙队园沟(2)	民丰村江北宅21号	2017-02-23 9:10	无臭	6.8	4.0	10.7	0.870	8.10	黑臭	2017-12-11 12:38	无臭	13.8	5.7	2.6	0.102	1.21
南茅柴沟支河(5)	茅柴沟桥	2017-02-23 9:15	无臭	6.7	4.0	7.6	0.768	6.44	黑臭	2017-12-05 14:31	无臭	12.6	5.2	4.2	0.147	1.88
南茅柴沟支河(2)	民丰村龚祠宅158号前	2017-02-23 9:20	无臭	6.6	4.3	8.2	0.859	6.58	黑臭	2017-12-05 8:30	无臭	9.4	5.3	3.4	0.140	1.60
南茅柴沟支河(4)	民丰村龚祠宅138号内	2017-02-23 9:25	无臭	6.6	2.3	21.5	1.460	11.60	黑臭	2017-12-05 12:20	无臭	12.3	5.1	3.8	0.163	1.98
民丰过水沟	新前路民丰村	2017-02-23 9:32	无臭	6.7	5.6	10.0	0.433	5.03	黑臭	2017-12-11 12:20	无臭	13.6	7.2	2.8	0.100	1.41

5 结语

唐镇中小河道的污染黑臭问题是浦东新区农村河道污染现象的缩影，按照“水岸联动、截污治污、沟通水系、修复生态”的治水思路，从“控源截污、沟通水系、生态修复、环境治理、长效管理”等五方面落实整治。河道沿岸环境和景观有了明显改善，区域内河道“水质提升、环境改善、景观美化”，还原了河道的自然风貌。本文通过多年的设计实践，结合河道现状以及地区规划等条件，根据唐镇黑臭河道整治工程中遇到的关键问题提出的具体设计措施，可为当前城乡中小河道整治提供一定的借鉴。

参考文献

[1] 浦东新区河长制办公室，浦东新区水务局. 上海浦东新区唐镇新增黑臭河道“一河一策”整治方案[Z]. 2017.
[2] 李珍明，蒋国强，朱锡培. 上海地区黑臭河道治理技术分析[J]. 净水技术，2010，29(5)：1－3.
[3] 郝桂玉，黄民生，徐亚同. 生物修复原理及其在黑臭水体治理中的应用[J]. 净水技术，2004，23(2)：39－42.
[4] 马庆，张兰，沈银武，等. 上海老段浦污染河道生态修复试验研究[J]. 给水排水，2006，32(s1)：112－114.

杨浦区城区河道消除黑臭水体治理实践

蒋青柏

（上海市杨浦区市政和水务管理事务中心，上海 200082）

摘　要： 杨浦区有三条河道东走马塘、虬江以及嫩江河被列入黑臭水体，通过黑臭水体水质情况分析和污染源调查，采用河长机制建立、水利专项实施和持续监管相结合的有效治理手段，达到了消除黑臭水体的目的，并提出经验与建议供全区参考。

关键词： 河道整治；黑臭治理；水质

1　问题的提出

为贯彻落实国务院《水污染防治行动计划》，积极推进《上海市水污染防治行动计划实施方案》，改善本市河道水环境质量，根据住建部制定的《城市黑臭水体整治工程指南》，本市经对建成区河道进行调查监测分析，确定列入《上海市水污染防治行动计划实施方案》的建成区黑臭水体为 56 条河道，纳入国家考核范围，要求于 2017 年底前基本消除黑臭。在这 56 条河道中，杨浦区有三条河道被列入其中，分别是东走马塘、虬江以及嫩江河。

2　河道基本情况

2.1　河道现状

嫩江河位于杨浦区东北侧，为区管河道，主要涉及五角场镇。河道呈东西走向，共长 600 m，河口宽度 10 m。受河道周边用地限制，嫩江河分为东西两段，两段河道之间通过长 593.3 m 的地下管涵连接。东段河长 370 m，通过泵站于黄浦江取水；西段河长 230 m，通过军工路地下管涵连通随塘河。

东走马塘位于杨浦区中部，西段经暗涵与虬江相连，中部与市管河道杨树浦港相连，东段经界泓浜水闸与新虬江直接连通，河道长度 4 750 m，河口宽度 21～39 m。常水位 2.5 m，除涝最高控制水位 4.44 m，河道槽蓄容量约 44.7 万 m^3，为区管河道。

虬江位于杨浦区北部，西起国定路西，越国定路、淞沪路，经长海医院、沈家行后，往南越翔殷路，再与东走马塘相会，往东越军工路、上海机床厂，于复兴岛北端附近流入黄浦江。长 7 km 余，河面宽 30～40 m，低水位水深 0.8～1.8 m，高水位水深 3.9～4.0 m。

2.2　水质情况

嫩江河水质为典型的黑臭河道，水体基本不流动；虬江和东走马塘流通性相对较好。从 2015 年逐月水质数据来看，三条河道主要超标因子均为溶解氧、氨氮。

作者简介： 蒋青柏（1980—　），男，工程师，学士学位，主要从事水务设施建设和管理工作。E-mail：shypsw@163.com。

2.3 污染源调查

嫩江河沿途用地类型复杂，存在城市地表径流面源污染、雨水口混接污水、底泥内源释放等多种主要污染源；虬江和东走马塘存在泵站放江初雨污染、污水排放、垃圾抛洒和底泥污染。

通过调查统计，嫩江河河床严重淤积，沿线有排污口 4 处，两岸环境脏乱差；虬江、东走马塘沿线共有排污口 39 处、沿线违章建筑 36 处和市政泵站 9 座，河道淤积状况分布不均。

3 河道消除黑臭治理实践

在前期河道现场调研和水质检测成果基础上，提出了“一河一策”整治方案，包括河道概况、黑臭原因、主要措施、实施主体、实施计划、实施难点等内容[1]。

杨浦区提出上述三条河道综合治理思路主要包括河长制机制建设、水利专项工程整治(底泥疏浚、截污纳管、雨污混接改造、面源治理、水动力改善、水生态修复)、持续监管和专业养护[2,3]。

3.1 实现河长制全覆盖，加强机制建设

通过印发《关于杨浦区全面推行河长制的实施方案》的通知，提出了杨浦区推行河长制的指导思想、基本原则、主要目标，明确了河长制组织体系、各级河长、各成员单位的主要职责和主要任务，同时配套出台了河长制考核、督查、问责、会议等相应保障制度文件。

3.2 加强河道执法监管，减少外源污染

全区梳理河道违建点位 79 处，面积 30 330 m^2，2017 年已全部完成沿河违建的拆除任务；全面调查排摸河道排放口 93 处，实施封堵作业 70 处，保留排放口 23 处，主要为确保汛期防汛安全预留，平时无排放现象；开展“三无”船舶专项整治工作等。

3.3 实施水利专项，削减河道污染，提高水动力和自净能力

2016 年实施完成了 2015 年度嫩江河—随塘河整治工程，主要工程内容包括河道疏浚 17 万余 m^3，截污纳管 990 m，生态浮床 900 m^2，曝气机 10 台和嫩江河泵站大修等。2017 年实施完成了 2016 年度杨树浦港—虬江水系综合整治工程，主要工程内容包括河道疏浚 17 万余 m^3、绿岛 1 000 余 m^2、浮床 6 300 m^2 和曝气机 31 台等。

3.4 实施泵站改造和运营优化，减少初雨和溢流污染

完成沿河国和泵站等市管泵站的旱流截污改造，全面启动沿河地表径流和市政排水设施的污染控制。完善泵站优化调度运行机制，控制雨水泵站的雨前放江、溢流放江污染。上述工作于 2017 年 6 月底前全部完成。

3.5 精细化水资源调度，及时改善水质

建立精细化调水制度，通过加强研究，探索最合理的调水方案；同时加强巡查和水质监测，根据感官结合水质数据，实时调水；泵站放江后，加强闸、泵引排水力度，迅速恢复河道水体水质。

3.6 加强长效管理和监管，巩固整治成果

通过市场化模式，加强河道养护专业化单位的管理，督促河道设施养护和保洁工作；增强河道沿线企事业单位和市民的爱河护河意识，消除向河道倾倒垃圾和排放污水的现象；构建河长制各成员单位协同治理体系，形成整治合力。

4 治理成效

4.1 整治前后水质数据

根据国家住建部《城市黑臭水体整治工作指南》（简称《指南》）要求，需委托第三方监测机构按每 200～600 m 间距设置检测点，每个水体的检测点不少于 3 个（取样深度同《指南》2.3.2）。每 1～2 周取样 1 次，连续测定 6 个月，取多个监测点各指标的平均值作为评估依据[4]。

嫩江河整治前后选取 3 个检测断面（图 1），东走马塘整治前后选取 8 个检测断面（图 2），虬江选取 10 个检测断面（图 3），进行污染物的检测。检测数据前后对比结果见表 1、表 2、表 3。

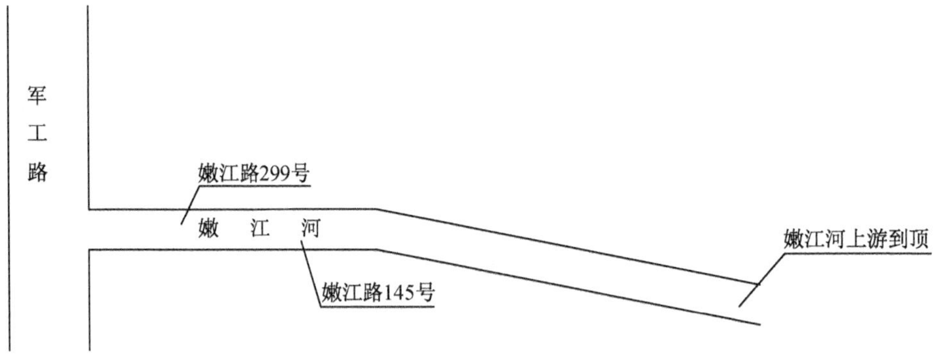

图 1 嫩江河黑臭河道治理水质检测断面点位示意图

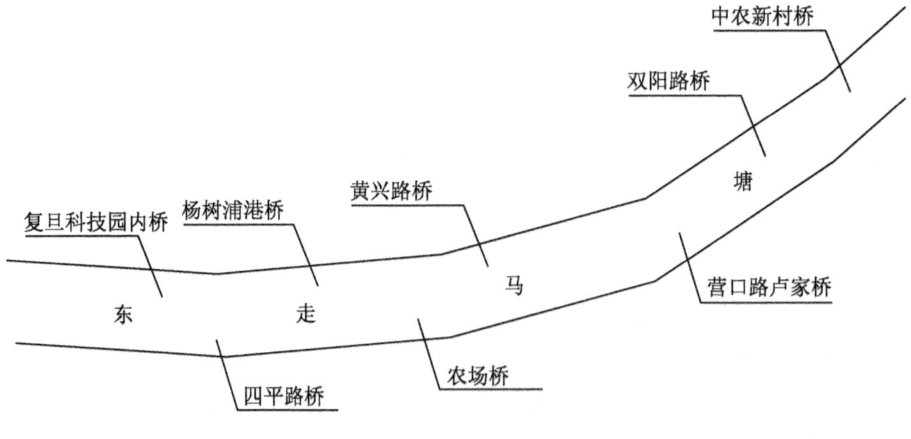

图 2 东走马塘黑臭河道治理水质检测断面点位示意图

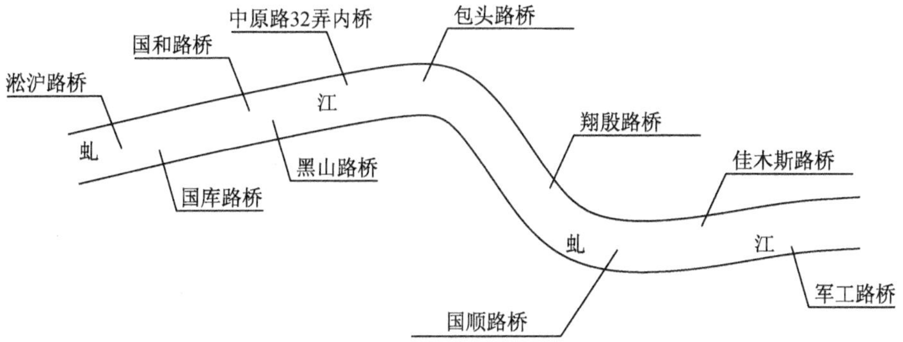

图 3　虬江黑臭河道治理水质检测断面点位示意图

表 1　嫩江河整治前后水质数据对比

嫩江河	采样时间	外观	嗅味	水温(℃)	pH 值	高锰酸盐指数(mg/L)	总磷(mg/L)	五日生化需氧量(mg/L)	溶解氧(mg/L)	氨氮(mg/L)	透明度(cm)	氧化还原电位(mV)
整治前	2015 年 1—12 月	灰绿	臭	7～24	7.42	7.04	0.36	11.62	1.77	3.74		
整治后	2016 年 9 月—2017 年 3 月	绿	无臭	8～25	7.55	4.89	0.21	3.67	5.75	1.18	43.86	125.08

注:2015 年环保监测水质数据为年度平均值,未对透明度和氧化还原电位进行监测。

表 2　东走马塘整治前后水质数据比较

东走马塘	采样时间	外观	嗅味	水温(℃)	pH 值	高锰酸盐指数(mg/L)	总磷(mg/L)	五日生化需氧量(mg/L)	溶解氧(mg/L)	氨氮(mg/L)	透明度(cm)	氧化还原电位(mV)
整治前	2015 年 1—12 月	灰绿	臭	7～31	7.43	5.60	0.29	8.05	2.34	2.93		
整治后	2017 年 7—11 月	绿	无臭	16～33	7.58	4.82	0.17	2.74	3.48	0.37	47.36	116.71

注:2015 年环保监测水质数据为年度平均值,未对透明度和氧化还原电位进行监测。

表 3　虬江整治前后水质数据比较

虬江	采样时间	外观	嗅味	水温(℃)	pH 值	高锰酸盐指数(mg/L)	总磷(mg/L)	五日生化需氧量(mg/L)	溶解氧(mg/L)	氨氮(mg/L)	透明度(cm)	氧化还原电位(mV)
整治前	2015 年 1—12 月	灰绿	臭	7～32	7.33	8.65	0.61	18.89	0.87	6.84		
整治后	2017 年 7—11 月	绿	无臭	16～34	7.49	5.00	0.18	3.05	2.96	0.75	45.09	99.28

注:2015 年环保监测水质数据为年度平均值,未对透明度和氧化还原电位进行监测。

根据水质检测结果，相关水质指标均显示三条河道消除了黑臭。

4.2 公众调查评议

根据国家住建部《城市黑臭水体整治工作指南》要求，本次黑臭河道整治后需委托专业调查公司或第三方评估机构，采取公众调查问卷的形式对黑臭水体影响范围内的社区居民、商户等，进行水体整治前后的效果调查。

嫩江河、东走马塘和虬江完成综合整治后，在2017年分别完成了公众调查评议，满意率分别是98%、96%、95%。

5 结论

上述三条河道通过河长制机制建设、水利专项工程整治、各部门联手整治、专业化精细化管理和市民共同参与，水体消除了黑臭，环境得到了改善，达到了预定的治理目标。为巩固和提升水体整治成果，还将在以下几方面继续加强：

一是加强偷排偷倒监管工作。日常管理过程中，有时会发现不同河段有不明原因的大面积垃圾、油污情况。针对该情况，区河长办将牵头各成员单位，联手河道沿线居委会，加强巡查监管，坚决遏制该种情况的发生。

二是加强精细化水质提升研究。综合整治过程中，我们发现同一断面各种水质指标会因天气、温度、日照等因素快速地变化；相邻不远的断面，相关水质指标变化幅度也较大；水资源调度过程中，水质指标时空分布非常不均。我们希望通过研究，能进一步发现水质变化的相关规律，进一步为提高水质做好决策研究。

三是进一步加强雨污分流改造和泵站改造工作。

由于历史原因，区内排水系统有合流制、分流制，分流制也存在雨污混接情况，虽然市政泵站均有旱流截污设施，但降雨放江还会带来大量的污水。目前，分流制雨污混接改造已在逐步推进，合流制雨污分流改造尚需提上议事日程。

市排水公司在泵站运行优化工作方面已做了大量工作，取得了较大成效。市区环保、水务部门也已出台相关文件，要求进一步加强泵站监管、优化运行和控制放江工作。将来，还可以继续研究市政泵站升级改造、增设初雨调蓄池设施，进一步削减入河污染源。

东走马塘、虬江以及嫩江河黑臭水体治理的实践，可复制、推广到区内其他河道水质水环境的改善和治理上，为杨浦区全区水环境整体提升探索了一条好的经验和方法。

参考文献

[1] 沈伟方. 河长制河道"一河一策"实施方案研究[J]. 四川水泥，2017(12)：307.

[2] 金元欢，周全，吴焕，等. 城市黑臭河道治理与景观修复刍议[J]. 建设科技，2016(1)：18-20.

[3] 程庆霖，何岩，黄民生，等. 城市黑臭河道治理方法的研究进展[J]. 上海化工，2011，36(2)：25-31.

[4] 焦志杰. 黑臭河道综合治理技术应用研究——以昆山市古仙江为例[J]. 中国水运，2017，38(2)：62-63.

工程运行与管理

平原地区水闸消能防冲布置方案优化

金鹏飞，王　佳

（上海市堤防（泵闸）设施管理处，上海 200050）

摘　要：平原地区河网交错，为了扩大口门保护范围，支河水闸往往靠近主干河道。如何解决支河水闸排涝时下泄水流对通航河道行船安全影响，是平原地区水闸消能防冲布置优化的重点。通过水工模型试验，调整外河海漫段结构、消力池翼墙型式、整流措施，有效归顺过闸水流，消减水能，确保排涝时苏州河通航安全，为今后类似工程设计提供参考依据。

关键词：水闸工程；消能防冲；方案优化

1　前言

水闸既能挡水又能泄水，在平原地区防洪、灌溉、排水、航运等水利工程中应用十分广泛。由于其多为低水头水工建筑物，水闸一般采用底流式（水跃）消能[1]，过闸水流在消力池内产生水跃，使闸下急流转变为缓流，但是低水头水工建筑物存在弗汝德数低、水跃消能效果较差的问题[2]，下泄水流携带大量能量，水流紊动剧烈，危及下游河床及通航安全[3]。外环西河泵闸工程位于外环西河河口入苏州河处（约 110 m），由 8 m 宽节制闸（设计流量 40 m³/s）和 20 m³/s 的排涝泵站组成。而苏州河是一条通航河道，通航等级为Ⅵ级，为确保通航船只安全，苏州河最大横向流速不得大于 0.3 m/s。如何解决外环西河泵闸在排涝时，下泄水流对苏州河通航影响是本次研究的重点。本文通过合理确定外河消力池的消能、导流结构，优化工程的总体布置，并对水闸安全运行提出了合理的调度要求。

2　模型设计

模型按重力相似准则设计，同时兼顾阻力相似，几何正态，具体如下：

模型长度比尺 $\lambda_L=20$；

流速比尺 $\lambda_V=20^{0.5}=4.47$；

流量比尺 $\lambda_Q=20^{2.5}=1\ 788.85$；

糙率比尺 $\lambda_n=20^{1/6}=1.648$。

泵闸模型全长约 25 m，采用灰塑板精制，模拟了节制闸、泵站、内外引渠、苏州河的部分河段，详见图 1。灰塑板糙率为 0.008，内外引渠及苏州河河段用水泥砂浆抹面；水流流速采用计算机多点数据自动采集处理系统，采样时间为 10 s，每点采样 3 次取其平均值为该点流速；口门区流场采用旋浆式光电流速流向仪量测；水位采用插板式尾门控制，通过测针量测

作者简介：金鹏飞（1980—　），男，本科，工程师。E-mail：slcbgs@163.com。

水位，测针精度±0.1 mm。

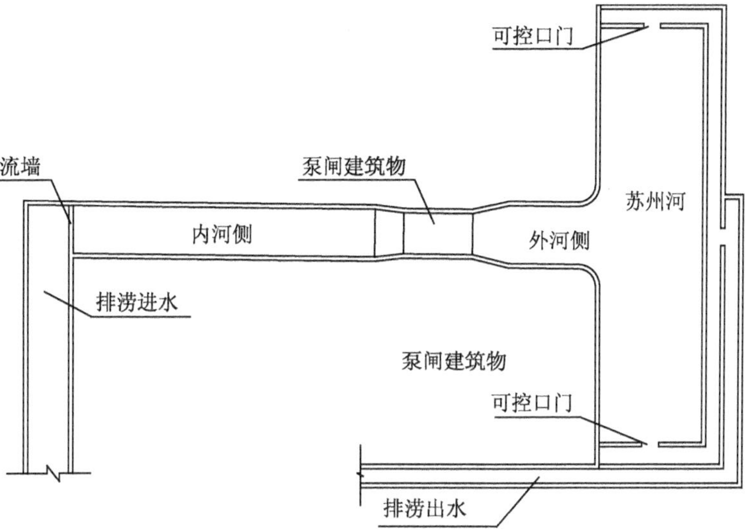

图1　模型布置示意图

3　排涝结构设计

3.1　原设计方案

工程排涝基本利用水闸自排，在汛期内河水位高于 2.5 m 或暴雨前需腾空内河库容时开闸排水，因此主要考虑水闸单向排涝对苏州河通航安全影响。原设计方案中，内外河进出水池长均为 15 m，连接外环西河泵闸与苏州河段的外河海漫段长 45 m，河底宽 20 m，底高程−0.5 m，边坡 1∶2.5，口宽 40 m，河坡高程 3.3 m 以上采用钢筋砼悬臂式挡墙。

(1) 按节制闸排涝流量 40 m^3/s 控制，结合苏州河侧不同水位测试苏州河横向流速、闸门开启度，结果见表1。

表1　按流量控制排涝试验结果

工况	内河水位(m)	苏州河水位(m)	闸门开度(m)	苏州河横向流速(m/s)
1	4.2(高水位)	4.0(通航高水位)	1.20	0.50
2	4.2(高水位)	2.5(通航常水位)	2.58	0.94
3	2.8(常水位)	1.5(规划控制最低水位)	1.26	1.45

试验结果表明，在苏州河高水位状况下排涝，其横向流速较小；当外河水位 2.5 m 时(此时为苏州河通航水位)，苏州河最大横向流速为 0.94 m/s；当外河水位降至规划控制最低水位 1.5 m 时(此时为苏州河非通航水位)，苏州河最大横向流速为 1.45 m/s。由此可见，在苏州河平潮状态下排涝，是影响苏州河通航的最不利工况。

(2) 按苏州河横向流速 0.3 m/s 控制，结合苏州河平潮状态测试节制闸允许排涝量，结果见表 2。

表 2　按横向流速控制排涝试验结果

内河水位(m)	苏州河水位(m)	允许排涝流量(m^3/s)
4.2	2.5	15.5
	3.0	17.6
	3.5	20.7
	4.0	25.6

实验结果表明，在满足苏州河横向流速 0.3 m/s 安全通航标准下，节制闸的允许排涝流量为 15～25 m^3/s。

3.2　设计方案调整

以上试验结果表明，原设计方案在满足苏州河横向流速 0.3 m/s 安全通航标准下，不能有效发挥水闸原规划排涝能力（40 m^3/s）；而受征地拆迁限制，本工程泵闸位置及外河海漫段河口宽度均无调整空间。因此，本阶段在现状泵闸闸址的基础上，对外河海漫段进行优化，具体如下。

3.2.1　调整外河海漫段断面

将原外河海漫梯形断面调整为矩形断面，河底与河口宽均为 40 m，河底高程由－0.5 m 降低至－1.0 m，节制闸按 40 m^3/s 排涝时，苏州河横向流速结果见表 3。

表 3　按流量控制排涝试验结果

工况	内河水位(m)	苏州河水位(m)	苏州河横向流速(m/s)
1	4.2	4.0	0.76
2	4.2	2.5	1.17
3	2.8	1.5	1.67

实验结果表明，外河海漫段断面调整后，增加了该段河道过水面积，但是由于闸孔净宽与外河海漫过水面积相差甚大，过闸水流缺乏海漫两侧挡墙的约束，不能充分扩散，其主流的集中度比原方案更加明显。

3.2.2　增加整流措施

针对梯形断面对过闸水流缺乏约束，过闸水流较集中，根据类似工程经验，提出增设整流措施，以便尽快将过闸水流向两侧引导扩散。具体如下：

① 在消力池后 1 m 处增设八字坎，坎高为 1.75 m，宽 8 m（同消力池）。

② 在外河海漫段设置两排整流墩，第一排整流墩设置在闸后 5 m 处，5 个墩，整流墩长 1.5 m，高 0.5 m，厚 0.8 m；第二排整流墩与第一排的净间距 4.2 m，错开布置，6 个墩，整流墩尺寸与前排相同。

③ 在海漫段布置 W 形坎，宽 13 m，坎高 1.75 m，厚 0.8 m。

④ 在海漫段布置 W 形坎，宽 14 m，坎高 1.75 m，厚 0.8 m。

按照规划排涝流量，对以上 4 类整流措施进行试验，结果见表 4。

表 4　增设整流措施后排涝试验结果

工况	内河水位(m)	苏州河水位(m)	苏州河横向流速(m/s)			
			八字坎(消力池侧)	整流墩(外河海漫侧)	W 形坎(外河海漫侧)	八字坎(外河海漫侧)
1	4.2	4.0	0.30	0.36	0.58	0.38
2	4.2	2.5	0.33	0.47	0.56	0.26
3	2.5	1.5	0.50	0.81	0.49	0.31

试验结果表明：

① 在消力池侧直接增设八字坎，过闸水流过八字坎后迅速向两侧扩散，消除了由于主流集中而形成的回流，改善了外河流态。苏州河水位 2.5～4.0 m 时，苏州河侧横向流速基本能满足通航安全要求，允许排涝流量基本能达到 40 m^3/s 的要求。

② 在海漫段设置整流墩群或折线式连续坎(高度由 1.0 m 渐变到 1.75 m)，如果高度小于 1.2 m，整流效果不明显；墩高为 1.5～1.75 m 时，八字坎的整流效果最好。其中设置整流墩后，海漫段水流形态较均匀；W 形坎存在水流偏流影响；八字坎对过闸水流的约束效果最好，外河扩散段末端断面流速分布为中间大、两侧小，苏州河航道内只有靠外环西河侧少数测点的最大横向流速大于 0.3 m/s，从减小航道横向流速的角度评价，该方案较好。

3.2.3　*扩散式消力池翼墙＋八字形尾坎*

① 考虑到保洁船只需要过闸，因此海漫段整流措施的高度不宜过高(顶高程不超过 0.0 m)。但是根据试验，整流措施高于 1.5 m(顶高程 0.5 m)时才能较好地发挥整流效果。考虑到原水闸口宽相对外河海漫段口宽较小，为此提出将消力池翼墙改为扩散式，其扩散角为 13°，并将消力池翼墙顶高程降为 1.0 m；考虑到八字坎效能效果较好，将消力池尾坎改为八字坎，实测各种通航工况下口门区的平均横向流速均不大于 0.3 m/s(最大横向流速也不大于 0.3 m/s)，能满足通航要求。

试验结果表明，采用扩散式消力池翼墙＋八字形尾坎，过闸水流均为淹没闸孔出流，消力池内形成淹没水跃；消力池尾坎处水流的垂线流速分布呈下大上小，通过海漫段的调整，至防冲槽末，水流垂线流速呈上大下小的分布状态，说明海漫段长度合适，消力池的规模能满足要求。

② 考虑到水闸具有引水功能，因此试验中以内河侧防冲槽末端断面平均流速 0.8 m/s 为控制条件，试验内河海漫布置的合理性及苏州河横向流速的安全性，结果见表 5。

表 5　节制闸引水试验结果

工况	内河水位(m)	苏州河水位(m)	闸门开启高度(m)	流量(m^3/s)	苏州河横向流速(m/s)
1	2.8	3.5	1.60	47.2	0.29
2	2.6	3.5	1.26	42.9	0.28
3	2.0	3.5	0.80	31.0	0.26

试验结果表明，内河侧消力池水流的垂线流速分布呈下大上小，水流垂线流速呈上大下

小的分布状态，说明内河消力池和内河海漫段长度合适。

4 结论

（1）消力池采用扩散式翼墙和八字形尾坎，能够较好地促使过闸水流向两侧扩散，外河侧流速分布较为均匀，减小了苏州河航道口门区的横向流速，实测各种通航工况下口门区的平均横向流速均不大于 0.3 m/s(最大横向流速也不大于 0.3 m/s)，能满足通航要求。

（2）外河海漫河口宽需要和闸孔宽度相配套，以便发挥两侧翼墙对水流调整的效果。调整方案将河道由梯形改为矩形，河底高程降为－1.0 m，增大河道断面尺寸后，但外河水流集中程度将会比原方案更明显，水流流态更偏激。

（3）在消力池末段增设整流墩或八字坎，能有效调整过闸水流流态，在相同的排涝流量下，苏州河内横向流速较原方案减小约 40%，但是整流墩与八字坎高度不能过低。

（4）节制闸排涝流量为 40 m^3/s 时，闸门均为局部开启，过闸水流为淹没闸孔出流。外河防冲槽末，水流垂线流速呈上大下小的分布状态，消力池的规模及海漫段长度合适。

（5）节制闸引水时，引水流量受内河河道抗冲条件限制。若以内河防冲槽末端断面平均流速 0.8 m/s 为控制条件，苏州河航道口门区平均横向流速小于 0.3 m/s(最大横向流速也小于 0.3 m/s)，对通航没有影响。

参考文献

[1] 韩昌海，杨宇，骆少泽. 青草沙水库下游水闸冲刷及辅助消能研究[J]. 水利水电技术，2011，42(3)：49-51.
[2] 卢广伟. 底流式消能水闸的海漫设计[J]. 西北水电，2007(2)：22-23.
[3] 杨国兴，潘为军，徐彦峰. 略论闸坝消能防冲设施的改善[J]. 黑龙江水利科技，2000，28(3)：72-74.
[4] 姜卫强，张宝真. 平原地区水闸防渗与消能[J]. 黑龙江水利科技，2006，34(4)：35-36.
[5] 唐宏进. 水闸消能防冲设计实例[J]. 浙江水利科技，2004(3)：14-15.

闸门启闭预警及开度控制

龚武明[1]，蔡勇圣[1]，龚瑞萍[1]，王国琪[2]

（1. 上海市崇明区海塘管理所，上海 202150；
2. 上海市崇明区海洋事务管理所，上海 202150）

摘　要：崇明岛四面环水，水闸数量众多，建造年份不一。危旧改造推进缓慢，北沿 1978 年建造的北堡水闸仍在使用，目前水闸闸门基本采用人工启闭，未能实现远程遥控启闭。随着世界级生态岛建设的全面展开，水环境治理标准及时效性均提升到了一个全新高度，对水闸启闭安全提出了更高要求。通过对各种类型水闸不同启闭方式的分析研究，拿出具体启闭预警及开度控制方案，为崇明水闸启闭安全提供保障。

关键词：闸门启闭；自动控制；安全保护

1　前言

《崇明世界级生态岛发展“十三五”规划》明确提出，有效提升水环境质量。到 2020 年基本实现全域达到水环境功能区的水质控制标准，地表水环境功能区达标率达到 95%左右，实现出水断面水质不劣于进水断面。

目前，岛内水质改善很大程度上要依靠水闸引排水来调节内部生态系统，水闸作为水资源调度的主要口门，发挥着重要作用。因此，对水闸启闭安全也提出了更高要求。

2　崇明水闸类型

崇明岛四面环水，水闸数量众多。21 世纪以来危闸改造逐年推进，南、北横引河实现贯通，为岛内水资源调度提供了有利条件。目前，全岛共有沿江水闸 25 座，其中南沿水闸 15 座，北沿水闸 10 座。最老的为 1978 年建成的北堡水闸。新建港、庙港、新河港等 9 条大河南北口均建有水闸。

2.1　按是否通航划分

崇明本岛水闸均为节制闸，主要承担引清排污的任务。原各水闸基本都承担着照顾性通航的任务，后因航道整治及海事部门要求，缩减通航水闸数量，目前只有 7 座水闸允许船只通航。

2.2　按闸门门叶启闭时运动方式划分

崇明本岛水闸均为平面钢闸门结构，多数为垂直升降闸门，只有 2 座水闸为升卧式闸门，分别为北堡水闸和新村沙下游闸。

作者简介：龚武明（1977—　），男，工程师，工学学士，主要参与水利工程管理。E-mail：446487441@qq.com。

2.3 按闸门孔数划分

目前，25座沿江水闸中单孔闸有21座，多孔闸有4座，总孔径达410 m，最大的单孔闸孔径16 m，最大的多孔闸总孔径42 m。崇明水闸基本情况见表1。

表1 崇明水闸基本情况表

序号	水闸名称	是否通航	闸门结构	孔径组合(m)	水闸安全鉴定
1	崇西水闸	否	垂直升降闸门	12+12+12	
2	新建水闸	是	垂直升降闸门	14	
3	庙港南闸	否	垂直升降闸门	16	二类闸
4	南鸽水闸	否	垂直升降闸门	14	
5	三沙洪闸	是	垂直升降闸门	3+12+3	二类闸
6	老滧南闸	否	垂直升降闸门	12	四类闸
7	张网港闸	否	垂直升降闸门	12	二类闸
8	东平河闸	是	垂直升降闸门	14	二类闸
9	新河水闸	是	垂直升降闸门	14	
10	南堡水闸	是	垂直升降闸门	12	四类闸
11	南四滧闸	否	垂直升降闸门	10	四类闸
12	南六滧闸	是	垂直升降闸门	14	二类闸
13	南八滧闸	否	垂直升降闸门	10	四类闸
14	奚家港闸	否	垂直升降闸门	14	二类闸
15	团结沙闸	否	垂直升降闸门	10	
16	东旺沙闸	否	垂直升降闸门	6+14+6	
17	北八滧闸	否	垂直升降闸门	12	三类闸
18	北六滧闸	否	垂直升降闸门	10	四类闸
19	北堡水闸	否	升卧式闸门	10	四类闸
20	新河北闸	否	垂直升降闸门	14	二类闸
21	庙港北闸	否	垂直升降闸门	14	二类闸
22	界河水闸	否	垂直升降闸门	12	
23	跃进水闸	否	垂直升降闸门	14	二类闸
24	新村沙上游闸	否	垂直升降闸门	10	
25	新村沙下游闸	是	升卧式闸门	14+14+14	

3 历年危闸改造

25座水闸中，建于20世纪70年代有3座，80年代的有2座，90年代的有3座，其余17座均为21世纪改建或新建，其中新建4座，改建13座。改建的13座水闸中原拆原建水闸3

座，因滩涂围垦等原因而外移的水闸 10 座。因北横引河开通，原四滧港北闸成为内河闸而拆除；因黄瓜沙围垦，长江水闸和前进水闸亦成为内河闸。鸽龙港北闸、老滧北闸由于新村沙水域综合整治工程的实施现已变成内河闸。中北部地区因北沿围垦而废除了长江、前进、北四滧三座出海水闸，中北部地区新建的新河港北闸尚未正式启用。2015—2017 年对较老的 16 座水闸进行了安全鉴定，其中四类水闸 6 座，三类水闸 1 座，二类水闸 9 座，具体结果见表 1。

4 闸门启闭控制方式

按启闭机动力传送方式来分，崇明岛水闸中除崇西水闸和三沙洪水闸采用液压启闭外，其余水闸均采用卷扬式启闭。

按闸门电气自动控制来分，主要有传统的继电器-接触器控制以及 PLC 模式控制。2000 年前建设的水闸均采用了传统的继电器-接触器控制方式，而 2000 年后建设或技改的水闸则采用了 PLC 技术控制方式。

4.1 传统的继电器-接触器控制

传统的继电器-接触器控制方式，主要是通过按钮操作来开闸和关闸，其特点是结构简单、价格便宜，在一定范围内满足了简单自动控制的需要。随着技术的发展，其可靠性低、灵活性差、网络性差、排查故障困难等缺点逐步显现，目前正逐步被淘汰。

4.2 PLC 模式控制

采用 PLC 模式启闭控制，控制方式比较灵活。它将操作层和管理层有效分离，有利于系统的使用和保护，避免了计算机操作带来的误操作、死机状态以及计算机病毒的侵害；采用触摸屏的屏触键控制设备，可以根据屏幕提示按步骤执行，避免步骤错误，提高了操作安全性；计算机不作为操作终端，对操作人员的操作技能要求相对较低，与水闸管理人员技术素质现状相结合；而采用计算机采集数据管理又能将必要和有用的资料保存，相关数据还可以进行远程传输。

5 启闭预警及开度控制

针对不同类型水闸及不同闸门启闭控制方式，制定相应启闭预警预控内容，同时针对闸门开启关闭对应流程实施从头到尾的开度控制，有效预防了水闸闸门运行失控事故的发生，有效地保证了水闸在调水、通航放船过程中的安全，对保护水闸的自身安全也有着极其重要的作用。

5.1 安全保护

5.1.1 超时保护

通过设立水闸闸门安全运行计时控制系统，实现启闭预警预控。将系统中的时间继电器与电机运行时的继电器相配合，当传统的限位因各方面的故障而失效时，计时继电器继续计时，超过整定时间，给予空气开关保护跳闸，从而切断总电源，起到了保护作用。

5.1.2 监视保护

通过设立无线实时图像上传系统，在水闸内外河、闸门、机房等关键点位布置监控摄像机实时采集现场视频监控信号，以各水闸监控中心为平台，将实时监控画面通过专用光纤网络传输到信息调度中心，实现在线监控。信息中心通过实时警报，及时调用客户端监控视频，可为闸门启闭提供确切可靠的视频依据。并通过和检测人员相配合，提前发现问题，预防问题，以达到预警预控功能。

5.2 限位保护

开度两头控制：闸门启闭设置防冲顶系统、防冲底系统。防冲顶系统顶部设置防冲顶设备，闸门开启到预警高度，自动暂停；闸门开启到禁止高度，自动停止运行，有效预防冲顶。防冲底系统安装交流电流检测设备，当电机电流超出正常控制范围时，启闭机自动停止，有效预防因杂物堵塞闸门关不到底的问题。

5.3 参数保护

5.3.1 水位差变化辅助控制

通过设立水闸调水自动化控制系统，针对内外河水位差变化对开度进行辅助控制，根据历史数据，制定水闸内外河水位差变化对水闸启闭开度关联辅助表，实现水位差辅助指导开度控制，超过辅助表警戒预警值，实现自动报警，有效提供直观辅助印象。

5.3.2 点位监测辅助控制

针对卷扬设备中钢丝绳变形及钢丝绳处于不同卷筒位置带来的开度误差，制定点位监测系统，通过在水闸机房设备、启闭机设备、钢丝绳等关键安全运行监测点位安装各类数字式在线监测仪器，监测设备电流、电压、钢丝绳张力等动态数据，为水闸开度控制提供辅助参考。任何设备出现异常数据情况时，系统激发声光自动报警，实时提供辅助监测数据。

6 结语

通过对各类水闸不同闸门设置对应的全过程控制，从开启预警及控制，到开启全程控制，到关闭预警及控制，同时通过人工观察与无线实时监控相配合，利用系统平台建设，通过水位控制、点位监测等辅助手段加强判断，实现水闸启闭开度全过程控制，确保水闸启闭安全，为世界级生态岛建设保驾护航，全面提升崇明水环境质量。

参考文献

[1] 吴志强. 浅谈水利水电闸门启闭机的管理与维护[J]. 机电信息，2012(15)：90 - 91.

[2] 洪艳，李家振. 加强水闸闸门及启闭机管理和维护的几点认识[J]. 江苏水利，2008(10)：25 - 26.

[3] 郑惠成. 中小型水闸螺杆启闭机闭门冲顶破坏及对策[J]. 治淮，2003(8)：42 - 43.

[4] 张众，王凯歌. 周口市大中型水闸闸门及启闭机存在的问题及对策[J]. 治淮，2003(7)：21 - 22.

[5] 张彻，陈肖坪. 闸门及启闭机运行状况分析[J]. 价值工程，2010，29(18)：224 - 225.

桃浦河泵闸液压系统改造案例

李　志[1]，薛利君[2]，杨建升[1]

（1. 上海市堤防（泵闸）设施管理处，上海 200080；
2. 上海禾峰环境工程有限公司，上海 201400）

摘　要：水闸泵站中的闸门启闭机采用液压式较多，在实际使用中遇到一些特殊情况应急关闸门会遇到一定的困难，需要通过一些液压系统的改造来实现这些功能，提高泵闸的应急处置能力。

关键词：水闸泵站；液压系统；闸门改造

1　概述

1.1　泵闸概况

桃浦河泵闸工程由 1 座单孔节制闸和 1 座泵站组成，采用泵闸单边布置形式，东侧为节制闸，西侧为泵闸。除防汛排涝外，日常节制闸每天两潮排水，泵站每月试运行两次。

1.1.1　节制闸

节制闸采用直升式平面钢闸门和双缸液压启闭机（型号 QPPY-D-2＊250-9.1），闸门尺寸为 12 m×7.8 m（宽×高），闸门自重 26.36 t。

1.1.2　泵站

泵站安装 3 台型号为 2000ZXB13.4-3.5 的斜式轴流泵，设计总流量为 40 m^3/s。每台水泵的进出水流道分成两孔，故每台水泵流道上有 2 扇检修门、2 扇拍门、2 扇快速门。每扇闸门分别有 1 台液压式启闭机单独启闭，如图 1 所示。

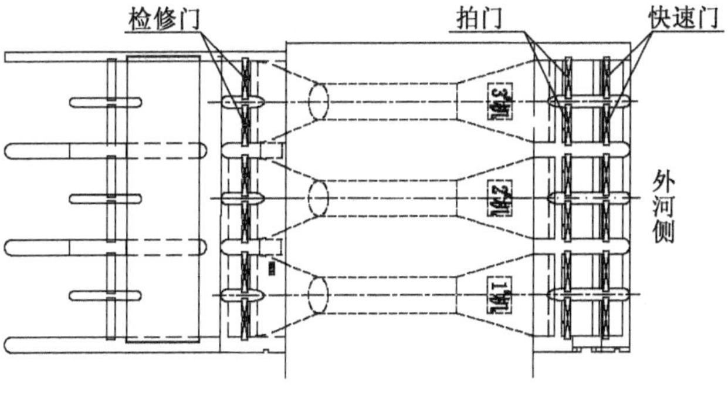

图 1　泵站平面图

本工程设一套液压站，采用两套泵组。两套泵组既可以分别控制节制闸闸门和泵站流

作者简介：李志（1974—　），男，工程师，学士，从事水利工程管理工作。E-mail：lizhi18@163.com。

道各控制闸门，又可以互为备用。节制闸液压系统配备了同步纠偏系统，以纠正两侧油缸运行产生的不同步。

1.2 问题

本工程液压系统可以完成设备正常状态下的节制闸和泵站流道闸门的启闭，但遇到一些突发电气或液压设备故障时，操作人员难以采取方便的操作措施来应急处置。这类情况属于发生概率较小、风险大的情形，必须有相应的应急操作手段，不然造成的后果较为严重。

1.2.1 节制闸闸门搁门脱门及应急关闭问题

闸门在搁门位置时，如需关闭闸门，正常的流程为闸门上升→滚轮脱开搁门器→闸门下降，如图 2 所示。

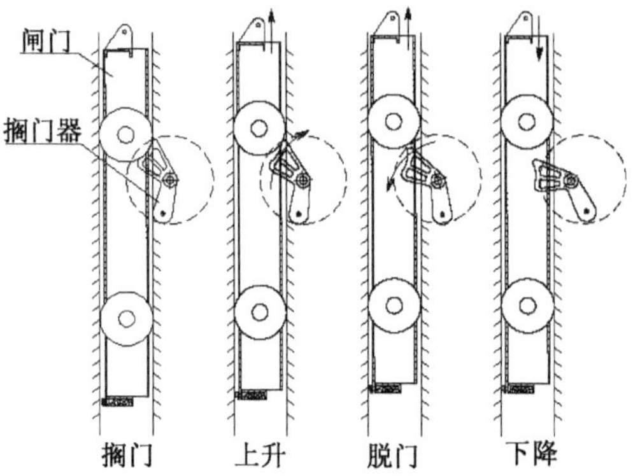

图 2 闸门搁门位置脱门过程

当遇到发生闸门电气控制或液压系统故障，如需关闭闸门时，要先解决闸门怎样从搁门锁定装置上脱离（闸门上升），再考虑怎样降关门（闸门下降）。原液压系统考虑了油泵及电动机的备用，但实际碰到的故障情况更复杂多样，解决这些故障需要专业人员和时间。除等待专业人员排除故障外，其他应急手段有限。节制闸闸门自重达 26.36 t，无法采用简单起重设备升闸门脱搁门器，一旦较长时间没法排除电气或液压系统故障，无法关闭闸门，那么势必会引起潮水倒灌的严重后果。类似故障险情在桃浦河泵闸节制闸或其他类似水闸均发生过好几次。这种方法有较大的滞后性，如果这类故障发生在特殊天气条件下，后果会更严重。

为了避免搁门无法脱门的风险，平时排水时均采取闸门脱水而不搁门的方式。在实际运行中不可避免会发生电气或液压系统故障，当需要及时关闭闸门时，原液压系统同样面临困难。

1.2.2 泵站快速门应急关闭问题

当水泵运行停机时，快速门应及时关闭断流。当发生电气或液压故障时，快速门如果不能及时关闭，水流倒灌，水泵倒转，还会将外河侧的垃圾等倒灌入泵体，危及水泵安全，如图 3 所示。该情况在实际运行中曾发生过 3 次，一次为台风期间外线供电断电（两路均断电），当时水泵正在防汛排涝；另两次为水泵试运行停机时发生，一次为采用电控单动处置，一次为液压系统改造后手动及时处置。

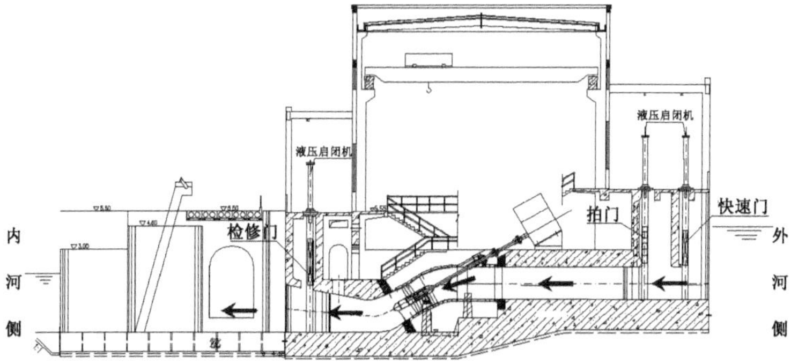

图 3　快速门未关水流倒灌示意图

快速门要关闭，其控制流程为电磁换向阀(4.1)换向→液控单向阀(5.1)打开→液压油缸(8.1 和 8.2)有杆腔压力油通过液控单向阀(5.1)和电磁换向阀(4.1)回油到油箱。其原理如图 4 所示。

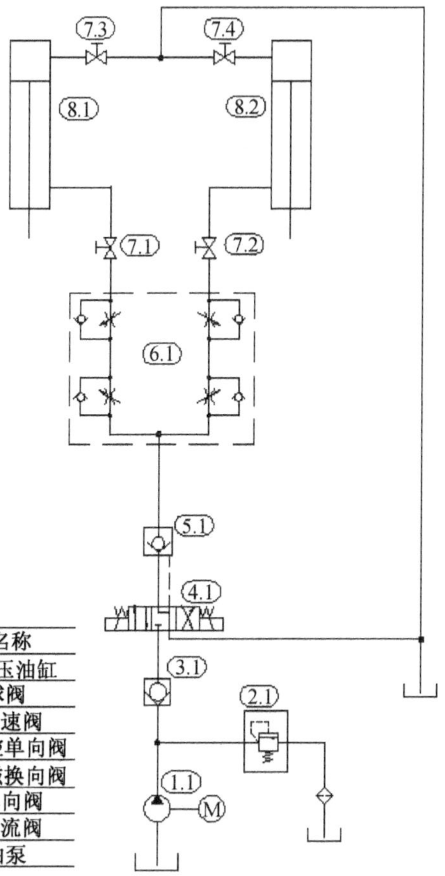

编号	名称
8	液压油缸
7	球阀
6	调速阀
5	液控单向阀
4	电磁换向阀
3	单向阀
2	溢流阀
1	油泵

图 4　快速门原液压系统原理图

如果遇到电气或液压系统故障，没法通过手动让液控单向阀(5.1)打开回油，液压油缸有杆腔无法放油，那么闸门无法下降。2012 年 8 月 6 日正值“海葵”台风肆虐，水泵排涝时供电系统进水导致泵闸整体断电。水泵进出水闸门无法正常关闭，导致水流经泵体倒灌到内河。事发紧急，当时采取的措施是人工拆开液压油缸进出口的油管放油进气而关闭快速门，避免了事故影响的扩大。有杆腔油压约 10 MPa，放油有一定的危险性。

2　改造方案

2.1　节制闸液压改造

节制闸液压系统改造的方法：在液压油缸有杆腔进油管上增加旁路，旁路中有球阀（9.7 和 9.8）、液控单向阀（11.1）、电磁换向阀（12.1）及手动油泵（13.1），如图 5 所示。

工作原理：闸门在搁门位需脱门时，利用旁路的人动油泵提供动力实现闸门启闭。升门流程：关闭原油路中的球阀（9.1 和 9.2）→打开旁路的球阀（9.7 和 9.8）→手动打开换向阀（12.1）为升门位→手动油泵加油（不断重复加油）→闸门上升。升门操作：关闭原油路中的球阀（9.1 和 9.2）→打开旁路的球阀（9.7 和 9.8）→电磁换向阀（12.1）切换为关门位→上推手动油泵操作手柄（打开液控单向阀 11.1）→液压油缸（10.1 和 10.2）有杆腔回油→闸门下降。

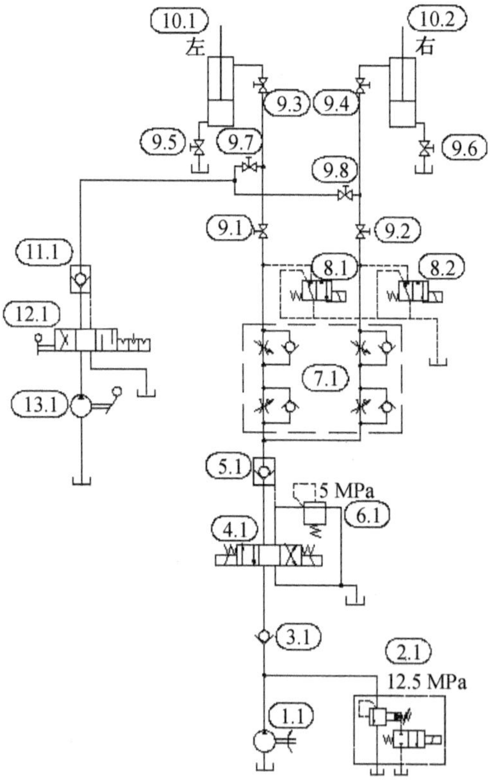

编号	名称
13	手动油泵
12	电磁换向阀
11	液控单向阀
10	液压油缸
9	球阀
8	电磁换向阀
7	节流调速阀
6	叠加式溢流阀
5	液控单向阀
4	电磁换向阀
3	单向阀
2	电磁溢流阀
1	油泵

图 5　节制闸液压系统改造原理图

在实际操作中，因没有纠偏阀，会发生两油缸运行不同步的情况（升门脱门时情况较好，降门时该问题较为突出），处理方法为手动调节球阀（9.7 和 9.8）开度，控制两油缸的进出油的速度，实现油缸近似同步。

2.2 泵站快速门液压改造

改造方法同样是增加液压旁路，在液控单向阀（5.1）与调速阀（6.1）之间增加手动放油旁路，如图 6 所示。在旁路中加设两个手动球阀（7.5 和 7.6，共有三台水泵，其中 7.6 为总回油管球阀）。当快速门无法正常关闭时，打开球阀（7.5 和 7.6），液压油缸（8.1 和 8.2）有杆腔的压力油直接回流到油箱，实现快速关闭闸门，操作非常简单。

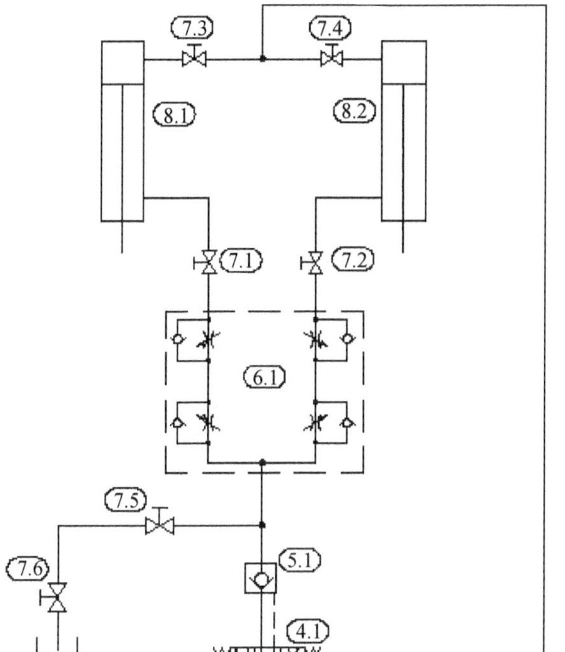

编号	名称
8	液压油缸
7	球阀
6	调速阀
5	液控单向阀
4	电磁换向阀
3	单向阀
2	溢流阀
1	油泵

图 6 快速门液压系统改造原理图

3 应用效果分析

3.1 节制闸液压改造效果

节制闸液压改造方案先后应用于情况类似的桃浦河泵闸、东茭泾泵闸等两座泵闸。在实际使用中，应急让闸门下降效果较好，但要密切关注和解决两油缸的同步问题（通过手动调节球阀开度来解决同步问题）。在闸门搁门需升门脱门时，桃浦河泵闸节制闸的使用效果不太好，主要原因是手动液压油泵的单次加油量为 5 mL，闸门脱门行程约为 100 mm，需要重复操作877次才能实现脱门，并且闸门重量较重，压力大，操作时较费力；东茭泾泵闸节制闸效果较好，主要是由于其闸门重量较轻，约9 t，压力略小一些，重复操作337次即可实现闸门脱门。液压系统改造后，2017年7月14日东茭泾泵闸节制闸在排水结束后准备关闭闸门时，发现无法启闭闸门，而外河侧已开始涨潮，当班人员及时采用手动旁路关闭闸门，避免了潮水倒灌事故。该改造方案可以作为突发故障时的应急处置手段，实践检验也是可行的。

3.2 泵站快速门液压改造效果

泵站快速门液压系统改造相对简单，操作也方便，在实际使用中发挥了很好效果。例如，2016年7月一次水泵试运行结束停机时发生流道上进出水闸门均未下降关闭的故障，水泵倒转，当班人员及时打开旁路球阀，关闭快速门，有效地避免了事故的扩大。

4 结束语

通过以上改进，实现了应急关闭闸门的功能，提高了突发情况下应急处置能力，也提高了泵闸的运行安全可靠性。泵站快速门的应急操作简单实用，但节制闸旁路操作在实际使用中碰到了一些问题，需进一步改进提高，如节制闸由于油缸的不同步，需经常停止启闭闸门，多次调节进出油路球阀(9.7和9.8)，效率大大降低，可考虑在新增的旁路上加装调速阀使之更安全、合理；桃浦河泵闸节制闸闸门重，油压大，升门时对工人力量和耐力要求高(东茭泾泵闸节制闸操作相对较轻松)，因此省力方面还有待进一步改进提高；考虑外线供电故障因素，泵闸可考虑配备移动式发电机作为液压控制系统急需备用。

参考文献

[美] A. H. 海恩. 流体动力系统的故障诊断及排除[M]. 北京：机械工业出版社，2000：6.

上海水利工程精细化运行管理策略分析

田 菁

（上海迅翔开发实业总公司，上海 200231）

摘　要：水利工程作为经济发展的重要基础设施，对各行各业的发展，保障人们的生存环境和人身财产安全起着重要作用。运行管理是保障其发挥作用的关键。近年，随着水利工程运行精细化管理概念的提出，如何精细化成为运行管理单位必须研究的课题。本文基于上海水利工程运行管理特点，对精细化运行管理策略进行了探索和分析，希望对运行管理单位精细化管理研究有所帮助。

关键词：水利工程；管理；精细化；策略分析

1　引言

2017年3月，习近平总书记在参加上海代表团会议时指出，“城市管理应该像绣花一样精细”。上海市在精细化管理指导思想下，进一步提出了城市管理“三全四化”的要求。水利工程管理是城市管理的一部分，它是保障城市安全的重要设施。上海为滨海平原地区，河网密布，且受潮汐影响较大，相比周边江浙地区，水利工程规模较小但数量众多，水利工程管理体制也较为灵活，管理水平参差不齐。为了适应新形势下上海市水利行业管理需求，水利工程管理单位开展精细化管理工作非常有必要。精细化管理是一种理念、一种文化，理念如何落到实处，转变为具体的策略是本文的主要研究内容。

2　水利工程管理精细化

水利工程管理工作的精细化是水利行业科学化管理的必要组成部分，也是城市管理的重要环节，对此我们必须积极创新，努力发展，依托先进的管理理念和技术、优良的管控模式、高素养的管理组织来对传统模式进行改造，争取实现管理工作的科学化以及精细化，保证水利工程相关设施性能稳定，确保工程所有功能得以实现，并且能够持续创造利益。

第一，不断革新管理模式。确保管理模式适应精细化管理的需要，努力创建适合当前经济形势、符合项目发展特征的管理以及运作体系，以此来带动管理工作有序开展。第二，落实精细化管理。积极贯彻现行的管理考核体系，通过全方位的考核，促使技术标准得到全面落实，强化管理理念，以提升管理水平。依托先进科技，提升管理工作的技术含量。第三，确保水利工程安全稳定运作。保证工程稳定运作，尽最大努力保障项目的设计能力，增加使用时间，发挥项目的综合效益，为广大群众提供更为优良的水利服务，带动社会稳定和谐发展。

作者简介：田菁（1990—　）女，助理工程师，从事工程管理与工程档案管理工作。E-mail：123tianjing@sina.com。

3 现阶段上海水利工程运行管理现状

3.1 管理模式市场化程度高，运行机制较为灵活

水利工程管理模式包括自行管理、委托管理和协助管理等方式。其中，通过招投标购买服务的方式确定运行养护单位进行委托管理是上海水利工程管理的主要趋势，以市管泵闸为例，已基本实现运行养护第三方委托管理。委托管理模式的特点是日常运行维护由专业化单位承担，可以发挥企业运行机制灵活的特点，减少人员配置，降低管理成本，但运行维护对外界依赖性较强，管理单位需要加强考核管理，保障水利工程安全可靠运行。

3.2 技术先进，信息化水平高

BIM 技术可实现全生命周期和协同管理，有利于水利工程前期规划、设计、施工及安装等基础资料及时、准确地收集。依托于上海城市的整体发展，上海水利工程技术特别是信息化技术走在前沿，特别是全面推行 BIM 技术以来，上海水利工程管理不断探索 BIM 平台搭建、全生命周期管理等，技术和理念在国内属于领先。

3.3 管理成本较高，管理人才缺乏

近些年，水利工程管理信息化技术日新月异，但工程管理人员结构改变却相对不大，水利工程管理仍然依赖于大量人员的长时间值守。管理人员自身素质、工作态度、业务能力都会在不同程度上影响运行管理工作的整体水平。上海地区经济发展水平高，人员成本较大，水利工程传统粗放式管理导致管理成本较高，人才培养不起，也留不住。上海水利工程管理一线人员技术能力相比周边省市较为落后，人才缺失现象尤为突出，与上海城市形象不符。

4 水利工程管理精细化策略分析

4.1 深化管理体制改革，完善管理考核工作

随着科技的不断发展，水利管理体制也要跟上时代发展步伐，对管理体制进行深化十分必要。上海地区水利工程运行养护委托管理市场化程度较高，运行机制灵活，对运行养护单位的考核是保障运行管理质量的关键。承担运行养护的单位也要不断深化管理体制改革，以充分应对市场、规范管理、单位信息化来提升生存能力。体制改革要做到组织结构扁平化、主要职能专业化、辅助职能社会化、岗位设置柔性化、管理手段信息化。

对水利工程而言应该树立“三分建，七分管”理念，建设是基础，管理是关键，加强水利工程管理，确保水利工程效益的发挥。在水利管理过程中，水利工程的管理考核工作能够促使管理部门优化职能分配，提高工作效率，因此，必须注重完善水利工程的管理考核工作。水利工程的现代化和精细化管理要求水利工程的管理部门对内部人员的工作情况有一个全面的掌控，在此基础上优化人员配置，提升管理工作的效率。另外，管理部门还应该在参考考核结果的基础上加强管理人员之间的协调配合，促进管理人员之间的有效沟通，使水利工程的管理工作具有系统性和协调性。

4.2 提高管理人员素质

在水利工程运行管理向现代化转变的趋势愈发明显的今天，想要提高管理工作的整体

水平，就必须提高管理工作具体执行者的业务素质。运行养护单位要经常组织运行人员学习有关规程、制度、水闸设施设备及运行要求等基本知识，对新上岗运行人员须进行三级安全教育；运行人员应坚持自学有关技术知识，不断提高自己的业务水平。运行养护单位对运行管理人员定期或不定期举办各种形式的技术课、技术问答、现场考问、事故分析、培训班等，不断提高运行管理者的综合能力和管理水平，达到加强水利工程精细化管理的目的。

4.3 管理制度化、作业流程化

制度化管理的实质就是依靠由制度规范体系构建的具有客观性的管理机制进行管理。水利工程管理单位也要不断完善管理制度，并且注意管理的硬件，重视管理方法的科学化，不断提升水利工程管理的现代化与精细化，健全水利工程管理体制，如项目经理负责制、项目核算制、协调监督机制、联合运作机制、支撑保障机制、人才造就机制等。

4.4 采用现代管理方法

制订水利工程管理精细化发展规划和实施计划，需积极探索管理创新，不断引入先进的管理技术和性能优良的设备，增加管理工作的科技含量，推进管理现代化、信息化建设，切实提升管理能力。如今整个水利行业正大力推广发展BIM技术，利用BIM技术可以切实提升管理的技术含量。首先应积极落实管理层面的信息化。以信息化工程为前提，强化水利工程信息化管理基建力度，建立大型水利枢纽信息自动采集体系。不间断采集实时雨水情、工情、旱情等，信息的时效性能满足防汛排涝管理、工程设备管理、监测设备管理、水资源管理、水利设施设备管理的实际需要。建立水利工程监控系统，以提升水利工程运行管理的现代化水平，充分发挥水利工程的作用。建立水利枢纽及闸站自动化监控系统，全方位对整个枢纽的高低压配电设备、水泵设备、船闸泵站启闭机、各类水文数据及相关水工建筑物进行实时监测、数据采集、控制和管理。届时，运行工作人员不需要像过去一样深入实地监测工程运作情况，只需要依托电脑网络就能够获知工程的实时运行情况，比如闸门准确开度、泵站设备开启状况、监控设备的工作情况等信息。除此之外，工作者还可以依靠遥控命令信号控制闸站闸门的开启和停运，明显节省了劳动力资源。建立水情预报和水利工程运行调度系统。建立洪水预报模型和防洪调度自动化系统。此系统能够自行获取并且处理和计算每个检测站的水位信息以及降雨情况等数据内容，进而依据设定好的模型预测洪水概率及制订应对方案等。

4.5 加强创新协调合作

在科技快速发展的时期，要想打破当前传统管理方式，就需要不断地进行科技创新以及水利工程的各个相关部门工程管理人员之间相互协作，加强相关管理人员在人事、财务方面与技术人员以及防汛和通讯等多方面的合作。尤其是在管理现代化和规划科学化上，更要引进优秀的技术人才，建立起更加安全可控的管理系统，强化水利工程管理的科学技术发展，进而打造出全方位的、完善的水利工程管理体系，不断提升管理水平和管理方法。

5 结束语

综上所述，在加强水利工程精细化管理的同时，也要完善相关的精细化管理制度，保障管理队伍的高素质以及高质量，增强团队间的合作，并严格地执行管理考核制度，不断革新管理模式，落实精细化管理，确保水利工程安全稳定运作，使水利工程能够充分发挥其作用，保障城市防汛安全，促进城市经济的快速发展。

参考文献

[1] 谢振涛.现状基层水利工程管理利弊探讨——颍上县水利工程管理现状分析[J].治淮，2013(6)：50-51.
[2] 何锡军，官慧敏.水利工程管理单位的安全管理与安全文化建设[J].价值工程，2014(32)：84-85.

浅析影响水利工程运行管理的因素及对策

杨　琦

（上海迅翔开发实业总公司，上海 200231）

摘　要：随着我国日新月异的高速发展，水利工程建设事业也受益于国家政府部门的高度重视和强有力的政策及资金扶持得到了迅猛发展，水利工程在防汛防台、抗涝防涝、引流灌溉、给水排水、交通航运、环境治理、水力发电以及水资源调动等诸多方面发挥着不可替代的作用。在我国水利工程建设发展取得显著成绩的同时，由于受到各种因素的影响，水利工程运行管理还存在着较多问题，不仅严重影响工程效益的发挥，也对水资源的可持续利用造成了不利影响。本文对影响水利工程运行管理的因素进行了分析，提出了加强水利工程运行管理的措施，以供参考。

关键词：水利工程；运行管理；对策分析

1　水利工程介绍

水利工程，顾名思义就是对水的利用而建筑的工程，是对自然界的水资源进行开发、调控、管理和保护，以达到除害兴利目的，从而满足人类生活生产需要而修建的工程。自 1949 年中华人民共和国成立后，随着国家经济的快速发展和城市化进程的不断加快，全国各地都进行了大规模的水利建设，水利工程建设事业得到迅速发展，在防洪除涝、农田灌溉、城乡供水、水土保持、水力发电、交通航运等方面都取得了巨大成就。其中，著名的水利工程有南水北调、三峡水利枢纽、葛洲坝水利枢纽、太湖治理-太浦河工程等。这些水利工程不仅在抵御水旱灾害方面发挥着举足轻重的作用，而且在改善人类生活生产条件以及实现水资源可持续发展方面有着重大的战略意义。

2　水利工程运行管理的重要性

水利工程在保证国家经济良好运转，开发治理江川河流，保障人民生命财产安全，满足国家发展需要等方面发挥着重要的作用。建设是基础，使用是目的，管理是关键，科学规范的管理能充分发挥水利工程的效用，巩固现有水利事业，实现防洪、减灾、水资源合理调度和使用等目的，保障经济和发展的基本需求。但长期以来，不少水利工程忽视运行管理工作，使工程效益不断下降，有些工程技术落后，设备陈旧，破损失修，管理混乱，令工程寿命缩短，难以运行，甚至可能造成严重事故。因此，认真管好和抓好水利工程的运行管理是水利工程健康运转，长期充分地发挥其应有效益的关键。

作者简介：杨琦（1983—　），男，助理工程师，工学学士，研究方向为水利工程。E-mail：aqi0924@163.com。

3 水利工程运行管理的影响因素

3.1 基础设施

我国很多水利工程项目建于20世纪六七十年代，距今已有很长时间。这些工程由于当时的技术工艺水平、资金条件以及社会环境的限制，普遍存在质量缺陷、标准较低的通病，运行的时间越长，老化就越严重，进而其安全隐患就越突出，容易出现渗漏、沉陷、裂缝、倒塌等问题，从而威胁到人民的生命与财产安全。同时，一些堤防海塘的防护工程，存在着堤顶高程不达标、堤体断面单薄、结构破损松散、裂缝渗漏等问题，大大增加了出现漫溢、渗水、管涌、倾斜甚至塌陷等安全事故的概率。

3.2 配套设施

水利工程的建设重视工程主体部分，而忽视了配套设施的建设，甚至在设计时就没考虑配套设备，导致在已建成的水利工程养护维修工作中，不可避免地遇到不少困难。例如，不少水闸未设置吊装行车，给闸门起吊检修工作的实施造成不便；再如，防汛通道不畅或未设置，导致抢护施工单位进场困难，未能及时遏制险情的扩大。

3.3 机械设备

水利机械设备由于需保持长期运转，容易出现各种运行故障。特别是一些机电排灌工程，机电设施设备老化，机械零部件磨损，甚至有些陈旧机械设施的零配件在市场上已停产停售。如果这些问题得不到有效解决，水利工程难以发挥正常作用，效益下降，从而严重制约工农业经济的发展。

3.4 建管理念

在水利工程建设快速发展的当下，“重建轻管”的趋势越来越严重。由于不重视管理的优化创新，水利工程的运行管理观念和管理方式严重滞后于水利建设的发展进程。当前，我国许多地方的水利工程运行管理依然采用的是程序化、机械化的传统管理模式，已经逐渐跟不上现代化水利工程的管控需要，管理手段落后，不仅运行成本提高，而且工程效益也受到影响。

3.5 运行管理体制机制

水利工程运行与管理过程中，运行管理体制以及运行机制的完善与否，直接影响到水利工程的经济效益。我国大部分水利工程为综合利用工程，既有市场经济的性质，又有社会公益性的性质。公益性和经营性界限不清，导致政府、水务行政主管部门和运行管理单位之间的管理关系不顺，权责不明。出现问题后，相关部门相互推诿，不愿承担责任，事后的处理工作也难以协调进行。同时，有些水运管理单位缺乏有效的运行机制，缺乏有效的监管、激励和约束机制，导致运行管理的职工队伍不稳定，管理制度落实不到位，专业技术人才匮乏。

3.6 管理队伍

水运管理单位的组织机构、运行管理人员的个人素质对水利工程的整体管理质量也有着极为重要的影响。一些水管单位内部机构设置不科学，组织架构或臃肿或单一，岗位设置不合理，要么人员多于部颁标准，总量过剩，要么技术人员严重短缺，无法满足管理和运营的基本需要。此外,由于不少运行管理单位对运行管理人员没有很高的要求,很多没有相关专业资质、不符合运行管理工作标准的人员出现在了管理第一线。在工作中,管理部门也没有具体的专业技能和安全生产方面的教育培训方案,使他们不能满足运行管理工作的要求。操作不规范,巡视检查力度不够,无法及时地发现安全隐患,对待管理工作抱着一副不认真不仔细、不上心、不负责的态度,等等,这些都严重影响了水利工程运行管理的效率。

3.7 运维经费

水利工程前期的建设投入和后期的运行维护都需要大量的经费支持,而相较于工程建设,运行管理需要投入的人力、物力以及财力更多。因此,管理经费不足是导致各种水利工程管理问题出现的重要原因,也是制约很多水利运行管理企业管理水平提高的重要因素。一些运行管理企业的管护维稳资金收入途径有限,政府的财政补贴又很难在短期内明显改善管养情况,以致日常管理支出无法得到满足,无法对破损的设施设备进行及时维修,老化的机电器械也得不到及时更换,长此以往不但工程效益不断下降,经济效益逐年亏损,甚至连简单再生产都不能维持。

4 加强水利工程运行管理的措施

4.1 加强水利工程安全鉴定工作

对于建成的水利工程,特别是水库、堤坝等,在运行过程中加强对其安全鉴定工作是根本。在开展安全鉴定工作时,应广泛收集准确可靠的数据和资料,全面查清水利工程基本实际运行情况,了解掌握水利工程的特性、规模与能力及其效益等基础信息。依据有关技术规范进行计算分析,如实地反映工程的真实运行状况,准确判断其病险程度和安全性。对于不达标还能利用的基本设施要及时进行维修加固;对于破损严重、安全隐患大的要及时除险改建;对于年限已至或已不具备效益发挥的要计划报废或重建,尽快恢复这些“久病缠身”的水利工程设施的使用功能,正常发挥其工程效益。

4.2 完善水利工程配套设施

水利工程配套设施能够进一步发挥水利工程主体作用和工程价值。这一方面需要从工程建设时就做好配套设施的设计设想,另一方面要从工程运行过程中的实际成果和效益来予以优化和完善。设置和配备合理有效的设施设备既可以提高整个工程的功能作用,便于日常的养护维修,同时也为各种隐患治理和应急抢修创造有利条件,使水利工程的整体性得到完善进而发挥出水利工程系统性的优势。

4.3 加强机械设备备品备件的管理

水利工程的机械设备具有故障不确定性与维修需求急、复杂多变的特点,所以管理单位需对机械和设备方面的工作加大管理力度,以满足水利工程维护和运行的实际需要。对于机械设备,要建立周期性的养护计划和工作机制,同时建立机械设备的淘汰和报废制度,避免年限已至的设备继续运转而增加故障或事故的发生概率;对于备品备件,管理单位应定期对库存进行盘点,并做好信息台账,以便编制采购计划。同时为避免积压浪费,管理单位应针对设备的特性合理储备各类易损件、零配件。

4.4 转变管理理念，明确管理权责

如果管护不当，即使水利工程建得再多再好，也难以充分发挥效益。水利部门要勇于转变传统管理观念，变“重建轻管”为“建管并重”“以管促建”。通过了解和学习国内外先进的管理理念和管理模式，来促进水利事业的进步和发展。“像管理基本农田一样管理水域，像管理高速公路一样管理河道，像管理城市公园一样管理水务设施”，这是湖南长沙近年来提出的管理理念，长沙县水务局建设和管理并重，在水利工程管理上取得了明显实效。同时要明确运行主体，规范管理流程。根据工程规模和性质，按照“维护所有权、明晰管护权、保护使用权”原则，分类明确水利工程管理主体，层层签订管理责任书，实现水利工程管理责任全覆盖、无死角。

4.5 建立健全管理体制和运行机制

加强水利工程管理工作，必须以确保水利工程安全运行为第一要务，以充分发挥水利工程综合效益为核心，以水管体制改革为动力，以岗位责任制落实和追究为关键，以法律和部门规章的落实为抓手，以管理制度的建立健全和严格执行为保障，以新技术的应用和创新为支撑，夯实水利工程管理的各项基础性工作[4]。在管理体系上，建立以长效发展为目标、符合实际管理情况的管理体制，明确管理权限和管理职责，实行管养分离，内部事企分开；在管理工作上，分类制定工程运行管理内容、管理标准、管理职责及考核办法，确保每个设施有人管，每段时间有任务，每个任务有目标，每个目标有考核；在用人管理上，合理安置管理人员，建立公开选拔、能上能下、竞争上岗的用人机制和合理、有效的分配激励机制。

4.6 优化管理机构和人员配备

根据水利工程的类型、规模、等级和作用，设立规范、标准、高精的管理组织机构。以事定岗，因事设职，按照实际管理需要，设置合理的管理岗位和技术岗位，明确岗位职责，做到精简高效，设岗科学，定员合理。所有的管理人员和技术工人都应经培训上岗，关键岗位要持证上岗。同时，管理单位应推行岗位责任制、轮班轮岗制度、绩效考核制度和奖惩制度等管理制度，来提高管理团队的工作效率和工作热情。

4.7 加强科技应用，提高生产力

水利工程运行管理的有效开展离不开关键性水利技术的有效应用。水利科技是水利事业的重要组成部分，也是推动水利又好又快发展的重要基础条件。近年来，水利科技在水利工程运行管理中的支撑保障作用也越来越显著。在防汛防台方面，从预测预报预警、信息采集，到指挥调度、防汛抢险，采用了信息系统、监测系统和调度系统等先进科学技术，显著提高了防灾减灾能力和水平。在河道综合治理方面，针对不同江河的突出问题，加强科学实验，积极推广使用新技术、新材料、新工艺，如河道疏浚的环保疏浚工艺，护岸堤防的防渗加固、隐患探测技术，生态修复的土壤渗滤技术、稳定塘技术等。在水利灌溉方面，通过改造传统灌溉技术和设备，优化灌区水资源配置，推广应用水利水电新技术、新产品，加快了农村水利的现代化进程。在水利信息化建设方面，计算机通信网络技术得到广泛应用，实现了基础数据的自动化全天候实时获取、传输、存储和处理，水利基础数据库建设加快，水利信息公众服务能力明显增强[6]。

随着时代的不断变化发展，水利工程需要不断研究探索新型水利技术，通过将新的科技运用到水利工程的管理工作中去，不断提高相关技术的水平，从而提高水利工程的运行效率，推动水利事业稳定、持续地发展。

5 结束语

综上所述，为了有效提高水利工程的效益，就必须不断加强水利工程的运行管理，使水资源得到可持续利用。对于水利工程行政管理部门而言，应从目前水利工程运行管理现状着手，深入分析其中存在的问题，并采取有效的措施予以解决。这样，水利工程运行管理水平才能得到有效提高，才能在农业灌溉、居民生活用水以及防汛抗涝等方面继续发挥重要作用，实现水资源可持续利用的目标。

参考文献

[1] 何卫军，陈晓兴.水利工程运行管理与水资源的可持续利用分析[J].门窗，2015(12)：169.
[2] 艾克拜尔·买买提.水利工程运行管理中的问题及其对策探析[J].吉林水利，2015(2)：52-53.
[3] 吴开勇.水利工程运行管理与水资源的可持续发展[J].安徽建筑，2017，24(2)：229-230.
[4] 肖瑶，王新奎.湘西自治州山洪灾害浅析[J].湖南水利水电，2017(3)：42-44.
[5] 冯超.水利工程运行管理方式的创新研究[J].河南水利与南水北调，2015(6)：47-48.
[6] 高波.水利科技工作的进展与重点任务[J].水利水电技术，2009，40(8)：13-16.

桃浦河泵闸闸门自动下滑处置案例

沈　强[1]，李　志[2]，乔天平[2]

（1. 上海迅翔开发实业总公司，上海 200080；
2. 上海市堤防（泵闸）设施管理处，上海 200080）

摘　要：目前，上海水闸闸门越来越普遍地采用液压启闭。双油缸启闭闸门大多采用计算机自动纠偏来保持闸门平稳启闭，其原理是利用闸门左右两侧的闸位计测量闸门的左右高差，根据高差值来判断是否需要纠偏。本文介绍在实际运行中碰到的一个因闸位计产品质量原因导致的闸门错误纠偏而下滑的案例。

关键词：水闸；闸门启闭；下滑处置

1　泵闸概况

1.1　概况

桃浦河泵闸工程由 1 座单孔节制闸和 1 座泵站组成，采用泵闸单边布置形式，西侧为泵闸，东侧为节制闸。泵站安装 3 台斜式轴流泵，设计总流量为 40 m³/s。节制闸采用直升式平面钢闸门和双缸液压启闭机（型号 QPPY-D-2＊250-9.1），闸门尺寸为 12 m×7.8 m（宽×高），闸门自重 26.36 t。泵闸监控系统采用 PLC-计算机二级控制结构，于 2008 年 7 月投入运行。桃浦河泵闸是蕴南片涝水北排的主要通道，为改善普陀区河道的水质，在防汛、排涝、调水、挡潮等方面发挥了重要作用。

1.2　油缸同步控制原理

节制闸闸门采用双油缸启闭，为保证两油缸的同步，采用计算机控制自动纠偏，如图 1 所示（图中①②为纠偏阀）。其原理为如果左侧油缸上升过快，左右偏差超过 20 mm，电磁球阀①的电磁线圈 YV1 得电，左侧油缸油路通过电磁阀①放油降低速度，达到纠偏效果。其纠偏程序为 24 h 在线监测，通过监测闸门左右两侧的闸位计数据，自动根据偏差大小实现纠偏，避免闸门发生左右倾斜过大和油缸活塞杆弯曲变形等情况。

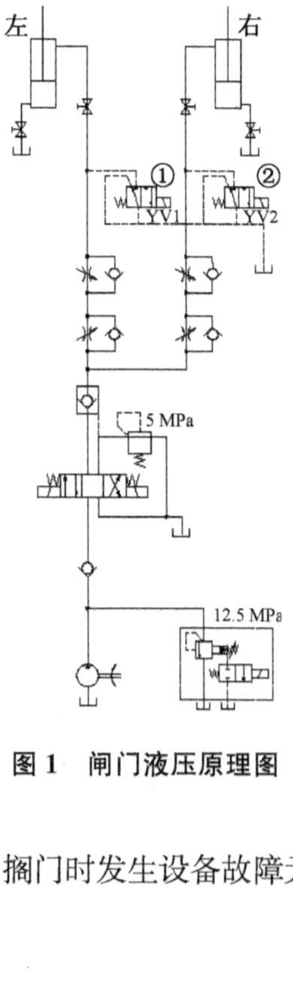

图 1　闸门液压原理图

1.3　节制闸运行情况

节制闸日常每天两潮排水，每潮排水时间 3～5 h 不等，为避免闸门搁门时发生设备故障无

作者简介：沈强（1973—　），男，工程师，大学本科，从事水利水电工程建设管理工作。

法自动脱门的风险，排水时均采取不搁门的方式运行，每次开启闸门高度为 4～5 m，闸门脱水。

2 闸门下滑故障

2.1 节制闸设备维修情况

自 2008 年 7 月投入运行以来，节制闸部分设备发生故障，具体维修情况如下：

2009 年 7 月，更换右侧闸位计一台(右侧闸位计恒力弹簧坏，拉绳不回缩)。

2011 年 8 月，更换左侧油缸密封件(闸门下滑，经查为左侧油缸内渗，左侧密封中的 Y 型密封损坏)。

2012 年 9 月，更换右侧油缸密封件(闸门下滑，经查为右侧油缸内渗，Y 型密封轻微损坏)。

2013 年 10 月，更换左侧油缸密封件(闸门下滑，经查为左侧油缸内渗，Y 型密封轻微损坏)。

2.2 闸门下滑故障表现

自正式投入运行，多次发生闸门自动下滑。其表现形式：由于左侧或右侧油缸内渗，闸门单侧慢慢下降，当左右两侧偏差超过 20 mm 时，纠偏阀自动打开放油纠偏，闸门大幅度下降，直到左右两侧偏差接近 0 mm 时，闸门暂时停止不动；随着时间的推移，左侧或右侧油缸继续内渗导致单侧闸门下降，当累积到左右两侧偏差超过 20 mm 时，纠偏阀再次自动打开放油纠偏，闸门大幅度下降，直到左右两侧偏差接近 0 mm 时，闸门暂时停止不动，如此循环，闸门下滑慢慢下降直至关闭到底。该故障出现时有两个特点：温度高时更易下滑，闸门开得越高越容易下滑。

因闸门自动下滑(油缸内渗)，先后三次更换油缸密封件(图 2)，每次间隔时间为 1～2 a，明显比常规密封件的损坏周期短(密封件规格：德国 MERKEL T18 200＊175＊16，设计使用寿命为 5 a，常规实际使用周期大于 5a)，并且拆下来的密封件仅有一道 Y 型密封圈轻微损坏。每次换好密封件后，能保持一段时间稳定不下滑，随着时间的推移，又开始出现闸门下滑现象，从开始的偶发到后来的频发。

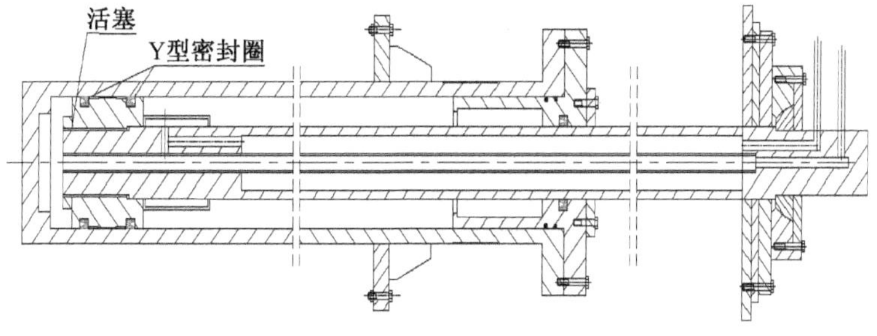

图 2 液压启闭机油缸

3 原因分析与处理

3.1 原因分析

闸门自动下滑是单侧油缸内渗，控制系统自动纠偏的结果。油缸内渗的原因大致有以下几种：密封件损坏，油缸内径加工偏差（大小不一），油缸内壁毛糙有刮痕等。闸门下滑的表现中有一个特点为闸门开得越高，越容易下滑，并且闸门开得越高，肉眼能看到闸门不水平，但左右两侧闸位计显示的数据是偏差接近 0 mm，据此初步判断左右两侧的闸位计有问题。为验证这个猜测，采取水准仪进行测量，具体操作如下：闸门关闭到底及不同开度时，分别用水准仪和左右闸位计测量闸门左右高差，进行对比分析，具体数据见表 1。

表 1　水准仪与闸位计测量对比

序号	闸门开度(m)	闸门左右高差(mm)		误差(mm)
		水准仪	闸位计	
1	0	1	1	0
2	1.05	11	0	11
3	2.07	22	1	21
4	3.14	34	2	32
5	4.02	43	3	40

从表 1 中数据可以看出，左右两侧闸位计的数据之间存在误差，闸门每上升 1 m，闸位计的偏差约为 10 mm。计算机依据闸位计的错误数据进行纠偏，纠偏的结果是闸位计显示的偏差接近 0 mm，但闸门实际存在左右高低差，即闸门有倾斜。如闸门日常的开度 4～5 m，计算机依据闸位计错误数据进行纠偏，显示的结果是左右偏差接近 0 mm，实际闸门左右高差达到 40～50 mm，闸门已出现倾斜现象，活塞杆有轻度弯曲，导致活塞杆头部活塞环与油缸内壁之间间隙左右不一，一侧间隙过小而挤压密封圈，一边过大而渗油，如图 3 所示。

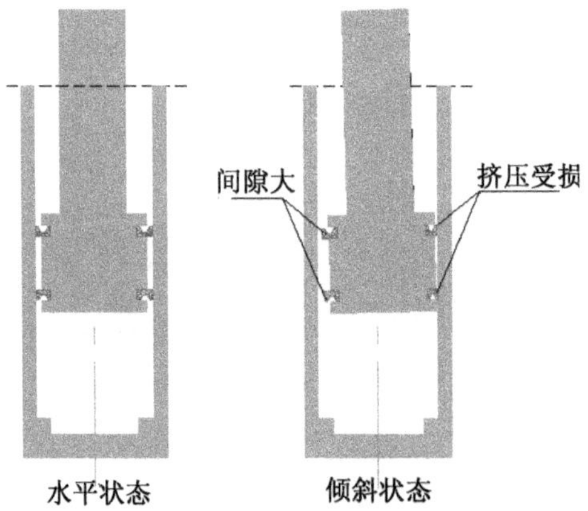

图 3　闸门水平与倾斜状态密封圈示意图

3.2　故障处理

3.2.1　闸位计工作原理

节制闸左右两侧均为拉绳式闸位计，型号为 GPS500，量程为 10 m，传感器为多圈绝对值型编码器，输出精度为 1/4 096，其结构如图 4 所示。

拉绳式闸位计工作原理：转盘与编码器同轴同角度转动，相当于将转盘周长 500 mm 作

4 096 等分，精度非常高。闸门上升时，拉绳回缩，转盘转动，带动编码器转动，转盘转一圈，编码器也转一圈，转盘周长为 500 mm，拉绳回缩长度 0.5 m，即闸门上升 0.5 m(设定编码器转一圈输出数据为 500 mm)。

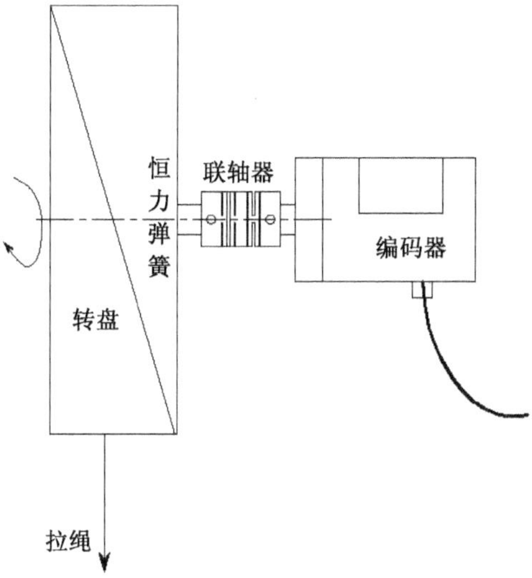

图 4　闸位计结构图

3.2.2　处理方法

由于加工精度的原因，左右两侧闸位计的转盘直径相差约 1.6 mm 导致周长不相等，左侧周长为 500 mm，右侧周长为 505 mm。当闸门上升 500 mm 时，左侧闸位计转盘正好转了一圈，右侧闸位计没有转一圈(99%)，编码器原来设置的参数为转一圈显示闸位 500 mm，这样导致左侧闸位计显示 500 mm，另一侧显示约 495 mm，如图 5 所示。处理方法为重新设置闸位计参数，将右侧闸位计(转盘周长 505 mm)编码器设置为转一圈 505 mm 即可。

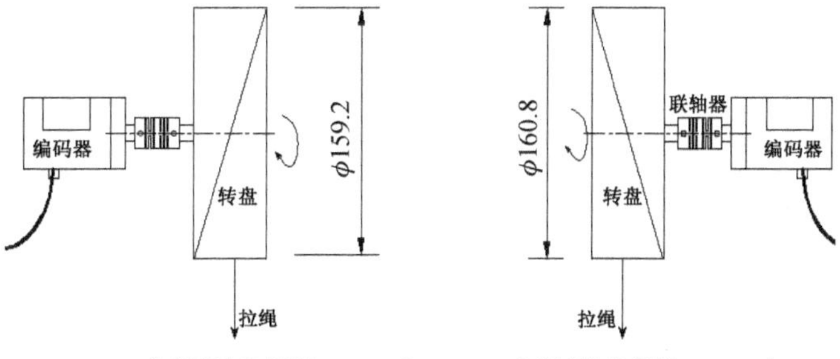

图 5　左右闸位计偏差示意图

设置完参数后，用水准仪再次复测，闸位计显示的左右偏差与水准仪实测数据基本一致，具体见表 2。事后经多次实际运行，将闸门开到任一开度，目测闸门保持水平，左右闸位计显示的偏差接近 0 mm。通过上述处置后，自 2013 年 10 月至今节制闸未发生类似下滑故障。

表 2 校正后水准仪与闸位计测量对比

序号	闸门开度(m)	闸门左右高差(mm)		误差(mm)
		水准仪	闸位计	
1	0	1	1	0
2	1.00	0	0	0
3	2.02	4	3	1
4	3.01	2	2	0
5	4.02	1	1	0

3.2.3 问题引发的思考

经上述分析和验证，本次故障是闸位计产品质量造成的，虽然生产厂家已考虑到加工精度偏差因素，在仪表内设置了参数可校正，但该情况还是要引起施工单位和工程运行管理部门的重视，今后在类似产品采购方面还需加强质量控制和监管。

4 结束语

液压启闭机闸门下滑大多是渗漏导致的。本次故障案例是一起典型的“案中案”，闸位计误差导致错误纠偏，引发密封圈损坏，结果是闸门下滑，从原因中找原因，最终从根本上解决问题。

参考文献

[1] 李粤. 液压系统 PLC 控制[M]. 北京：化学工业出版社，2009.
[2] 刘新德. 袖珍液压气动手册[M]. 北京：机械工业出版社，2004.

一种船闸用升卧式闸门轨道清理装置

王佃晓

（上海市嘉定区河道水闸管理所，上海 201800）

摘　要：本文针对船闸用升卧式闸门在运行过程中闸门轨道经常出现水草等垃圾这一问题进行分析，设计了一种具有清洁功能的装置。该装置的工作原理是通过操控斜轨上方的自动冲洗装置，根据监控画面调节水管头角度，对轨道上的水草等垃圾进行冲洗，以保持滚轮轨道清洁，确保闸门的正常运行及过往船只的通行安全。

关键词：船闸；升卧式闸门；轨道清理；滚轮

1　引言

船闸在水利系统中有着非常重要的作用，它的使用极大地方便了对过往船舶的管理，升卧式闸门是在船闸中使用较为普遍的一种闸门[1]。由于船闸闸门开启频繁，在使用过程中，当升卧式闸门开启到顶端时，闸门的滚轮上经常附有一些水草等杂物。这些杂物会随着滚轮的移动被带到轨道顶端及挡块附近，时间久了，水草等杂物聚集很多，势必会影响闸门的正常运行以及过往船只的安全。由于该处位于高处，而不定期清理也给工作人员带来安全隐患。因此，本文针对以上问题通过分析设计了一种轨道清理装置，该装置能够代替人工进行作业，能够很方便地清理掉轨道上的水草等杂物。

2　升卧式闸门介绍

升卧式平板闸门结合了直升门和弧形门的优点。当闸门关闭时，闸门处于直立状态[2]。当闸门开启时，闸门在启闭机的作用下先直升一段距离，当升到轨道弧形段时，闸门的顶部会慢慢转向一侧；当闸门全开时，呈水平状卧于闸墩的上部，此时滚轮会触碰到滚轮轨道顶端挡板，闸门会往下回一小段距离，由此开启完毕。由于升卧式闸门结构简单，运行可靠，因此在船闸中使用较为普遍。

3　升卧式闸门轨道运行分析

升卧式闸门的轨道自下而上由直轨、弧轨和近水平的斜轨道组成[3]，如图 1 所示。直轨起在垂直方向的导向作用，确保滚轮垂直上升。弧轨能够让滚轮过渡到斜轨，弧轨的半径是按照一定的标准进行设计的，以确保轨道平稳过渡。斜轨一方面能够对闸门上升起减速作用，另一方面也能够为闸门的下降提供动力，其设计角度也要参照标准进行。采用这样的结

作者简介：王佃晓（1986—　），男，助理工程师，硕士。E-mail：wangdianixao2009@sina.com。

构既可以降低工作桥的高度和减少地基承载力，又能提高闸门整体的稳定性和可靠性能，此类闸门通常在中小型船闸上应用[4]。在使用过程中，轨道挡块上常常会有很多水草等垃圾，如图2所示。

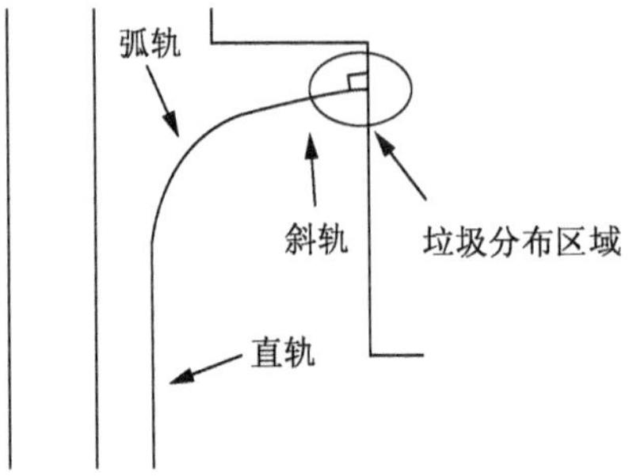

图1　升卧式闸门的轨道侧面图

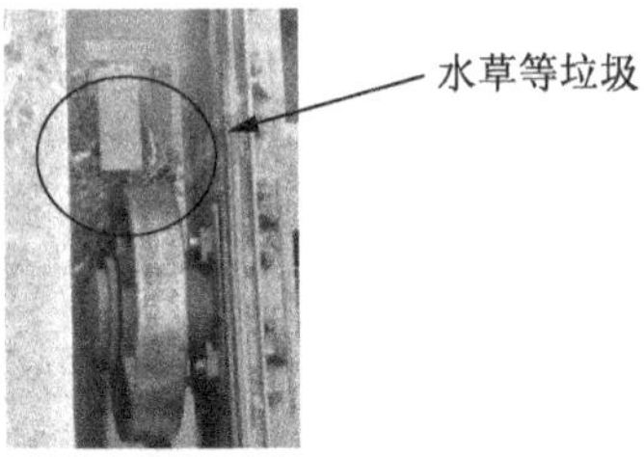

图2　水草等垃圾堆积在轨道上

4　自动清理装置工作原理

该装置的主要作用是将闸门轨道上的水草等垃圾进行清理。在设计本装置时，考虑了多种方案，最终选用了使用水压冲刷清理的方法。一方面，水源易获得，冲洗方便干净；另一方面，该方法不会对闸门造成大的影响。该装置的构成主要有过滤装置、水泵、管头控制装置、控制器等。图3为自动清理装置工作原理图。工作过程：水在过滤装置过滤后，在水泵吸力作用下形成压力水流，通过水管头对清理部位进行清理。水压大小由水泵控制，出水角度通过监控画面由控制器控制管头的装置进行调整。

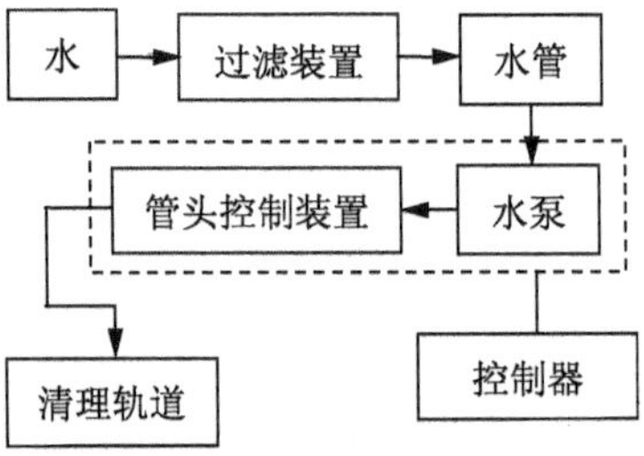

图3　自动清理装置工作原理图

5　自动清理装置各组成部分介绍

过滤装置主要是将水中水草等垃圾去除掉，避免堵住水泵，影响其工作。由于本装置对水质要求不高，因此，采用简易球形过滤头，滤头外部为圆形进水孔，内部加上一层过滤网。由于水管头在进行工作时要进行调整，将它们对应的管接头设计成可伸缩的，以满足工作需要。本装置所用水泵采用调速水压泵，可以根据需要调整形成所需的水压力，如图4所示。

考虑到闸门经常开闭，如果将水管头固定住，可能会影响闸门开闭，因此，本装置水管头设计成可在转动装置带动下转动的结构，主要由转动机构、管头控制装置构成[5]。转动机构主要由基座和旋转手臂组成，管头控制装置主要是用于控制水管头在一定角度内转动，方便进行对不同部位的水草等垃圾进行清理。管头控制装置的主要原理是通过电机带动旋转手臂转动到一定位置，水管头（图 5）在管头控制机构的作用下达到一定的角度，然后开启水泵进行清理工作。图 6 所示为管头控制装置对应机构的转动角度，水管夹转动方向（同转头 1 方向）为垂直于当前页面，其角度 θ_1 范围为 0°～60°，旋转手臂的转动方向平行于页面，其角度 θ_2 范围为 90°～180°，转头 2 的旋转方向为以竖直方向为轴线进行旋转，其角度 θ_3 范围为 0°～180°。该装置分为工作状态和非工作状态，工作状态时如图 6 所示，非工作状态时如图 7 所示。

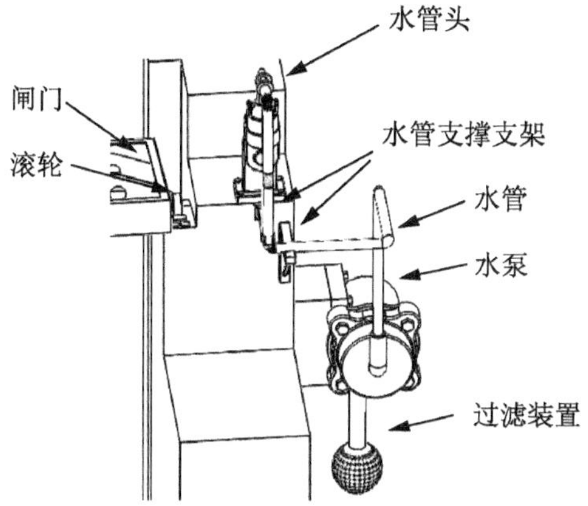

图 4　自动清理装置非工作状态

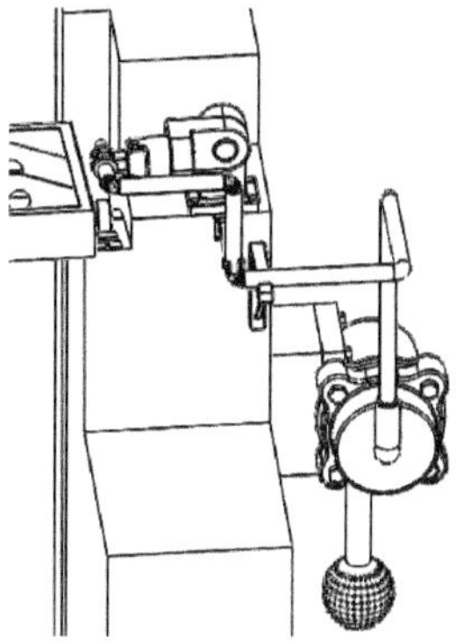

图 5　自动清理装置工作状态

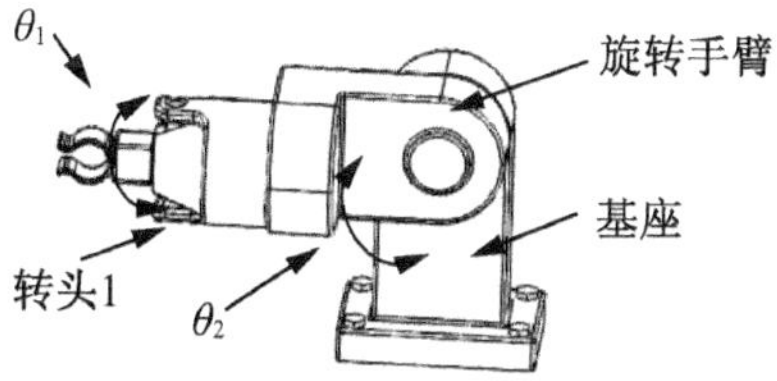

图 6　控制装置工作状态

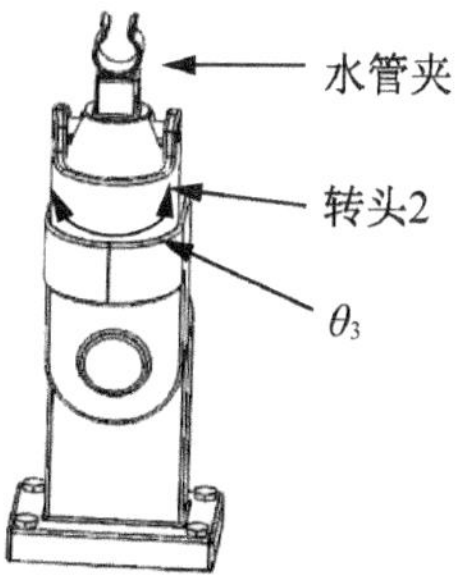

图 7　控制装置非工作状态

控制器的作用主要是控制水泵和管头控制装置。其控制功能的实现可通过一个控制手柄来完成。如果要求对轨道进行清理，那么开启手柄的总开关，在监控画面下，通过控制手柄调整旋转手臂和管头控制转头，将水管头调整到一定角度和位置，再打开水泵进行清理工作。如果需要调整水管头角度，可再通过控制手柄来进行。

6　结论及展望

本文通过对船闸用升卧式闸门在运行过程中出现的轨道清洁问题进行分析，设计了一种能够代替人工工作的清洁装置。该装置的使用将会提高工作效率和减少安全隐患，相信该装置未来也能够在水闸上使用。

参考文献

[1] 关永智，陈秋瑜，梁斌. 升卧式平面闸门在中小型船闸的应用[J]. 广东水利水电，1998(s1)：31 - 33.
[2] 杨克昌. 升卧升式新型闸门的设计[J]. 河北水利水电技术，2000(3)：45.
[3] 左东启. 中国土木建筑百科辞典：水利工程[M]. 北京：中国建筑工业出版社，2008.
[4] 贾永明，王金华，刘东海. 大型升卧式闸门设计与研究[J]. 山东水利，2007(4)：35 - 36.
[5] 邓昭明，张莹. 机械设计基础[M]. 北京：高等教育出版社，2011.

BIM 技术在泵站设备状态检修中的应用优势分析

刘　星

（上海迅翔开发实业总公司，上海 200231）

摘　要：BIM 技术在水利工程管理中应用逐渐广泛，状态检修是泵站设备检修模式发展的一个趋势。本文结合 BIM 技术特点和泵站设备状态检修的技术要求，展望分析了 BIM 技术在泵站设备状态检修中应用存在的优势和需求。

关键词：BIM；状态检修；泵站

1　引言

泵站运行管理中，设备检修管理是一项重要的内容，目前全国泵站设备检修大多采用故障检修和定期检修的形式，而状态检修以其巨大的效益受到诸多关注，《泵站技术管理规程》（GB/T 30948—2014）中规定"宜采用设备状态检测及故障诊断技术对设备状况进行评估，实施状态检修"，从长远来看，状态检修将成为泵站设备检修方式的一个趋势。国外在状态检修技术研究和实践应用方面取得了较成功的经验，我国设备状态检修在电力行业设备管理中应用较广，也形成了较为成熟的规范性文件。大多数泵站与电力行业密不可分，特别是高压电机应用广泛之后，电气设备数量增加，规模增大，如何科学地进行检修管理显得极为重要。状态检修核心技术在于设备状态监视技术和故障诊断技术，这两项技术都离不开先进的数据存储和分析技术支撑。BIM 技术旨在利用数字化三维模型在工程（设施）全生命周期的各个阶段表达、存储、导出、利用工程（设施）相关信息，且采用 BIM 技术是水利行业一大趋势，故本文对 BIM 技术在泵站状态检修中的应用优势进行了展望分析。

2　BIM 技术在泵站运维阶段的应用

2.1　BIM 技术

根据《建筑信息模型应用统一标准》（GB/T 51212—2016）中的术语解释，建筑信息模型（BIM）指在建设工程及设施全生命期内，对其物理和功能特性进行数字化表达，并依此设计、施工、运营的过程和结果的总称。

BIM 技术即建立一个智能化的建筑物信息模型，该模型是任何实施目标物理和功能的一种共享的数字表现形式，通过创建、整理和交换共享三维模型及其附属智能化、结构化数据，链接整个生命周期阶段实现相互协作，可满足建设领域建筑生命周期管理的需要。

BIM 技术的关键技术包括如下几项。

作者简介：刘星（1990—　），女，助理工程师，硕士研究生，从事泵闸管理技术研究工作。E-mail：1181605839@qq.com。

2.1.1　三维数字化技术

三维数字化技术是BIM实施的技术支持。从二维纸质制图到二维计算机制图，改变的是图纸信息的载体，而图纸三维数字化改变的是信息获取的方式。“所见即所得”，三维数字化模型具有直观可视化的特点。要实现BIM的功能，三维数字化技术是基础。

2.1.2　信息交换标准

BIM技术需最终实现全生命周期的管理，这其中参与的人员和单位多，各方的需求也不一致，需要建立信息交换的标准以满足不同阶段、不同参与者的需要。

2.1.3　数据存储及访问

BIM技术在各阶段会产生大量的数据。如何建立一个有效数据库且采用一定的数据处理方式是BIM发挥作用的关键。

2.1.4　信息集成平台

BIM信息随着全生命周期的不同阶段不停地完善和补充。为了实现信息的共享和交互，需要搭建一个集成化的信息管理平台，通过一系列接口和引擎按照一定的权限实现对信息的访问和交换。

2.2　BIM技术在泵站运维阶段的应用

泵站运维阶段管理工作可分为组织管理、安全管理、运行管理、经济管理四大类，围绕着泵站运行，包括人员配备，运行操作，运行巡视检查，设备检修及评级，建筑物维护、观测及评级，安全鉴定，除险加固，设备报废管理等内容。BIM技术可在以下方面发挥作用。

2.2.1　工程基本信息存储集成化及可视化

工程基本信息存储的方式为技术档案资料形式，包括纸质资料和电子资料两种形式。传统的信息存储一般具有碎片化的特点，信息查询的工作量很大。采用BIM技术实现全生命周期管理后，基本信息存储可实现集成化，在不同的时期在同一模型中进行定义，减少信息查询工作量。

BIM具有可视化的特点，可应用于工程讲解、人员培训，可利用模型软件实现对设备拆装的模拟，工作原理的解析，且更为直观形象；在防汛演练或分析抢修方案时可借助BIM基础数据构建的灾情分析系统模拟各种险情[1]，实时反映各工程结构或设施工况对整体的影响；在事故或灾害分析中，结合水情、气象、水文信息构建的水域模型可以还原险情演进过程。

2.2.2　运行巡视检查标准化、数据化、可考核化

泵站在运行过程中需要运行人员对设备设施进行巡视检查，包括外观检查、运行数据检查等内容，检查结束后填写记录表格。运行巡视检查的开展是为了确保泵站安全运行，在实际实施中由于量化数据少，非常依赖于运行人员的责任感和技术能力。

借助于BIM技术搭建的工程基本信息数据库，引入移动终端设备，可在工程实体和模型上设置对应点，引导运行人员沿着固定的路径、固定的点，按规定的检查内容进行，并及时上传数据与正常值比对，可以量化巡查任务，提高工作效率。

2.2.3　设备在线监测及数据分析

随着泵站自动化监控技术的进步，泵站已逐步实现了设备在线检测和简单的数据分析，但由于泵站设备复杂、参数多，一般来说技术能力较强、经验丰富的技术人员才能成功判断

设备运行状态和确定设备故障点。BIM 技术可借助其庞大的数据库和集成化的数据存储，建立故障诊断专家库，以更好地进行数据分析。

3 泵站设备状态检修

3.1 泵站设备主要检修模式

泵站设备主要检修形式按照检修时间的确定可分为故障检修、定期检修和状态检修。

3.1.1 故障检修

故障检修为事后检修，即设备已发生故障后采取的检修方式。时间上和内容上具有不确定性，以恢复设备功能为目的。

3.1.2 定期检修

定期检修是指泵站管理单位根据规程规范或厂家的检修说明制订的定期检修计划，时间和内容上具有相对固定性。《泵站技术管理规程》(GB/T 30548—2015)中将泵站设备检修分为小修和大修，检修周期可根据规范确定。例如，主水泵检修周期根据机组的技术状况和零部件的磨蚀、老化程度以及运行维护条件来确定，每年或运行达到 1 000 h 进行一次小修，3～5 年或运行达到 2 500～15 000 h 进行一次大修。定期检修的主要内容有消除已发现的缺陷、预防性试验、设备养护、检查发现设备隐患等，以减少设备发生故障概率、消除隐患。

定期检修存在两个方面的不足：一是设备存在潜在的不安全因素时，因未到检修时间而不能及时排除隐患；二是设备状态良好，但已到检修时间，就必须检修，定期检修存在很大的盲目性，造成人力、物力的浪费。一些设备需经拆装才能进行检修，反而对设备运行造成影响。

3.1.3 状态检修

状态检修是指通过状态监测和诊断技术提供的设备状态信息，根据设备状态评价和状态评估的结果，形成的检修管理模式[3]。也就是说，状态检修是在设备需要检修之前，利用设备某些重要部件的寿命特征，对这些特征值进行监测，通过数据采集和数据分析来预测设备状态发展的趋势，确定检修计划。

3.2 泵站状态检修的主要理论和技术

状态检修的主要理论和技术包括 4 个方面的内容，即设备寿命管理与预测技术、设备可靠性分析技术、设备状态监测与故障诊断技术和信息管理与决策技术[2]。其中，比较关键的是设备状态监测与故障诊断技术和信息管理与决策技术。

状态监测的方法包括传统的经常性的人工巡视检查与定期预防性检查、试验以及随着自动化监控技术发展起来的在线监测技术。故障诊断是指利用各种检查和测试方法，发现系统和设备是否存在故障并进一步确定故障所在大致部位。由于每个设备的结构特点和性能不一样，反映其运行状态的信号、特征和征兆也不相同。以泵站主水泵为例，一般设备的监测参数包括运行时噪声、振动、流量、扬程、轴温等多项参数，其中振动特性分析是故障诊断的常用方法。

信息管理与决策技术是指在数据收集和输入、数据传输、数据存储、数据加工和输出的基础上，通过与基础信息做对比在一定的约束条件下得到最优安排，辅助管理人员决策。

故障诊断的最终目的是指导检修。目前，故障诊断技术的研究已经发展到故障诊断专家系统的研发。在实际工作中，借助专家系统提供的资料，组织专业人员再利用经验定期对设备当前的状态监测结果进行分析，正确判断机组的运行状态，预测以后的运行情况，制订检修计划，实现状态检修。

4 BIM技术在泵站设备状态检修中的应用优势分析

根据BIM技术特点和泵站设备状态检修的要求，BIM技术在泵站设备状态检修中的优势主要有：

（1）BIM技术可实现全生命周期和协同管理，有利于泵站规划、设计、施工及安装等基础资料及时、准确地收集。

（2）BIM技术可以使运行巡视检查标准化、数据化、可考核化，可以结合在线监测技术，及时记录运行数据，并实现数据处理智能化。

（3）集成化的数据管理减少了数据查找的工作量，提高了工作效率，便于管理人员决策。

BIM技术在泵站设备状态检修中的应用优势主要依托于其信息管理和全生命周期多方协同管理的优势，但为了充分发挥其作用，在设计和施工阶段模型建设时，应提早考虑状态检修对数据交换标准及故障诊断技术和专家诊断系统对监测参数采集处理等的需求。

5 结语

本文结合BIM技术特点和泵站设备状态检修的技术要求，简单分析了BIM技术在泵站设备状态检修中应用存在的优势和需求，但还处于总体分析阶段，对于具体实施还不具备指导性。状态检修技术是泵站设备检修的发展趋势，但实际上泵站设备状态检修的研究与实践是一个复杂的系统工程，无论是理论上、技术上还是观念上都需要不断创新，要全面实现状态检修，需要更进一步的理论研究和生产实践。

参考文献

[1] 李威，李东玮. 浅谈BIM模型在泵闸运行管理中的应用探索[J]. 上海水务，2016，32(4)：44－46.
[2] 邱华. 水力机械状态检修关键技术研究[D]. 北京：清华大学，2002.
[3] 国家能源局. 水电站设备状态检修管理导则(DL/T 1246—2013)[S]. 北京：中国电力出版社，2013.
[4] 顾丹. 电力系统设备状态监测的概念及现状[J]. 信息通信，2017(12)：273－274.

金泽镇水务工程市场化管理养护机制探索

唐开平

（上海市青浦区水务局，上海 201721）

摘　要：上海市青浦区金泽镇近年来一直推进水利工程市场化管理，通过准入机制、标准化养护和完善的监督管理考核机制，取得了较好的社会效益、公众效益，大幅度提升了管理效率，但也存在着科学化管理不足、先进设备较少、老百姓理解不够、镇财政负担较重等问题。笔者对此提出了相应建议。

关键词：市场化管理；标准化养护；河道养护保洁一体化；科学调度

水利工程作为公益产品的重要组成部分，市场化管理的目标是提高效率和效益，就是通过提高水利工程运行效率，确保公众效益和社会效益[1]。但是，长效管理的效率和效益很难立竿见影地被看到，而工程建设的效益却是显而易见的[2]，“重建轻管”的现象一直存在。为此，金泽镇近年来一直大力度推进水利市场化管理。

1　金泽镇水利工程简介

上海市青浦区金泽镇位于上海、浙江、江苏交界处，总面积为 108.49 km^2，跨商榻片和太北片大控制片。镇内共 7 个大圩区、4 个小圩区，141 座水利设施、94 座农村生活污水处理系统、333 条河道。水利设施控制片沿线水闸由市区相关部门管理，其余 141 座水利设施由镇实施长效管理，经费为每年 230 万元左右；农村生活污水处理系统分为处理站和排水管网，全部由镇实施市场化和长效管理，经费为每户每年 200 元；河道分市、区、镇级河道湖泊及名录外水体，市区河道由上级部门负责长效管理，镇级河道湖泊保洁由镇保洁社负责，其余实施市场化长效管理，经费为每年 3 300 万元左右。

2　市场化管理机制探索

金泽镇于 2016 年实施市场化管理，通过政府购买服务的方式，选定有资质的公司对河道陆域、水利设施和农村生活污水处理系统开展长效管理工作。2018 年对河道的水域和陆域合并管理，实行一体化和市场化管理。

2.1　市场化准入机制和现状

为确保长效管理的质量，金泽镇要求中标公司必须具有相应的资质、维修和养护经验，并配备专业技术人员，持证上岗。金泽镇农村生活污水处理系统长效管理项目，通过公开招投标方式选定中标公司，由中标公司负责具体的管理和养护工作。金泽镇区级水利设施长效管理项目和镇级水利设施长效管理项目分别选定中标公司，进行管理养护。2018 年以

作者简介：唐开平（1991—　），女，助理工程师，从事水利工程管理和供排水工作。E-mail：875207902@qq.com。

前，河道水域保洁由镇保洁社和所在村负责，陆域长效管理通过招投标方式，选定中标公司负责具体的长效管理工作。2018年开始，镇级河道水域保洁由镇保洁社负责，村级河道水域保洁分为西岑、莲盛、金泽、商榻四个标，通过公开招投标选定四家公司负责四个片区的水域保洁，陆域长效管理与以前相同。

2.2 规范长效管理标准

针对长效管理见效慢、管理与不管理差别不大的问题，金泽镇提出明确养护内容，精细化管理内容，规范养护标准。金泽镇针对水利设施、农村生活污水和河道编制了详尽的管理内容和标准，明确规定水利设施运行操作条件，闸门、仪表、机电、水泵、绿化等重要组成部分的外观、质量等标准，日常巡查有明确的频次，必须记录在册，内业资料齐全。由于农污的管网和处理站核心设备埋设于地下，对此部分的长效管理工作部分属于较难看出效果的，为此金泽镇以不影响老百姓正常排污和处理站顺利运行为目标，要求中标公司定期疏通管网，根据要求更换处理站滤料等设施，及时维修管网、窨井、处理站等设施，以及草坪管理房的标准化外观维护等。中小河道长效管理包括堤防、防汛通道、栏杆、绿化、水域陆域保洁、设施巡查。金泽镇细化堤防的维修标准，防汛通道的养护要求，栏杆的尺寸、材质、外观颜色及安装，绿化的清洁度、整齐度，水域无白色垃圾、水草等，要求定期巡查河道，并记录在册。以上工作都要求有图片资料，按照前中后进行图片对比，定期整理报水务所。

2.3 完善管理监督考核体制

河道、水利设施和农村生活污水处理系统的长效管理责任单位为金泽水务管理所。三项长效管理项目均制定了监督管理办法，细化了管理内容，制定了管理标准；同时要求中标公司制订具体的实施方案，定期向责任单位汇报养护情况。为了确保监督效果，每条河道、设施、农村生活污水处理站均设置了公示铭牌，公开管理单位、具体负责公司、责任人、电话等，确保人们的知情权和参与权。考核体制为三级考核机制，月考核、季度考核和年中考核相结合，区行业主管部门定期考核排名，镇考核小组定期考核打分，百姓投诉监督，将考核结果折算成相应考核等级和排名，采取末位淘汰或按考核等级发放管理资金的方式，确保各中标公司保质保量完成长效管理内容。

3 市场化管理面临的困难和建议

3.1 面临的难题

为了确保市场化管理效益显著，金泽镇对管理内容做了详尽的说明和规定，对考核机制尽量完善，但还存在管理效果不符合行业监管部门预期的问题。水利设施方面存在运行过于注重区域而忽略整体效益，没有最大化发挥水闸、泵站的引清调水和防汛排涝功能。农村生活污水由于设施位于地下，较难掌握具体工作落实情况，同时设备较落后，依然依赖人工疏通管道。金泽镇河道体量较大，河道一体化长效管理工作量大、任务重、压力大。此外春秋两季，水葫芦爆发严重，打捞任务十分繁重，且对水葫芦处置方式方法尚无确切规定和说法。

3.2 对策和建议

不忘初心，方得始终，长效管理的最终目标是最大化发挥水利设施、农村生活污水处理系统、河道的效益和效率。水利设施充分发挥引清调水和防汛排涝功能；农村生活污水处理系统顺利接纳服务范围内污水，处理后使污水达标排放；河道水清岸绿，水生态良好。要达到上述目标，需要创新考核机制，以考核促管理升级，同时可以采用现代化科技手段，提高工作效率。

目前考核偏重于具体的管理工作，建议对目前水利设施、农村生活污水系统、河道现状进行全面系统的科学评估，特别是防汛排涝和引清调水现状，包括每年防汛排水量、各个圩区降低水位数据、被淹区域损失的经济数据，引清调水的水量、成本、改善水质的具体数值等；农村生活污水各个处理系统应该接纳污水量、实际污水量、实际处理量和排放水质，雨水流入污水管道的水量等；河道的堤防、栏杆、绿化总量、质量，河道水域不同月份的水质、垃圾和水草量，打捞水草量等。总之，量化水务工程的运行效率和运行效益，然后明确要求长效管理工作年度需要达到的目标，如需要减少汛期经济损失，同时不增加运行成本；引清调水量需达到的具体量，需将水质改善到几类水或改善重点河道水质的同时，其他河道水质不得变差，河道水草所占水面面积比例减少量，老百姓投诉量减少比例；农污需提高接纳污水量比例，降低雨水排入量，污水站处理量及水质达标排放，减少老百姓投诉量等；河道水草占水面面积比例减少量，打捞水草量，先进打捞设备持有量增多等。年度目标占年终考核分值，根据超额完成目标、完成目标、未完成目标给予相应分值，与年终的管理经费发放挂钩。

另外，建议采取科技化手段，提升管理效率。如提升水利设施运行效益的研究有考虑水闸影响的一维水动力模型和考虑底泥作用的一维水环境数学模型[3]，借助人工神经网络和河网非恒定流数学模型技术，构建的河网水闸智能调度辅助决策模型[4]，基于模糊逻辑的水闸防洪调度决策方法[5]。建议管理单位委托大学、设计院，或鼓励单位内职工研究建立水闸泵站运行模型，优化水闸泵站运行机制。如目前应用污水处理系统长效管理的先进设备有清淤机器人、CCTV检测修复等，极大地提升了污水管网养护效率。建议河道行业主管部门尽快制定打捞水草处置办法，可考虑资源再利用，如外运饲养生猪。

参考文献

[1] 周国良. 南京市水务一体化管理及水务市场化途径的研究[D]. 南京：东南大学，2005.

[2] 徐妍. 桐乡市农田水利设施长效运行管护的探索与思考[J]. 浙江水利科技，2013，41(4)：89－91.

[3] 郑保强，窦明，黄李冰，等. 水闸调度对河流水质变化的影响分析[J]. 环境科学与技术，2012，35(2)：14－18＋24.

[4] 顾正华. 河网水闸智能调度辅助决策模型研究[J]. 浙江大学学报(工学版)，2006，40(5)：822－826.

[5] 樊宝康，顾正华，包纲鉴. 基于模糊逻辑的水闸防洪调度决策[J]. 水利水运工程学报，2007(1)：57－60.

预应力混凝土结构技术应用于水闸大底板技术的探讨

雷翠翠

(上海市城市建设设计研究总院(集团)有限公司,上海 200125)

摘　要:土基上的闸室底板长度超过 35 m 后,底板跨度较大,计算配筋量相应也较大,按照计算配筋后,钢筋用量较多而且布置也较密,给混凝土浇筑和振捣带来困难。若采用预应力混凝土结构,则可降低钢筋用量,并满足底板抗弯和可控制底板裂缝开展宽度的需要,同时可避免底板分缝后底板间不均匀沉降对闸门运行的影响。

关键词:水闸大底板;预应力混凝土结构;大体积混凝土温控措施

1　引言

随着城市现代化建设的飞速发展,城市水利工程的设计理念在不断更新。作为城市水利工程,其外形风格要与城市的历史文化背景相协调,与城市的建筑风格相统一,同时重视两岸景观设计,营造人与自然和谐相处的环境。

通过许多工程实践,大跨度水闸、泵闸易与自然、生态、景观、环境、历史文化等有机结合,在改善城市水环境的基础上,可以展现城市发展水平和独特风貌。水闸可以调节河道水位,保持河道河水的流动,同时在闸址处形成瀑布景观,提高水利工程在城市水利建设中的形象。

但是大跨度水闸、泵闸受制于结构受力要求,底板跨度很大,需要进行处理。《水闸设计规范》规定,土基上的闸室底板分段长度不宜超过 35 m。在水闸设计中,若底板宽度超出 35 m,常规处理方法即将大底板分缝处理。但是随着水闸闸门不断地创新和改进,一些景观性较好的闸门门型如横拉门、钢坝门等,根据其运行要求,需将水闸底板分缝后的差异沉降控制在一定范围内,否则会影响闸门的正常运行。另外,若水闸边墩挡土高度较大,底板分缝后,边跨结构的水平抗滑也较难控制,相应地增加了工程的复杂度和工程造价。

通常,水闸底板配筋按照承载能力极限状态和正常使用极限状态两种极限状态分别进行配筋。对于水闸大底板,通常正常使用极限状态下计算配筋量要大于承载能力极限状态计算配筋量,为此水闸底板最终配筋量大多是按照正常使用极限状态的计算配筋量进行配筋,往往配筋既粗又密,影响混凝土的浇灌和振捣,而且也不经济。

2　预应力混凝土技术原理

预应力混凝土结构在工业与民用建筑、交通、水利等工程中得到广泛应用,尤其特别适

作者简介:雷翠翠(1984—　),女,工程师,硕士,主要从事水利工程设计研究工作。

用于各类大跨度承重结构和有严格抗渗要求的结构，如大跨度的桥梁和屋盖、渡槽、大型水池等。但是在水闸的大跨度底板中，目前较少采用预应力混凝土结构技术。若采用该技术，水闸底板宽度可适当超出 35 m 的要求，同时更能有效地控制混凝土的裂缝开展宽度。

预应力混凝土结构是指在构件承受外荷载作用前，通过有效方法在构件截面上形成人为应力状态，预先使混凝土产生预压应力，处于预压状态的混凝土结构。

预应力混凝土结构构件在使用阶段构件受到荷载作用后，截面上由荷载产生的拉应力被混凝土中预先形成的预压应力全部或部分抵消，以起到防止或延缓裂缝出现、提高结构构件的抗裂能力和减小裂缝宽度的作用，从而改善结构的耐久性能。

与普通钢筋混凝土结构相比，预应力混凝土结构还提高了结构的刚度，扩大了钢筋混凝土结构的应用范围。

随着国家提倡的高强度钢筋（钢丝）的普遍采用，预应力混凝土为高强度钢筋的使用提供了物尽所用的可能，可以较为充分地发挥高强材料的作用，减小构件的截面尺寸，节约材料，提高结构的经济指标。

3 案例计算分析及技术采用

某泵闸工程总体采用“泵＋闸＋泵”的布置形式，即节制闸居中布置，两侧为泵房。泵房、节制闸底板为整体式结构，主体尺寸为 34.0 m×40.6 m，底板底高程为－5.00 m。泵房布置在节制闸两侧。肘型进水流道、直管式出水流道，块基型基础，泵房基础板厚为 1.5 m，节制闸基础板厚为 2.0 m，基础混凝土为 C30。工程设计拟定采用预制桩进行处理，泵闸基础采用满堂桩布置，桩型采用钢筋混凝土 400 mm×400 mm 的预制方桩，桩长为 12.0 m，桩矩形布置，垂直水流方向桩间距为 2.0 m，顺水流方向桩间距为 1.5 m。

为了简化起见，取进水流道段为一个计算单元。进水流道段计算单元结构图见图 1。

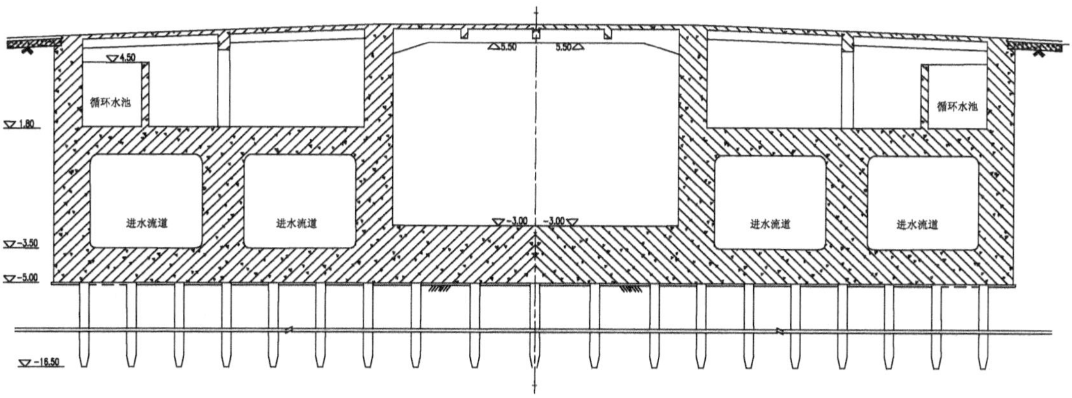

图 1 计算单元结构剖面图(高程:m)

本工程从块基型泵房的结构可知，进、出水流道的进出水口段可视为一个空间的箱型结构，空间的箱型结构按平面框架结构，底板为弹性地基梁，计算采用弹簧支座模拟地基对基础的约束。沿垂直于水流方向，将泵闸划分为若干个单位框架作为计算单元，分别计算其内力。本计算取进水流道段的一个单宽为计算单元，计算模型为弹性地基上的框架。作用在框架上的荷载按规范要求进行计算和组合，计算简图见图 2。

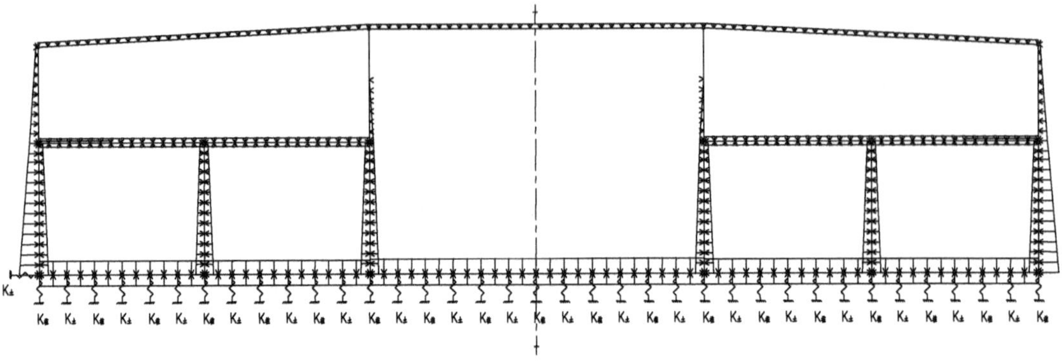

图 2　泵闸进水流道段计算简图

根据施工期、完建期、运行期、检修及地震等情况下结构的受力情况，分别按各位置截条框架计算结构内力，并按结构力学方法形成内力包络图。进水流道段在节制闸检修工况，每米宽度上最大弯矩为 2 033.1 kN・m，跨中每米宽度上最大负弯矩为－669.3 kN・m，跨中支座每米宽度上出现最大负弯矩为－1 514.4 kN・m。进水流道段弯矩计算结果见图 3。

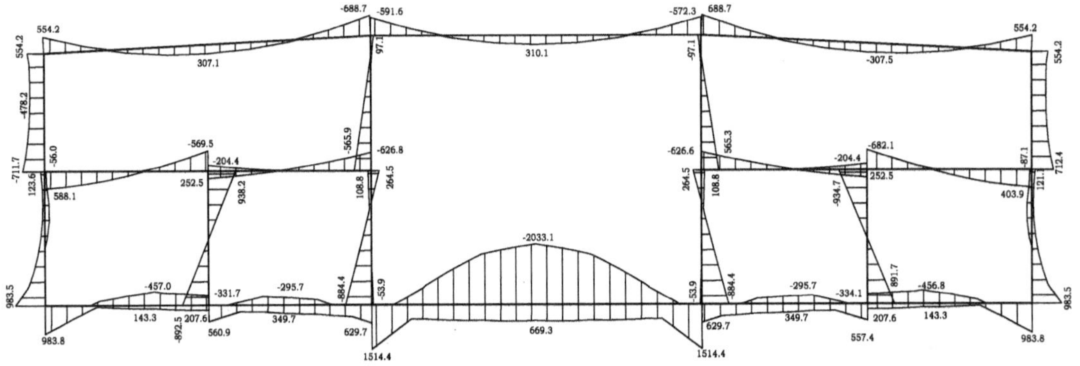

图 3　泵闸进水流道段弯矩包络图(kN・m)

根据底板配筋计算，闸室底板面层配筋采用双层钢筋，面层外层钢筋配置直径 25 mm@100 mm 的 HRB400 级受拉钢筋，面层内层钢筋配置直径 25 mm@200 mm 的 HRB400 级受拉钢筋，底层配置直径 25 mm@150 mm 的 HRB400 钢筋，可满足抗弯和裂缝开展宽度要求。但是，如此配筋在底板面层侧钢筋配置过于致密，钢筋用量也较多，且在施工过程中较难进行混凝土振捣密实。

若采用预应力钢筋混凝土结构，设计时可考虑将底板面层钢筋设置为两层，外层配置一层直径 25 mm@100 mm 的 HRB400 级受拉钢筋，主要为结构受力钢筋；内层配置一层预应力钢筋，主要为结构抗裂钢筋。通过计算内层设置的预应力钢筋采用 1×7 标准型－15.20-1860-Ⅱ-GB/T 5224—2003 钢绞线，钢绞线间距为 500 mm，即可满足结构抗弯和裂缝开展宽度要求。采用预应力钢筋混凝土结构，不仅减少了钢筋的用量，而且相比于传统配筋，为施工带来了方便。

4 水闸大底板的温控措施

为有效降低水闸大底板温度应力，防止温度裂缝的产生，在大底板混凝土浇筑时掺UEA膨胀剂，并在底板跨中设置两道膨胀加强后浇带，加强后浇带两侧底板混凝土掺加膨胀剂后，限制其膨胀率。

另外在施工过程中，采用优质中、低等水化热的水泥品种，以减少单位体积的水化热量；同时限制水泥中游离氧化钙的含量，保证水泥的安定性。

同时在满足设计要求和施工质量的前提下，尽可能减少水泥用量及加大粉煤灰掺量，采用三级配混凝土，以降低混凝土水化热温升。粉煤灰质量等级应符合施工质量要求，并不低于二级粉煤灰标准。

大底板混凝土浇筑时施工进度安排应尽可能避开7月至9月高温季节。

大体积混凝土的配合比相应优化，合理选择骨料品种规格，尽量选择大粒径骨料，严格控制含泥量，采用双掺技术，确定合理的坍落度和缓凝时间。要注意外掺料、外掺剂对混凝土坍落度和可拌性的影响。

降低混凝土浇筑温度，加强混凝土的养护。混凝土的养护应采用保温、保湿及缓慢降温的措施，在水闸底板大于3 m厚度处宜设置冷却水管，要避免寒潮袭击和剧烈干燥。

5 结语

土基上的闸室底板长度超过35 m后，底板跨度较大，计算配筋量相应也较大，按照计算配筋后，钢筋用量较多而且布置较密，给混凝土浇筑和振捣带来困难。若采用预应力混凝土结构，则可降低钢筋用量，并满足底板抗弯需要和可有效控制底板裂缝开展宽度。

土基上的闸室底板长度在超过35 m不多的工况下，可采用预应力混凝土结构，避免底板分缝后底板间的不均匀沉降对闸门运行的影响。

闸室大底板体积较大，设计、施工和养护过程中，需采取可靠措施，防止温度裂缝的产生。

参考文献

[1] 钮新强，汪基伟，章定国. 新编水工混凝土结构设计手册[M]. 北京：中国水利水电出版社，2010.

[2] 陈峰，卢永金，季永兴，等. 苏州河河口水闸大跨度薄壁空箱式底板结构设计[J]. 水利水电科技进展，2007，27(s1)：32-35.

农村水利

基于多目标综合评价模型的农村生活污水处理工艺效能分析与评价

徐中芳

（上海市金山区水利管理所，上海 201599）

摘　要：在对上海市金山区 2008—2014 年间农村生活污水处理工艺的调查分析的基础上，对金山区农村生活污水处理工艺的特点及分布特征进行分析，并针对传统污水处理工艺评价对于多目标模型无法综合客观考量的缺陷，采用多目标综合分析评价方法，建立污水处理工艺评价指标和评价模型，计算指标权重得出综合得分，对现有运行使用的四种污水处理工艺进行评价。评价结果表明，组合工艺和 MBR 工艺得分最高，工艺效能最优，与实际运行使用结果一致。因此，采用多目标综合评价的方法评估污水处理工艺的优劣性是科学合理的，可为今后的工程运行管理及决策提供有益的理论参考。

关键词：污水处理工艺；多目标综合评价；组合工艺；MBR 工艺

农村在我国社会经济结构中占有重要的地位。据悉，我国农村生活污水排放量每年为 80 亿～90 亿 t，且在不断增加[1]。由于农村经济基础相对薄弱、基础设施欠缺以及人们环境保护意识较为淡薄，污水处理技术难以广泛推广使用。截至 2015 年末，全国城市污水处理厂共有 1 943 座，县城污水处理厂共有 1 599 座。城市污水处理率达到 91.90%，县城污水处理率为 85.22%。同样截至 2015 年末，我国行政村的生活污水处理率为 11.4%。建设部《村庄人居环境及现状与问题》调查报告显示，约 96%的农村村庄没有完善的污水处理及排放系统，许多村庄污水未经处理或处理不达标就直接排入河道或沟塘，对各类水源造成严重污染，出现蓝藻、水华等诸多生态问题，75%的天然和人工水体出现富营养化问题[2-5]，且这一趋势正在不断恶化中，给环境带来了严重的污染负荷。

目前，国内对污水处理项目运行情况的系统性调查研究较少，且在评判污水处理工艺效果优劣的评价方法中，方法种类甚多，诸如单因子评价法、模糊评价模型等。但传统的单因子评价法使用单项指标作为评价对象，通过确定评价目标类别来判定其好坏优劣。这种评价方法虽然简单直观、计算简便，但对于多项评价目标难以达到综合考量，更无法实现客观综合评价。模糊评价模型法是依据模糊数学基础理论，将评价中的模糊信息数值化，再进行定量评价的方法[6-7]。对于具有多个评价指标的污水处理项目，有些指标的影响因素是确定的，有些指标的影响因素是模糊的。为了协调这些复杂的关系，就需要一种能够有效协调精确与模糊因素的客观评价方法，因此本文采用多目标综合评价模型对污水处理工艺进行综合评价，能够更加综合、客观地给出评价。

作者简介：徐中芳（1984—　），男，中级职称，大学本科，从事水务工程建设和管理工作。E-mail：437691280@qq.com。

1　金山区农村生活污水现状

1.1　污水处理现状

金山区位于上海市西南部的太湖流域碟形洼地东南端，总体地势为南北低，地面自东南至西北略呈倾斜。东南地面高程在 4.0～4.5 m，中部地面高程在 3.6～4.0 m 之间，西北部地面高程大多在 3.5 m 以下。金山之水一部分来自太湖，一部分来自杭嘉湖平原，经过多年整治，逐步形成了干支交织的网状水系。

笔者 2017 年进行现状调查时，2015 年项目已建成但未移交养护单位，2016 年项目尚未竣工验收，因此调查未涉及 2015 年、2016 年污水处理项目，本文主要对 2008—2014 年金山区农村生活污水处理工程的建设和运行管理情况进行调查和研究分析。金山区自 2008 年在廊下镇中华村进行农村生活污水处理工程试点建设以来，已连续进行了多年农村生活污水处理工程建设。截至 2014 年，共有 13 075 户实施了农村生活污水处理，受益人口达到 52 300 人，实际户均投资为 1.55 万元。

金山区 2008—2014 年建设完成的农村生活污水处理工程项目，分布在金山区全境 10 个镇(含工业区)的 54 个村，分别为廊下镇 10 个村，枫泾镇 8 个村，吕巷镇 3 个村，漕泾镇 5 个村，金山工业区 5 个村，金山卫镇 5 个村，张堰镇 5 个村，亭林镇 6 个村，山阳镇 3 个村，朱泾镇 4 个村。项目分布图如图 1 所示。

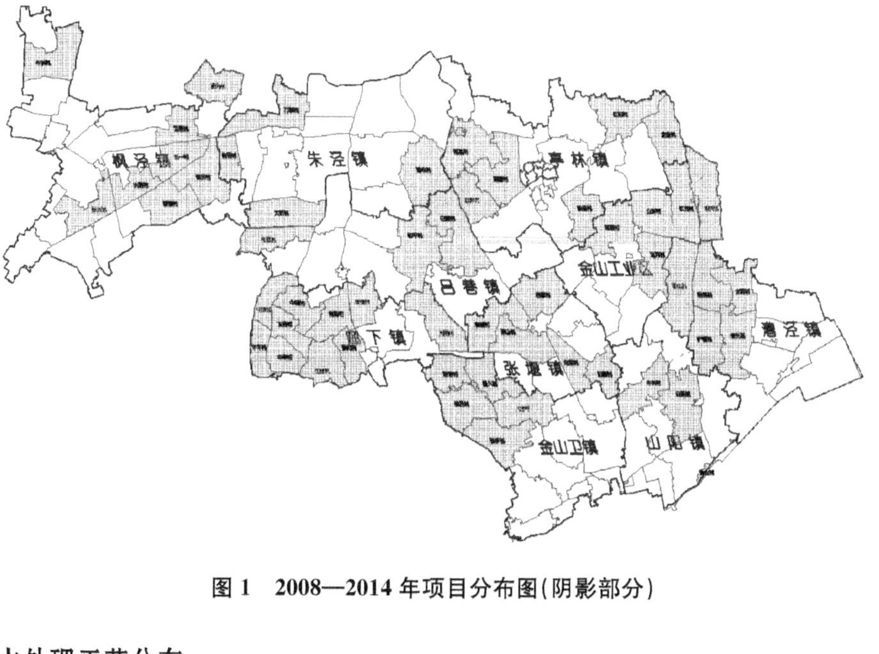

图 1　2008—2014 年项目分布图(阴影部分)

1.2　污水处理工艺分布

根据对上海市金山区 2008—2014 年间农村生活污水处理工程的调查，金山区污水处理站先后采用了土壤渗滤工艺、组合工艺(生物滤池＋人工湿地)、SBR 工艺和 MBR 工艺四种工艺。其每年度各工艺纳管户数及处理站数量统计见表 1，各工艺已建站数及受益户数分析结果见图 2。

表 1　金山区 2008—2014 年污水处理工艺分布一览表

年份	纳管	土壤渗滤处理站		组合型处理站		SBR 处理站		MBR 处理站	
	户数(户)	数量(座)	户数(户)	数量(座)	户数(户)	数量(座)	户数(户)	数量(座)	户数(户)
2008 年	0	154	1 083	0	0	0	0	0	0
2009 年	0	59	719	4	547	0	0	0	0
2010 年	677	38	356	10	822	8	22	0	0
2011 年	280	74	380	96	2 836	0	0	0	0
2012 年	645	28	172	40	1 148	0	0	0	0
2013 年	142	7	73	35	1 413	0	0	2	227
2014 年	0	0	0	24	1 221	0	0	2	58
合计	1 744	360	2 783	209	7 987	8	22	4	285

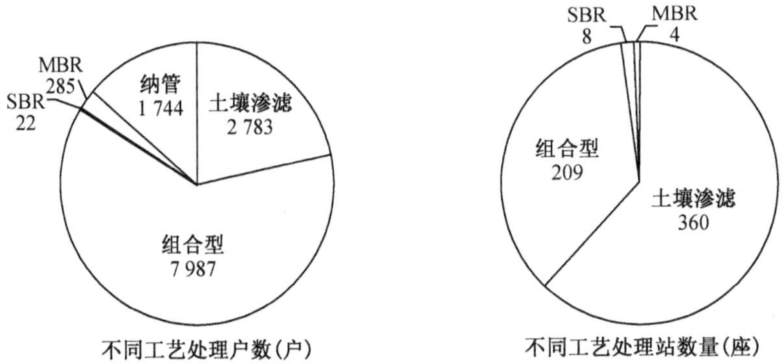

图 2　不同处理工艺受益户数与站数构成图

由此可知，早期的建设以土壤渗滤工艺为主，近几年重心逐渐转移到组合型工艺（生物滤池＋人工湿地）。综合来说，无论是工艺处理站数，还是工艺处理户数，2008—2014 年金山区的污水处理方式都主要侧重于组合型工艺（生物滤池＋人工湿地）。

2　主要工艺特点

结合金山区当地农村自然条件、经济条件与人口规模等因素，因地制宜，采取集中收集与分散处理相结合的策略，根据“投资成本低、操作简单、管理方便、处理效果好、运行成本低”的原则，金山区农村生活污水现有处理工艺主要选用了土壤渗滤工艺、组合工艺（生物滤池＋人工湿地）、SBR 工艺和 MBR 工艺四种工艺。

2.1　土壤渗滤工艺

土壤渗滤工艺是将污水以一定流速均匀分配到具有特殊设计结构且扩散性能好的土层中，污水经土壤渗滤作用向周围扩散且达到排放要求的一种污水处理方式，属于污水自然净化系统的一种。其具有土建成本低、运行成本低、管理操作方便等优点，但其占地面积大，运行维护不便，具有一定局限性。经过土壤渗滤场处理，COD、BOD_5、氨氮、磷等污染物得到降解，污水中的 COD 去除率可达到 90%以上，BOD_5去除率可达到 80%左右，氨氮去除率可达到 95%左右，磷去除率可达到 90%以上[8]。

2.2 组合工艺(生物滤池+人工湿地)

新型生物滤池反应器采用特殊的组合式结构，内填特定的生物滤料，污水首先进入新型生物滤池反应器进行第一阶段污水处理，人工湿地作为第二阶段污水处理技术，可以有效地强化脱氮除磷功能，提高出水水质。该组合工艺能够解决传统生物滤池易堵塞的问题，具有处理过程稳定、处理效率高、结构简单、投资成本低、运行成本低、操作管理方便和占地小等优点，适用于日水量较小、水质水量日变化较大的小规模污水处理[9-10]。

2.3 SBR 工艺

一体化微动力分散型生活污水处理设备在现有序批式生物反应器工艺和生物曝气滤池工艺的基础上，结合反硝化技术，加上特殊的化学除磷技术，对生活污水进行高效脱氮除磷，最终完成达标排放。集水井中设有提升泵，污水经提升泵提升后进入后续 SBR 处理系统，并在集水井前端设粗格栅，用来拦截水中较大的悬浮物，防止堵塞提升泵及后续设备[11]。

2.4 MBR 工艺

MBR 膜生物反应器是将膜分离技术与生物处理单元相结合的水处理新技术[11-12]。利用膜的高效分离作用代替传统活性污泥法工艺中的二沉池，省却了剩余污泥的回流。其具有处理能力高，工艺美观，臭味少的优点[12]。

四种工艺流程图见图 3。

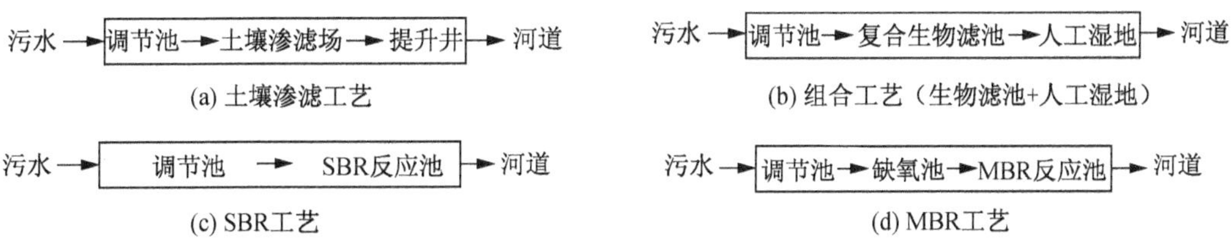

图 3 四种工艺流程图

3 工艺评价模型的建立

3.1 多目标综合评价模型

针对传统污水处理评价模型的缺陷，多目标综合评价方法首先通过构造评价工艺集和评价指标集，建立评价指标的决策特征矩阵，其次对指标进行归一化处理并转化为相对隶属度函数，进而确定各个指标的权重值，最后综合评价矩阵函数判别工艺的优劣性。

假设待评工艺为 i 个，每个工艺有 j 个评价指标，每个评价指标有 t 组数据，则待评工艺集可表示为 $A=(A_1,A_2,\cdots,A_i)$，每组评价指标可表示为 $X=(X_{1i},X_{2i},\cdots,X_{ti})$，则所有评价指标的平均值则表示为$\overline{X}=(\overline{X_1},\overline{X_2},\cdots,\overline{X_j})$，$i$ 个工艺对 j 个评价指标的决策特征矩阵可

表示为

$$M=(X_{ji}),(i=1,2,\cdots,m)(j=1,2,\cdots,n) \tag{1}$$

对式(1)进行归一化处理，将各评价指标转化为相对隶属度，相对隶属度越大，表明此工艺越优。相对隶属度按下式计算

$$K_{ji}=\frac{X_{ji}-X_{ji}^{\min}}{X_{ji}^{\max}-X_{ji}^{\min}} \tag{2}$$

式中，K_{ji} 为工艺 i 第 j 个评价指标的相对隶属度；$X_{ji}^{\max}$，$X_{ji}^{\min}$ 分别为工艺 i 第 j 个评价指标相对隶属度的最大值和最小值。

熵是对各评价指标所包含信息量无序度的一种度量。采用熵权法来确定评价指标的权重时，熵值越大表明该指标所包含信息量越小，权重就越小；反之，熵值越小表明该指标所包含信息量越大，权重就越大。通过熵权法确定评价指标的权重能够消除人的主观性影响，使评价结果更为客观可靠。定义工艺 i 第 j 个评价指标的熵为

$$H_j=k\sum_{i=1}^{n}f_{ji}\ln f_{ji},(j=1,2,\cdots,n),0\leqslant H_j\leqslant 1 \tag{3}$$

式中，$f_{ji}=\dfrac{K_{ji}}{\sum\limits_{i=1}^{n}K_{ji}}$，当 $f_{ji}=0$ 时，$f_{ji}\ln f_{ji}=0$，$k=\dfrac{-1}{\ln n}$。

则第 j 个评价指标的权重为

$$\omega_j=\frac{1-H_j}{n-\sum\limits_{j=1}^{n}H_j} \tag{4}$$

权重是表示评价指标在评价工艺体系中所占的重要性程度，一般区间值在[0,1]之间，各个指标的权重和为 1。

通过对各个评价因子权重的确定，建立综合评价矩阵函数 B。

$$B=\omega_j\cdot K_{ji}=\omega_j\begin{bmatrix}K_{11} & K_{12} & \cdots & K_{1i}\\ K_{21} & K_{22} & \cdots & K_{2i}\\ \vdots & \vdots & \vdots & \vdots\\ K_{j1} & K_{j2} & \cdots & K_{ji}\end{bmatrix} \tag{5}$$

每个工艺的隶属度值 K_{ji} 与对应权重 ω_j 的乘积便为该指标的综合评价值。以此类推求得工艺最终评价值，分值越高，则工艺越优越。

3.2 四种工艺污水处理效果评价

根据各处理站基本社会功能和环境工程的要求，采用多目标综合评价模型对现有运行使用的四种污水处理工艺的优劣性进行评价。

定义待评工艺集为 $A=(A_1,A_2,A_3,A_4)$，其中 A_1 为土壤渗滤工艺，A_2 为组合工艺（生物滤池＋人工湿地），A_3 为 SBR 工艺，A_4 为 MBR 工艺。每种工艺共分为 4 个一级指标和

10个二级指标，每组二级指标共有2008—2014年间七组数据，则各二级评价指标七年间的平均值表示为$\overline{X}=(\overline{X_1},\overline{X_2},\overline{X_3},\overline{X_4},\overline{X_5},\overline{X_6},\overline{X_7})$。具体指标划分及指标平均值见表2。

表2 评价指标划分及指标平均值$\overline{X}$

序号	一级指标	二级指标	工艺A_1 土壤渗滤工艺	工艺A_2 组合工艺	工艺A_3 SBR工艺	工艺A_4 MBR工艺	备注
1	经济效益	吨建设投资(万元)	1.99	1.71	0.86	1.09	投资/运行成本越低者得分越高
2		吨运行成本(元/t)	0.3	0.2	0.22	0.52	
3		耗材更换投资(元/户)	475	396	428	594	
4	建设实施	占地面积(m^2/t)	20	6	2	1.6	占地越小者得分越高
5		施工难易(系数)	0.6	0.4	0.55	0.78	施工越简单者得分越高
6	运行效果	功能完整性(系数)	0.5	0.8	0	1	全部正常运行者得满分
7		水质达标率(%)	89.2	88.4	0	91.5	达标率高者得分越高
8		环境卫生(系数)	1	0.8	0	1	臭味越小者得分越高
9	养护管理	产泥量(系数)	0.8	0.6	0.48	0.73	产泥量越少者得分越高
10		自动化(系数)	0.2	0.6	0.5	0.9	自动化程度越高者得分越高

根据改进后的多目标综合评价模型理论，首先对二级指标进行相对隶属度和权重的计算，计算综合评价值，以此类推再对一级指标计算综合评价值，最后计算出综合得分评判工艺的优劣性。根据式(2)和式(4)，计算出各评价指标的相对隶属度和权重值，见表3。

表3 各评价指标相对隶属度及权重值

序号	一级指标	二级指标	二级指标相对隶属度				二级指标权重
			土壤渗滤工艺	组合工艺	SBR工艺	MBR工艺	
1	经济效益	户均投资	1	0.882	0.914	0.757	0.3
2		运行成本	1	0.677	0.593	0.691	0.5
3		耗材更换投资	0.985	1	0.982	0.987	0.2
4	建设实施	占地	0.804	0.775	1	0.683	0.5
5		施工难易	0.368	1	1	0.717	0.5
6	运行效果	水质达标率	0.722	0.956	0.639	1	0.6
7		环境卫生	0.607	0.607	1	0.607	0.2
8		功能完整性	0.854	0.827	1	0.937	0.2
9	养护管理	产泥量	0.574	0.368	1	0.013	0.6
10		自动化	0.368	1	0.368	0.368	0.4

以土壤渗滤工艺为例，一级指标“经济效益”对应“户均投资、运行成本、耗材更换投资”三个二级指标。据表2由式(5)计算出的二级指标综合评价值见表4，以此类推计算出一级指标权重和最终得分。

表4　各指标评价值及综合得分

序号	一级指标	一级指标权重	二级指标层	工艺 A_1 土壤渗滤工艺	工艺 A_2 组合工艺	工艺 A_3 SBR工艺	工艺 A_4 MBR工艺
1	经济效益	0.3	户均投资	1	4	2	5
2			运行成本	3	5	4	2
3			耗材更换投资	3	4	5	2
4	建设实施	0.1	占地	1	3	4	5
5			施工难易	3	2	5	4
6	运行效果	0.4	水质达标率	5	5	0	5
7			环境卫生	5	4	0	5
8			功能完整性	2	4	0	4
9	养护管理	0.2	产泥量	5	4	1	4
10			自动化	2	2	2	4
综合得分				3.44	4.08	1.81	4.04

根据评分结果，得分最高的为组合工艺(4.08分)，其次为MBR工艺(4.04分)。目前，金山区污水处理工艺主要采用组合型工艺(生物滤池＋人工湿地)和土壤渗滤工艺。在实际运行使用过程中，部分工艺的缺陷逐渐暴露，新旧工艺应更迭替换，以适应时代的需求。因此，金山区从2008年新农村试点项目开始采用的土壤渗滤工艺一直应用到2013年，2014年起已停止选用；从2009年开始使用组合工艺(生物滤池＋人工湿地)；从2013年开始试点使用MBR工艺。运行实践表明，组合工艺和MBR工艺这两种工艺出水水质比较稳定，出现的问题较少，与实际运行使用情况相符合，因此对于金山区现有运行使用的四种污水处理工艺，多目标综合评价的方法是科学合理的。

4　结语

通过对上海市金山区2008—2014年间农村生活污水处理工艺的调查和数据分析，总结了现有四种污水处理工艺的分布特征及各工艺的特点。被调查年份区间的污水处理站，使用的工艺以组合型工艺(生物滤池＋人工湿地)和土壤渗滤工艺为主。

采用多目标综合评价模型方法对四种污水处理工艺的优劣性进行评价，通过建立污水处理工艺评价指标和评价模型，计算指标权重和单项指标综合评价值，最后计算各工艺最终得分，通过分值高低对现有运行使用的四种污水处理工艺进行评价。结果表明，组合工艺和MBR工艺得分最高，污水处理效果较优。

参考文献

[1] 卢璟莉,肖运来.我国农村生活污水处理及利用分析[J].湖北农业科学,2009,48(9):2289-2291.

[2] 孙兴旺,马友华,王桂苓,等.中国重点流域农村生活污水处理现状及其技术研究[J].中国农学通报,2010,26(18):384-388.

[3] 苏东辉,郑正,王勇,等.农村生活污水处理技术探讨[J].环境科学与技术,2005,28(1):79-81.

[4] Agnieszka Renman, Lars D. Hylander, Gunno Renman. Transformation and removal of nitrogen in reactive bed filter materials designed for on-site wastewater treatment[J]. Ecological Engineering, 2008,34(3):207-214.

[5] 王宾,于法稳.饮水安全与环境卫生可持续管理[M].北京:社会科学文献出版社,2016.

[6] 董传强,成官文,吴琼芳,等.基于模糊综合评价的贵州省县级城镇污水处理厂主要工艺评价[J].桂林理工大学学报,2014,34(1):107-111.

[7] 徐冉,迟成龙,陈书怡.污水处理工艺的技术经济综合评价方法[J].同济大学学报(自然科学版),2013,41(6):869-874.

[8] 高丹,王勇,郭宝东.地下土壤渗滤系统处理农村生活污水研究进展[J].北京水务,2013(z1):63-65.

[9] Lena J. W. Substrates for phosphorus removal-potential benefits for on-site wastewater treatment[J]. Water Research,2006,40(1):23-36.

[10] 张孝中,黄新,荆肇乾,等.复合滤池-人工湿地组合工艺对城市高污染水的处理[J].南京林业大学学报(自然科学版),2012,36(4):89-91.

[11] 周辉,王国忠,张肇成,等.SBR污水处理工艺在煤化工中的应用分析[J].化肥工业,2014,41(5):36-38.

[12] 何安吉,黄勇.农村生活污水处理技术研究进展及改进设想[J].环境科技,2010,23(3):68-71.

农村生活污水处理系统成效分析与评价

刘惠新

（上海市青浦区河道水闸管理所，上海 201799）

摘　要：通过调查农村生活污水处理系统运行的现状，以问题为导向，提出解决问题的方法。通过水质监测、现场调研等手段，研究农污系统修复后的运行情况，进一步探索农污系统的改造方案和管护措施。

关键词：农村生活污水；调查；修复；对策

自2007年以来，按照上海市建交委、财政局、水务局等部门发布的《农村生活污水处理指南》要求，为了改善区域生态环境，青浦区境内相继实施了农村生活污水处理工程，项目取得了很大成效，获得了良好的社会效益。但经过一段时间运行后，我们发现了一些问题，需要分析研究并做修复处理。本文总结了2014年对朱家角镇的调查情况及2015年金泽镇完成的改造大修情况（截至2017年8月，金泽镇大修已经完工验收），经过了一段时间运行后，有针对性的改造方案被证明是成功的，可为今后该项工作的建设特别是运行管理维护积累更多的经验。

1　农村生活污水运行现状

2014年7—10月，青浦区河道水闸管理所会同水务所、镇农污养护队伍组成调查小组，深入金泽、练塘、朱家角等青西三镇的农村生活污水处理受益村，对212座2013年12月前交付运行的农污处理设施开展系统的运行养护和现场调查，调查了入户、管网、处理站三大环节设施，对发现的运行养护问题做进一步归纳分析。

1.1　调查总体概况

212座农污处理系统（统计数据为2013年底），主要涉及复合工艺（生物滤池＋人工湿地）、土壤渗滤、接触氧化（基本被淘汰）。根据村民反映和现场调查，发现79座有问题。经进一步梳理，入户、管网和处理站三个环节中发现问题的分别为46座、50座和63座，三个环节均发现问题的有28座，见图1。

1.2　调查分析

从问题突出的农污处理系统调查结果来看，处理站问题比较突出（占比为80%）。作为水质处理的核心环节，处理站对整个农污系统影响较大。农村生活污水处理系统受人口规模影响较大，因此本文对朱家角、金泽、练塘等三镇的人口做了详细调查，具体情况见表1。

作者简介：刘惠新（1970—　），男，工程师，本科，从事水利管理工作。E-mail：qphzssgp@sina.com。

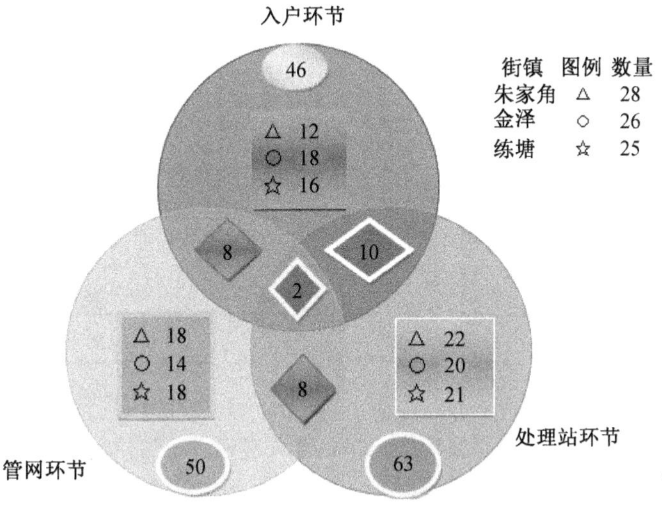

图 1　青浦区农污处理系统问题分析图

表 1　青西三镇外来人口统计(2014 年数据)

分类	本地人口(人)	外来人口(人)	总人口(人)	外来人口比重(%)
朱家角	59 759	49 038	108 797	45.07
金泽	62 929	20 589	83 518	24.65
练塘	54 656	24 047	78 703	30.55

青浦区朱家角镇外来人口较多(据统计 2014 年约为 4.9 万人),外来人口比重较大(45%),租房人口比重较大,加上不同地区生活习惯有异,造成朱家角地区农污处理系统问题比较突出,具有很强的代表性。由于水质达标是农污系统处理的目的,因此水质处理是农污系统运行的核心环节。笔者总结的朱家角 28 座农污处理站的问题如下。

1.2.1　处理站人为破坏严重

有 4 座处理站破坏较为严重。究其原因,农污处理系统建设时未完成确权划界,与农村用地纠葛不清;另外,在广大农村村民认为农污系统可有可无(反正可以排到河里)。总体上对农污处理系统保护意识淡薄,破坏现象屡见不鲜,导致农污系统无法正常运行,具体情况见表 2。

表 2　青浦区有人为原因问题的农污处理站名单

序号	系统名称	所属行政村	所属自然村	问题	审批年度
1	北安庄 6 号	安庄村	北安庄	集水池被填	2008 年项目
2	李家埭 2 号	李庄村	李家埭	排水井被填	2010 年项目
3	青来	先锋村	青来	排水垄沟被填	2010 年项目
4	邱家湾	李庄村	邱家湾	周边违章搭建	2010 年项目

1.2.2　处理站地基不结实

有 5 座处理站地基不结实,导致建筑物如池壁等出现裂缝、倾斜、坍塌等现象,具体情况见表 3。

表 3　青浦区有地基原因问题的农污处理站名单

序号	系统名称	所属行政村	所属自然村	问题	审批年度
1	新泾 2 号	王金村	新泾	湿地倾斜崩塌	2009 年项目
2	白米湾	万隆村	白米湾	散水坡碎裂	2010 年项目
3	车路 3 号	安庄村	车路	湿地池壁裂缝	2008 年项目
4	长娄	先锋村	长娄	一面池壁倾斜	2010 年项目
5	诸庄	先锋村	诸庄	一面池壁沉降	2010 年项目

1.2.3　处理站湿地冒溢

12 座处理系统人工湿地渗滤池堵塞，其中涉及复合工艺的有 3 座，土壤渗滤的有 9 座。究其原因，一方面人工湿地内部滤料和覆土比例不合格（例如东浜污水处理站根据设计要求滤料 70 cm 覆土 30 cm，养护单位发现实际滤料 30 cm 覆土 70 cm）；另一方面朱家角地区小饭店较多，入户环节设置隔油井较少，集水池内漂浮物和油污较多，对活性炭损坏较大，已经失去过滤功能。

1.2.4　处理站出水口排水不畅

12 座处理系统的处理站排水不畅。现场勘察发现，处理站地势低或排水口设置在垄沟、藕塘等处，造成倒灌水。究其原因，建设时未与村委、村民协调到位，只允许建设在地质条件较差的地方；另外，施工未按照设计要求的高程来做，造成倒灌水问题比较严重。

1.3　原因分析

对朱家角农村生活污水处理系统调查的结果进行分析，发现原因有二：一是建设的质量问题以及年久未更换填料（6～8 a 要更换一次填料，农村生活污水工程从 2007 年开始建造），造成农村生活污水处理系统运行不正常；二是农村饭店、村民习惯、设施破坏、外来人口增多，导致污水系统不堪重荷，无法正常运行。

鉴于此，对于建设遗留问题以及超负荷运转引起的污水处理失效，应实施农村生活污水大修和改造工作。对于人为破坏现象，需要制定法规和加强宣传保护。对更换填料，应增加养护投入，以确保系统正常运行。

2　农村生活污水系统改造和大修

笔者以目前已经完成农污系统改造和大修并经过半年多运行考验的金泽镇为例，来说明农污系统改造和大修情况。

2.1　工程概况

金泽镇 2015 年农村生活污水处理系统大修计划中共有 9 座处理系统（主要针对 2007—2010 年建设项目中存在运行问题的污水处理系统），根据不同的处理工艺，采取有针对性的修复措施。金泽镇农污处理系统大修计划名单见表 4。

2.2　问题分析

调查中发现，土壤渗滤工艺湿地填料只有黄沙和泥土，运行一段时间后系统全部堵塞，导致湿地冒溢。复合工艺选取的人工湿地地势低洼，容易形成积水和倒灌水。位于西岑村的荷花池处理站因为无沉淀池，将细小垃圾混入人工湿地，造成湿地内堵塞。

表 4　金泽镇农污处理系统大修计划名单

序号	行政村	处理系统名称	审批年份	污水处理工艺	存在问题
1	新港村	南尤处理站	2009 年	复合工艺	湿地倒灌
2		杜赖处理站		复合工艺	湿地冒溢
3	育田村	育田 1 号处理站	2008 年	土壤渗滤工艺	湿地冒溢(无滤料碎石)
4		育田 2 号处理站		土壤渗滤工艺	湿地冒溢(无滤料碎石)
5		小坪 1 号处理站		土壤渗滤工艺	湿地冒溢(无滤料碎石)
6		小坪 2 号处理站		土壤渗滤工艺	湿地冒溢(无滤料碎石)
7	西岑村	荷花池处理站	2009 年	复合工艺	湿地内堵塞(无沉淀池)
8	杨湾村	潘家湾 1 号处理站	2008 年	土壤渗滤工艺	湿地冒溢
9		潘家湾 2 号处理站	2008 年	土壤渗滤工艺	湿地冒溢

2.3　工艺改造和维修

农村生活污水排放具有住宅分散、纳管难度高、排水量及水质指标波动性大的特点。污水处理方面存在着缺乏专业的环保工程技术人员、建设资金和运行维护资金短缺、土地资源(尤其是耕地)紧张等特点，应因地制宜、就近处理，选取一种成本节约、运维简单、处理效果好的污水处理系统，这是解决目前农村水污染的一种有效手段。

2.3.1　三种工艺对比

氧化桶工艺未经深层次处理直排地下，运行效果不佳，并且未能进行水质监测。目前，农村生活污水典型的处理工艺主要有三种，分别为复合工艺、土壤渗滤工艺和 A^2/O 工艺。三种工艺在工艺原理、建造模式、投资造价、运行费用、出水效果、占地面积、缺点等方面的对比见表 5。

表 5　农村生活污水典型处理工艺类别表

项目＼工艺	复合工艺	土壤渗滤工艺	A^2/O 工艺
工艺原理	填料过滤吸附，微生物分解，植物吸收三者协同作用，去除污染物	在地下较深处，建造过滤池，内部填充无机沙粒和碎石，地表覆土绿化，并开有通风孔。利用过滤作用和厌氧微生物作用，去除污染物	属于 A^2/O 接触氧化工艺的一种，在处理池内添加有悬浮塑料填料，填料上长有生物膜，利用生物膜上的微生物去除污染物，在沉淀池内增加化学除磷储药槽，强化去除磷
建造模式	土建池体	土建池体	一体化玻璃钢结构
投资造价	较低	较高	较高

（续表）

项目＼工艺	复合工艺	土壤渗滤工艺	A^2/O工艺
运行费用	不需要人工曝气，定期收割植物，清理杂草，清除杂物。0.3～0.5元/t	不需人工曝气，设备少，管理较为简单。0.2～0.4元/t	PLC程序自动控制设备的运行，配备远程监控系统，可实时在线监控系统运行。曝气风机为日本进口，功率低，运行费用为0.4～0.7元/t
出水效果	初期较为优良，能达到一级A标准，运行超过一定年限后，出水效果会降低	厌氧处理工艺，低浓度的污水出水指标最高能达到一级B，高浓度的效果难以保证	稳定在一级B水平
占地面积	按照国家规范，一般处理1t污水需要3～10 m^2 不等	占地面积大	占地面积小
缺点	若控制不好，容易滋生蚊蝇，滤床易堵塞，杂草泛滥，最终成为废弃荒地；活性炭更换成本高，适应于污水的深度处理，不适合作为污水的二级生物处理设施	挖深较深，施工有一定难度，厌氧处理效果不如好氧处理效果好；施工质量控制不好，容易造成对土壤及地下水的污染。此技术主要在美国地广人稀、环境容量大的乡村地区应用，不适合人口稠密、环境容量小的长江三角洲地区	吨水投资造价和运行成本略高于其他污水处理工艺

2.3.2 方案确定

从运行工况分析，土壤渗滤工艺运行状况较差，水质浑浊（潘家湾1号、2号处理站），不适宜在青浦地区推广（2010年后土壤渗滤工艺已停止再建）。从占地面积分析，A^2/O使用面积较小，符合农村对节约土地的需求。因此，对土壤渗滤工艺的维修采用了A^2/O工艺。对复合工艺的维修措施为置换滤料，提高人工湿地地基高程。

2.3.3 水质监测

在系统运行一个月，水质稳定后，2017年7月6日对9座处理站出水水质进行了检测。从结果看，9座处理站全部达到二级水质，6座处理站达到一级水质。小坪1号、2号处理站的水质指标中氨氮和总磷未达到一级水质，育田2号处理站的水质指标中氨氮未达到一级水质。表6数据来源于上海巨浪环保科技发展有限公司水质监测报告。

表6　2017年7月6日农污处理系统大修水质监测数据

分类	采样时间	水温(℃)	化学需氧量(mg/L)	五日生化需氧量(mg/L)	氨氮(mg/L)	总磷(mg/L)
南尤浜	11:02	12	16.5	1.8	0.117	0.114
杜赖	10:32	11.6	16	0.8	1.78	0.038
育田1号	11:02	16.2	14.2	2.3	0.739	0.219
育田2号	10:42	15.1	23.2	2.7	10.1	0.8

（续表）

分类	采样时间	水温(℃)	化学需氧量(mg/L)	五日生化需氧量(mg/L)	氨氮(mg/L)	总磷(mg/L)
小坪1号	11:22	15.8	57.9	7.4	18.1	1.65
小坪2号	10:32	16.1	35.1	10.4	21.2	1.99
荷花池	13:52	16.1	18.3	1.8	0.867	0.212
潘家湾1号	13:02	15.8	24.6	2.1	2.47	0.3
潘家湾2号	13:22	15.5	14.9	2.8	0.635	0.165
参考值(二级)		》12	100	30	25	3
参考值(一级)		》12	60	20	8	1

3 思考与对策

本次农村生活污水系统改造与大修，解决了工程质量与超负荷运转问题，但是，目前农村生活污水设施体量增大（2017年底统计数据为348座），滤料更换、标准化养护等资金缺口较大，人为破坏现象较为普遍，需建立具有政策导向、资金保障、管理规范的一整套常态机制。

3.1 依托政策导向，探索工作制度化

针对村委会责任心不强、村民破坏现象严重，政府应建立相应的法律规章，禁止农污系统的破坏行为。另外，加强对村委会及周边村民的宣传工作，提高对农污系统的保护意识。

3.2 修编管养定额，实施养护标准化

农村生活污水处理系统长效管理养护经费自2011年起按每户每年200元标准，近年来人工、规费、税率、物价等均发生较大变化，加上农村生活污水长效管理工作逐渐向规范化迈进，需要修编相应定额。

3.3 探索镇村分级管护，推进管理系统化

2010年起农村生活污水系统均由镇人民政府统一管理、组织维护、阶段考核，未形成分级管理体系（简称“镇管”模式）。针对生活污水处理系统不同环节的特点，提倡按镇、村分两级管理养护：处理站、主干管网在专业技术与日常维护上具有较高要求，宜由镇级管理部门委托的专业管护公司统一管理，可充分发挥其专业化优势，进而整体降低管理维护的成本；对于面广量大的支管网与入户管，涉及千家万户，易遭人为破坏，在管理上宜由村委会作为责任主体，可对村庄建设、矛盾处理等起到较好的协调作用。

浅谈嘉定区高效节水灌溉项目建设与推广

沈君婕[1],李　亮[2]

(1. 上海市嘉定区水利管理所,上海 201800;
2. 上海市嘉定区河道水闸管理所,上海 201800)

摘　要:为高效利用水资源,嘉定区深入贯彻中央"节水优先"的指导方针,大力普及推广高效节水灌溉技术,促进农业转型升级,根据2017年中央《政府工作报告》提出的"新增高效节水灌溉面积2 000万亩"的目标任务,立足本区特色,安排布署了2017年高效节水灌溉工程2个项目、共6 149亩。在实践过程中,针对有效施工期较短、成本效益的控制等问题,嘉定区提出了一系列建设性的解决对策与建议,促进高效节水灌溉项目在嘉定区进一步推广与实施。

关键词:农田水利;节水灌溉;建设管理

农田水利是保障国家粮食安全、促进农业现代化的重要基础,是实施乡村振兴战略的有力支撑,而高效节水灌溉则是农田水利工程建设的重要内容。嘉定区通过整合资金、整合项目,进一步加快高效节水灌溉项目建设,以"农林水联动"的方式推进建设,全面提高农业设施保障能力,努力构建水资源可持续利用和农业经济又好又快发展的双赢格局。

1　高效节水灌溉推进现状

1.1　建设背景

嘉定区位于上海西北部,其中心位置在东经121°15′、北纬31°23′。东与宝山、普陀两区接壤,西与江苏省昆山市毗连,南襟吴淞江,与闵行、长宁、青浦三区隔江相望,北依浏河,与江苏省太仓市为邻。全区总面积463.55 km^2,属北亚热带南缘,受冷暖空气交替影响和海洋湿润空气调节,气候温和湿润、四季分明,冬夏长。全区农户91 192户,耕地面积16.57万亩,基本农田16.44万亩。

1.2　历年高效节水灌溉项目建设情况

20世纪90年代,嘉定区就大力加强农业的基础设施建设,发展电力灌溉、推广菜田喷灌并在当时被水利部列入全国100个实施农村水利推广服务体系建设示范县之一。

2000—2009年,嘉定区相继建成经上海市财政局、水务局批准立项的四个现代农田水利园区(示范区)和高标准设施粮田、设施菜田的外围水利配套工程项目,累计投入资金3 918.47万元(不包括设施菜田资金),其中市财政扶持资金1 745.98万元。

嘉定区在节水灌溉建设领域一直秉承大力发展、精耕细作的态度。2015年起,嘉定区结

作者简介:沈君婕(1987—　),女,工程师,工科学士,从事水利水电工程工作。E-mail:janny11@qq.com。
李亮(1988—　),男,助工,学士,从事水利水电工程工作。E-mail:549630898@qq.com。

合新农村建设、美丽乡村、郊野公园等滚动实施两轮农林水三年行动计划，通过“工作项目化、项目目标化、目标责任化、责任考评化”，实现农业、林业和水利协调发展，建成“农田成方、绿树成荫、水系畅通、灌排高效”的农田设施，打造与上海国际大都市相匹配的都市现代农业。

嘉定区 2015—2016 年农田水利工程实施情况见表 1。

表 1 嘉定区 2015—2016 年农田水利工程实施情况

序号	项目名称	控制面积（亩）	灌区（个）	水泵（台）	装机功率（kW）	设计流量（m^3/h）	工程量(m)	
							衬砌明渠	管道
1	嘉定区 2015 年度徐行高水平粮田建设项目水利设施部分	3 254	7	11	165	8 514	51 272.3	17 116
2	嘉定区 2015 年度设施菜田建设项目水利设施部分	495	3	6	90	200	5 615	3 960.5
3	嘉定区 2015 年度小型农田水利工程	5 752	18	20	276	15 840	62 737	31 563
4	嘉定工业区 2016 年度高水平粮田建设水利设施配套工程	4 090	6	11	242	9 024.4	63 778	35 078
5	嘉定区徐行镇 2016 年度高水平粮田建设水利设施配套工程	1 208	2	4	60	3 600	18 050	15 044
6	嘉定区江桥镇 2016 年小型农田水利工程建设项目	600	1	2	44	1 512	8 605	8 070
7	嘉定区 2016 年小型农田水利工程建设项目	1 815	4	5	110	3 780	24 940	11 725
8	嘉定区华亭镇 2016 年都市现代农业示范项目农田水利配套工程	3 550	6	10	220	7 560	40 054	33 595
9	嘉定区外冈镇 2016 年都市现代农业示范项目农田水利配套工程	2 599	4	8	120	6 192	20 131	19 123

2 实践过程中存在的问题

2.1 与农林项目融合度不高

在前期设计、资金配置环节，与农业、林业融合度不够，造成道路、桥梁重复设计，资金未有效统筹利用；施工过程中，项目区重叠时，互相影响施工进度，未达到成片推进的集聚效益。

2.2 有效施工周期较短

以下四方面原因，导致建设周期延长，工程进度不紧凑：一是部分项目地块，由于土地流转、绿化搬迁及青苗补偿需协调，动工前的准备期较长；二是粮食种植、汛期防洪及持续高温天气，4 月开始工程进度放缓；三是年中农耕期间，大面积施工暂停；四是与农林水其他项目有重叠区域，需协调施工顺序。

2.3 与群众诉求不匹配

项目前期制定过程中，现场与村民沟通时对他们的需求没有摸透，村民在农田水利建设中有建桥修路需求，但由于迷信思想，有的村民对建设位置有意见、不配合；部分村民对门前屋后拆违不理解，对项目施工不支持，导致施工队进场后无法正常施工、延长施工周期、引起设计变更等，降低施工效率。

2.4 运维团队专业性不强

灌溉设施建成后，移交给镇村管理，但运维机制不健全，运行管理人员专业性不强，运行操作不规范，非正常使用损坏时有发生，维修养护经费增加；部分排灌设施失修老化，部分设施失管被盗。

3 采取的主要措施

根据 2017 年中央《政府工作报告》提出的“新增高效节水灌溉面积 2 000 万亩”的目标任务，嘉定区立足本区特色，部署了华亭镇 2016 年都市现代农业示范项目农田水利配套工程和嘉定区外冈镇 2016 年都市现代农业示范项目农田水利配套工程两项工程，作为 2017 年高效节水灌溉示范工程，共计建设面积 6 149 亩。在建设中，严格按照国家、市、区相关规定，管控立项审批、工程设计、工程施工、工程验收等关键环节，充分发挥高效节水灌溉项目的建设能效。

3.1 健全制度，加强统筹协调

2015 年 7 月，区水务局、区农委、区绿化市容局联合编制了《嘉定区农林水联动政策文件汇编》，制订了我区农林水联动的有关计划及项目实施办法，为高效、有序开展农林水项目提供了政策保障。

在区级层面，组织成立了协调推进工作小组，由分管区长任组长，区农委、区绿化市容局、区水务局、区发改委、区财政局、区规土局及各镇（街道）参加，办公室设在区水务局，统筹和协调农业、林业、水利之间工作，充分发挥联动效应。嘉定区农林水两轮三年行动实施工作已纳入区政府对相关部门及各镇（街道）的考核内容，通过分解任务，明确责任，确保项目落地、总目标全面实现，充分发挥基础设施的整体效益。

3.2 整合资金，充分利用各级资金

高效节水灌溉项目作为政府公共财政投入的重点领域，中央、市、区、镇各级确保资金到位。项目的资金支付，严格按照区财政拨付流程执行。根据合同条款及工程进度，每月由施工单位提出进度款申请，监理单位对工程量进行审核确认，由投资监理进行资金审核确定，并由区水务局行业监督，根据区财政项目资金拨付流程支付工程进度款。

投资监理对项目进行全过程的跟踪评估，制定合理指标，加强建设资金的使用管理和项目效益评估，发挥财政、审计等部门作用，采取联合检查、专项检查、随机抽查等方式，加强各关键环节的监督检查，对施工中的不规范操作流程限时整改，督促问题整改，确保安全高效

使用资金。

3.3 聚焦项目，把好设计审查关

项目前期申报、审批过程中，通过深入开展调研工作，充分摸清村民建设需求。除请专家审查之外，行业主管部门、农林业协动部门、工程管理和使用单位也积极参与，确保设计方案满足实际灌溉需求，确保道路、桥梁等设计不重叠，选取位置符合村民风俗、出行等习惯。经批准后的项目，如要变更必须履行相关手续，防止因变更导致的投资失控情况。

3.4 专人负责，严格招投标程序

招标环节由专人负责落实跟进。收到项目批复、经领导审核后，第一时间办理报建与招标上网手续，按程序委托招标代理公司，按照“公平、公正、公开”的原则，以一体化招标等公开招标方式，择优选择有资质、有经验的设计、施工、勘察、监理等单位，保证项目实施质量。

3.5 开展督导自查，加强行业监管

建设过程中，根据水利部的督导检查要求定期自查，从工程管理、质量安全、资金使用、社会效益、群众满意度等多方面，对照查找问题；严格执行水利部信息旬报与全国高效节水灌溉管理信息系统上报，推进项目管理信息化；节水项目实施纳入区政府对相关部门及各镇（街道）的考核内容，强化项目建设执行力。

3.6 加强宣传，推广节水灌溉新技术

通过采取现场交流学习的方式，组织设计单位及街镇技术人员到运行较好的节水项目区参观学习；向街镇灌溉管理养护单位发放了《2016 上海市农田水利报告》《上海市圩区泵站管护手册》，通过学习报告和手册，让各镇、村对本区域的节水灌溉项目心中有数；以嘉定马陆葡萄主题公园喷滴灌工程验收为契机，总结节水灌溉新技术，带动节水灌溉项目的推广实施。

3.7 完善机制，明确管养责任

按照“运行有机制、管理有主体、资金有保障、工程有效益”的要求，制定了《嘉定区农业基础设施维护项目管理办法（试行）》（嘉府办发〔2015〕30 号），健全机制，落实资金，不断探索形成适合本区特点的管护体制机制。

根据《2017 年上海市农业水价综合改革工作计划》（沪水务〔2017〕643 号）要求，嘉定区以推进农田灌溉设施长效管护机制建设的方式，实现对全区的农业用水总量控制。

建设前，建立统一建设标准。嘉定区农田水利设施主要由嘉定区水利管理所作为建设单位建设，在设计阶段，建设单位就要考虑到以后的长效管理工作，对泵房设计、泵站选型等工作统一标准，统一样式，以利于竣工后移交给街镇进行长期维护管理。

建设后，设立全区灌溉设施长效管理的行业指导部门。嘉定区水利管理所设施科负责全区灌溉排涝设施养护管理的行业指导与管理，规范指导街镇建立健全泵站长效管理养护机制，每个泵房养护规章上墙，设施定期维护，保障了灌溉泵站的良好使用。根据《嘉定区农业基础设施维护项目管理办法（试行）》（嘉府办发〔2015〕30 号），区农委、区水务局作为统筹、协调、监督农业基础设施维护工作的牵头部门，负责计划平衡、机制完善、监督考核等工作；区发改委、区财政局、区审计局等部门按照各自职责，对区级农业基础设施维护项目进行

管理和监督；各街镇是维护工作的责任主体，提出维护需求，根据相关行业维修养护标准、规范及定额，拟订项目实施计划，组织落实日常维护工作，确保基础设施维护正常。

4 结语

以科学发展观为统领，围绕上海农业发展纲要，进行高效节水灌溉工程建设，提升嘉定区粮田排灌设施的水平，为粮食生产提供更有力的设施保障，完善及提高粮田辅助设施，确保粮田设施配套、旱涝保收、稳定高产和高效生态，进一步提高灌溉保证率和灌溉效益，提高农田抗灾能力，确保农业丰收和农民增收，为精细化农业、都市现代化农业打下坚实基础。

参考文献

[1] 高占义. 中国的灌溉发展及其作用[J]. 水利经济，2006，24(1)：36－39.
[2] 付海波，武冬锟. 农田水利建设中节水灌溉技术的探讨[J]. 河南科技，2012(20)：42.
[3] 上海市嘉定区水务局. 嘉定区农林水两轮三年行动计划(2015—2020 年)[Z]. 2015.
[4] 上海市嘉定区人民政府办公室. 嘉定区农田水利工程建设指导意见(试行)[Z]. 2015.

上海市农田灌溉提水量测算方法研究

戴　婷

（上海市嘉定区水利管理所，上海 201800）

摘　要：本文分析了上海市农田灌溉系统和水质的特点，对现有的渠道、管道量水技术的特点和适应性进行了比较，筛选提出了适于本市不同类型灌区的提水量测量方法，并对现有测算技术进行了改进。特别针对上海市具有较大出水池而采用暗管输水的泵站，提出了基于体积法的测量方法，具有成本低、效率高的优势。上述成果可为上海市测定灌溉用水量，实施农业水价计量改革提供技术支撑。

关键词：平原灌区；量水技术；提水量测算

1　引言

农田灌溉水有效利用系数不仅是反映农村水利建设管理水平的一项重要综合指标，更是国家实行最严格水资源管理制度，确定水资源管理“三条红线”控制目标的关键指标之一。准确把握灌溉水利用系数的现状和趋势，对客观反映灌区工程状况、用水管理水平、灌溉技术水平，有效指导我市农田水利工程的规划设计，合理评估农业节水潜力，促进区域水资源优化配置等具有重要意义。

上海背靠长江，境内又有黄浦江、苏州河，降雨量与过境水资源丰富。但上海面积小而人口众多，其人均水资源量只有 201.2 m^3，远低于全国平均水平。嘉定区工商业发达，工业、商业、生活用水数量大，农业可用水资源相对偏低。由于污染问题，上海被认为是典型的水质型缺水城市，供需矛盾突出已成为经济社会可持续发展的关键制约因素。农业作为用水大户，掌握其用水数量和利用效率，对加快建设资源节约型、环境友好型社会，实现经济发展与人口、资源、环境相协调，具有重要现实意义。

2　测试方法

灌溉用水有效利用系数是指进入农田计划湿润层的有效水量与灌区取水量的比值。二者之间的差值即渗漏水量，与渠道渗漏、渠道滞留、农田深层渗漏有关。在自然条件方面，主要受水源类型、土壤和作物组成影响；从技术角度来说，重点因素还是渠道衬砌情况以及建筑物的配套使用情况，还有灌区真正使用的管理技术情况和真正进行灌溉时操作者的自我偏好；从经济方面讲，受制于经济发展水平、节水灌溉投入和水价高低等方面。采用首尾法测定灌溉水利用系数，忽略了中间环节的损耗因素。

2.1　净灌溉用水量观测方法

样点灌区净灌溉水量主要通过现场直接量测法进行测量。

作者简介：戴婷（1987—　），女，助理工程师，学士学位，从事农田水利工作。E-mail：254136316@qq.com。

2.1.1　旱作物净灌溉水量的测定

对旱作物的净灌溉水量进行确定时，一般会选用直接量测法进行。净灌水的定额即有效水量，有效水量是指农作物进行正常发育生长时所必需的水量，从旱作物角度而言，上海重点考虑蔬菜和大田作物，测定其作物需水量，还要测定叶面和棵间蒸发的水量。本研究将灌溉 1 d 后计划湿润层增加的水量作为有效水量，通过测定灌水前后土壤含水量的变化，采用下式确定某时段内该作物的净灌水定额。

$$m = 666.7 \times \sum_{i=1}^{n} \gamma_i \cdot (\theta_{ei} - \theta_{si}) \cdot h_i$$

式中：m——净灌水定额，m^3/亩；

n——计划湿润层内取土的层数；

γ_i——第 i 层土壤的干容重，g/cm^3；

θ_{ei}，θ_{si}——第 i 层土壤在灌水结束后和灌水前的土壤含水率（占干土重的百分数），%；

h_i——第 i 层土壤的深度，m。

灌区净灌溉水量 W 为

$$W = \sum_{i=1}^{k} A_i \cdot \sum_{n=1}^{N} m_{ni}$$

式中：W——灌区的净灌溉水量，m^3/亩；

A_i——统计时段内灌区第 i 种作物的灌溉面积，亩；

m_{ni}——统计期内第 i 种作物某次灌溉的灌水定额，m^3/亩；

N——统计期内第 i 种作物的灌水次数；

k——灌区种植的旱作物种类。

土壤含水量的变化情况，采用中子仪来测定。

2.1.2　水田净灌溉水量的测定

本次测定水田和茭白的净灌溉水量采用了直接量测法进行测定。

以往对水田净灌溉水量进行相关测定时，一般会选择水位变化法。如果是节水灌溉后的稻作区，传统的方法在进行测定时会不够精准，但如果采用旱作物测量方法，又会有工作量较大同时预期湿润层难以确定，使得测定结果出现很大偏差，因此要改善目前的水稻灌水量测定法。

灌水期间的渗漏水量测试方法如下。

在无水层条件下，灌入格田的水量 H 分为 2 个部分，分别为储存于田面的水层深度 H_1 和灌水期间入渗到土壤的水量 H_2，即

$$H = H_1 + H_2$$

（1）H_1测定法。

采用水位变化法测定（水田）。对每个田块进行测定时，要选择合理的位置，在灌水前就打入起固定作用的木桩或者砖块，上端不能高于或低于田面。灌水结束 20～30 min 后，以此木桩上端作为起点，测定水深，即为H_1。

(2) H_2测定法。

在田间进行测定时，找好试点后，将无底铁筒提前埋入地面，使其下缘至地面超过 20 cm 即可，注意桶上下一致，土壤接触部分没有缝隙，以免侧漏情况发生。为便于观测和操作，减少筒内微地形起伏对测试精度的影响，筒直径一般不小于 30 cm。

提前在筒内圆心位置将木桩打入，让上端距离地面H_a，该值大约是灌水深度的 2/3。为了让入渗点与大田水平，筒内土面保持平整，以免出现冲刷情况，灌溉前可以用塑料布或者土工布进行保护。

根据设计加水深度H_a和测筒内径D(直径)，计算需灌入的水量V_1置于容器内。快速地向筒内注水，使得水面与木桩上端水平。量取容器内剩余水量V_2，并根据测筒内径，计算实际加入测筒的水深H'_a。

$$H'_a = (V_1 - V_2)/(3.14 \times D^2/4)$$
$$\Delta h_1 = H'_a - H_a$$

式中：H'_a——实际加入测筒的水深，cm；

V_1，V_2——测试过程中灌入水量及剩余水量，cm^3；

D——测桶内径，cm；

Δh_1——加水期间的入渗水深，cm。

灌水结束 20 min 后，测定筒内水位与木桩顶端的差值Δh_2，则灌水过程中的入渗水量

$$H_2 = \Delta h_1 + \Delta h_2$$

净灌溉定额为测定时段内各次净灌水定额之和。则水田灌区净灌溉水量W为

$$W = \sum_{i=1}^{M}\sum_{j=1}^{N} A_i \cdot h_{ij}$$

式中：W——水田灌区的净灌溉水量，m^3/亩；

A_i——统计时段内灌区第i片水田的面积，亩；

M——灌区内水田的片数；

N——统计期内第i片水田的灌水次数；

h_{ij}——统计期内第i片水田某次灌溉的灌水定额，m^3/亩。

2.2 毛灌溉水量的确定方法

泵站的取水量就是灌区毛灌水的总量，表示全年中灌区从水源引用至耕地与非耕地灌溉的水量总数，其量值相等于水源地总量减去利用在工程保护、预防洪险等相关渠道弃水量与浇灌后的退水量。灌溉提水量就是利用在农田灌溉的毛总水量，由此可得：对于明渠输水的灌区，可采用旋桨式流速仪和超声波流速仪进行测量。

2.2.1 旋桨式流速仪

流速仪测流相对来说比较精确。根据现场调查，上海市大部分明渠输水灌区为混凝土渠道，断面规整、顺直，符合流速仪测流条件。

流速仪测流的缺点是工作量大，且一般只能测瞬时流速和流量，不便于连续观测。测试精度与进行测试的技术人员具备的水平有着重要的关系，较低的自动化程度使测试的工作

量增大。

(1) 流断面的选择。

流速仪测量流量结果精确,要求选择能够满足某一些条件的渠道才能进行测试;通常在断面设置两个辅助一个测流即可,辅助设置在渠道两侧,测流则设置在两个辅助之间靠中的位置。

(2) 测定流速。

测流速前应先定测线数目。测线数目应视渠道宽度而定,考虑上海市大部分斗农渠水深在 1 m 以下,口宽在 1~3 m 之间,故测定选用 3 条测线,每条测线上测定 3 个测点。垂线上的平均流速为

$$\overline{V}=0.25\times(V_{0.2}+2V_{0.6}+V_{0.8})$$

式中:$\overline{V}$——垂线上的平均流速,m/s;

$V_{0.2}$,$V_{0.6}$,$V_{0.8}$——分别为相应下标点位置对应深度的水流速度,m/s。

(3) 过水流量的计算。

因为在全断面时水流分布非常不均匀,所以测量流速时应当对应测量的面积,最后相乘才能得出流量。接近岸边的计算面积时使用三角形面积计算,其他地方的均按照梯形面积方式计算。

$$W=V_1f_1+V_2f_2+V_3f_3$$

式中:W——断面流量,m^3/s;

V_1,V_2,V_3——各垂线上的平均流速,m/s;

f_1,f_2,f_3——各断面面积,m^2。

流速仪的测定结果也可作为电量估算法的流量校核。

根据试验对比结果,流速仪的测试精度可控制在 4%以内(与电磁流量计对比),满足测流要求,见表 1。

表 1 流速仪测试精度

编号	流速仪流量(m^3/h)	电磁流量计(m^3/h)	相对误差(%)	备注
1	754.2	770.4	2.1	U 型渠
2	382.2	392.4	2.6	U 型渠
3	280.3	269.8	−3.9	U 型渠

注:① 采用旋桨式流速仪,室内模拟测试。

② 电磁流量计采用三角堰校核。渠道为 U 型混凝土渠道。

2.2.2 明渠超声波流速仪

明渠超声波流速仪测试原理如图 1 所示。在渠道两侧,在某一深度处,相对地斜向安装一对电声可逆的换能器,两者距离用 L 表示,水流在此深度层的平均速度用 v 表示,水流的方向和 AB 夹角角度是 θ,水流在 AB 方向的分速度为 v_1。明显 $v_1=v\cos\theta$,通常情况下,θ 可取 45°。

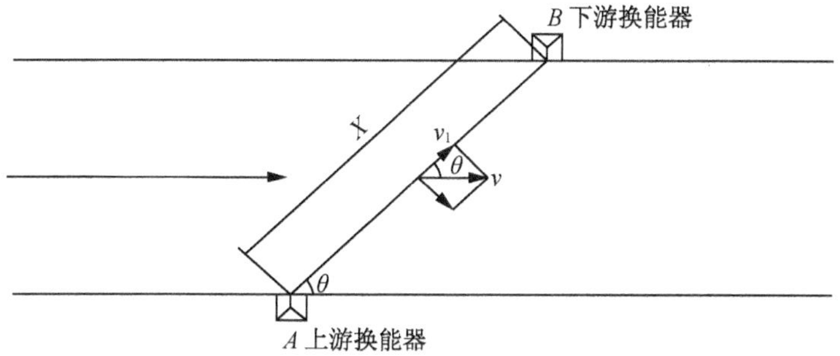

图 1　超声波时差法测流原理示意图

静水中超声波速度表示成 C。假如上游换能器 A 是发射器向渠道对侧发顺水流方向射超声波，此种情况时，超声波的速度为 $C+v_1$。经过时间 T_1 后，被下游换能器 B 的接收器所接收，此水流中超声波的传播历时为

$$T_1 = L/(C+v_1) = L/(C+v\cos\theta)$$

相反，假如 B 是发射器，A 是接收器，在水流速度相同的情况下，超声波速度应当为 $C-v_1$。其传播的历时 T_2 表示成

$$T_2 = L/(C-v_1) = L/(C-v\cos\theta)$$

故将上述两式整理，可得该深度水层的平均流速

$$v = (T_2 - T_1)/(T_1 \times T_2) \times L/(2 \times \cos\theta)$$

针对较大型的明渠，其水流速度纵横存在较大变化，能够采用多声道流量计算法对其进行测流。然而上海多数明渠属于断面，水深比较小，渠道相对规则，可使用单声道逐层测流计算方法，依据测出的水层水流平均流速，就能计算出断面水流的流量。

灌区利用管道输水，其中输水管道分为两种，一种是高压输水管道，一种为低压输水管道。测量方法主要是体积计算法、水表计算法等。

2.3　创新性测试方法的提出

针对上海市灌溉区存在较大出水池的灌溉管道，提出根据水位的脉动来修正水位流量的修正方法[3-5]。其根据的方法是基本的体积法，指单位时间里提水的量相等于出水池中的水量[6-8]。在出水池面积一定的情况下，水量与水深呈正比例关系，故只需测定单位时间内出水池水位的变化即可。

对于制定的水泵，水泵的流量和水池流水口是相互对应的。通过测定在设计水位时的水位下降速度，即可测定该状态下的流量，即水泵的设计流量。

准确迅速地测量出水池中水位的变化是此种方法的主要核心技术。研究以压力水位计为基础，制作了水位记录仪，并开发了相关软件，可监测泵站开机、关机过程中的出水池水位变化过程。通过数据滤波处理，得到时间-体积曲线，进而可求得泵站流量。

3　结果与讨论

经现场试验验证，上述体积法水位-流量测定法在实施中必须具备以下条件：

（1）出水池具有较大体积。在泵站开机的最初阶段，流量不够稳定，水位紊动较大，需要较长时间稳定。测量水位的变化，需要多种不同数值点，才能够精确描绘出水位的变化曲线，由此计算曲线的斜率，即流量。

（2）出水池深度较大。若水泵开机稳定后出水池水位较浅，会导致水面波动较大，不稳定波浪较高，因此造成水深测试结果误差较大。依据对现场的测量，如水深度超过了出水口的 0.6～1.0 m 时，水波动比较小，可以得出的精度值较高。

（3）管道的出水口如有淹没水出流。此泵站通常使用混流泵或者轴流泵，所以水流量非常大。而对于淹没出流形式，水位紊动较小，容易测定。

（4）泵站出水口设置拍门。需要在测试过程中关闭水泵，以测定不同设计水深时的出水池水位变化，故关机时，拍门必须迅速关闭，以减少管道回流，影响水深。

为减少出水池内水流紊动对水深测定的影响，本次实验中采用了消能措施，即将压力传感器置于有底 PVC 管内，PVC 管道侧壁 50 cm 和底部均进行钻孔，面积约占总面积的 15% 左右，以减少水位波动幅度。

为验证上述方法的有效性，2017 年在技术支撑单位河海大学的辅助下，选择嘉定区的和桥村白塘泵站灌区、安新村新建泵站以及崇明区的丕林站进行测试。水位-时间关系曲线见图 2。

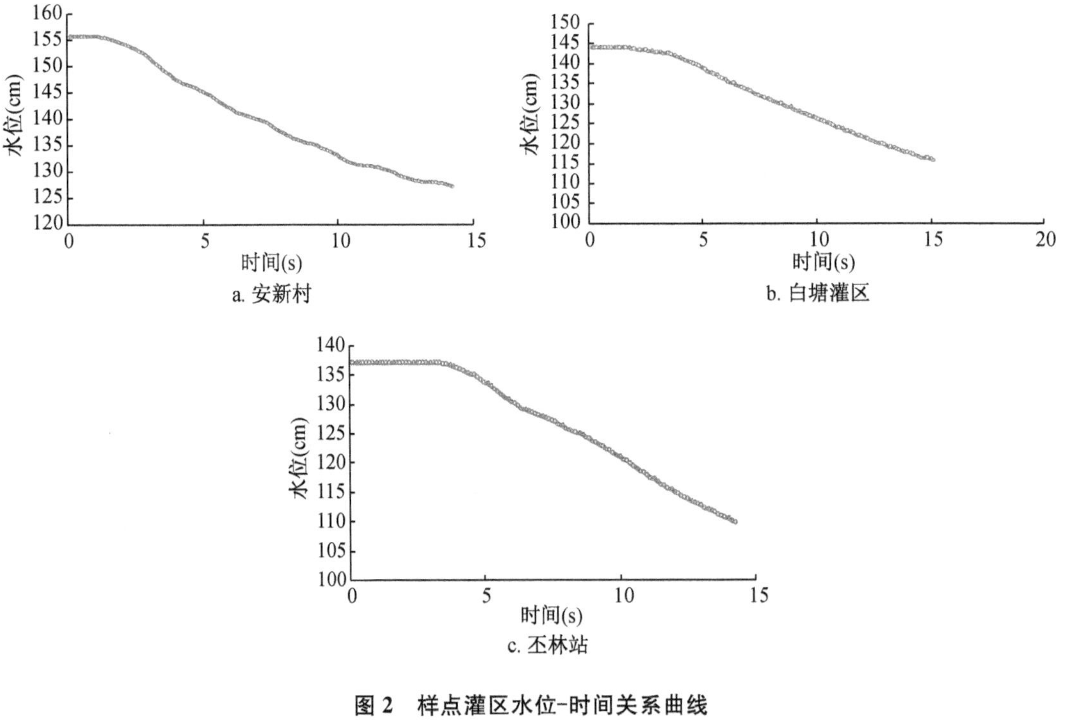

图 2　样点灌区水位-时间关系曲线

由于出水池连接暗管出口，无法直接在泵站出口采用旋桨式流速仪测定渠道或管道流速。为保证测试精度，测试时将出水池的控制闸门全开，处于正常运行状态。

可以看出，在关机后较短时间内，出水池的水位下降近乎直线，即泄水流量变化不大。考虑到水位的波动性和水位计测试误差，取最初 5 s 的平均值，亦可通过曲线拟合，得到 $t=0$

时的水位下降梯度，根据出水池面积，得到泵站的出水量，如表 2 所示。

表 2　水位-流速仪流量测试比较

灌区名称	出水池面积（m^2）	5 s 平均流速（m^3/s）	曲线斜率法（m^3/s）	相对误差（%）	铭牌流量（m^3/s）	单位电量提水量（m^3/度）
白塘灌区	10.77	0.267 2	0.265 3	0.72	0.251 3	81.2
安新村灌区	14.05	0.276 1	0.281 2	−1.81	0.251 3	75.4
丕林灌区	7.35	0.217 3	0.212 3	2.36	0.255 0	80.6

备注：误差计算以停机后 5 s 水位为准。

可以看出，采用水位变动法测定的数值，与水泵铭牌流量较为接近（上述泵站均为 2012—2013 年改建过的泵站），考虑实际扬程的变化，可以认为该测试法是可靠的。

依据现场做的测试，白塘泵站灌区电机配套功率标注为是 15 kW，真实输出功率是 11.6 kW。安新村泵站灌区电机配套标注功率是 15 kW，真实输出功率是 12.63 kW。根据以上能够计算得出，据此可以计算出，白塘泵站灌区每单位的电量提水量是 81.2 m^3；安新村泵站灌区每单位的电量提水量是 75.4 m^3；丕林灌区每单位的电量提水量是 80.6 m^3。

表 3　水位-流速仪流量与旋浆式流量计测试对比

灌区名称	测试时间	净扬程（m）	旋浆式流量计测定流量（m^3/s）	水位-流速仪测定流量（m^3/s）	相对误差（%）
白塘灌区	2017.6.5	1.8	0.262 1	0.265 3	1.2%
	2017.7.3	1.5	0.289 7	0.287 4	−0.8%
	2017.8.20	1.5	0.286 4	0.290 2	1.3%
安新村灌区	2017.6.5	1.4	0.278 1	0.281 2	1.1%
	2017.7.3	1.2	0.301 8	0.295 6	−2.1%
	2017.8.20	1.3	0.289 1	0.294 4	1.8%
丕林灌区	2017.6.5	2.0	0.211 9	0.212 3	0.2%
	2017.7.3	1.7	0.238 8	0.241 5	1.1%
	2017.8.20	1.4	0.269 8	0.263 5	−2.4%

如表 3 所示，经与流量测定中常用的螺旋式流量计测试结果比较，在不同灌溉泵站，不同净扬程下，水位-流速仪测试流量相对误差均控制在 3%以内，经 SPSS 软件差异分析，$P>0.05$，表明两种测试结果不存在显著差异，因此，水位-流速仪的流量测定结果是合理的，上述测试为电量法测算泵站提水量提供了依据。

参考文献

[1] 孙雪峰，杨志娟. 计算区域农田灌溉水有效利用系数的新方法[J]. 水科学与工程技术，2012(s1)：109－111.

[2] 李斌，万利军. 农田灌溉水有效利用系数研究[J]. 江苏水利，2015(10)：43-45.
[3] 李瑞林，韩学军. 上游站水位法在高道水文站流量测验整编中的应用[J]. 广东水利水电，2006(4)：53-54.
[4] 段泉圣，张毅. 一种水厂清水池水位的测量方法[J]. 现代电力，2000，17(2)：73-77.
[5] 罗雷，廖小红，黎昔春. 洞庭湖区城西垸排涝泵站出水池设计运行水位确定方法商榷[J]. 中国农村水利水电，2014(8)：189-192.
[6] 谢炳南. 清水池的双重调节[J]. 建筑技术通讯：给水排水，1982(5)：27-30.
[7] 顾群，郝晓弘，巨圆圆，等. 基于DTW—ILC算法的农业灌溉用水量调控方法[J]. 农业机械学报，2013，44(11)：117-120.
[8] 邢国平，李爽，周建芝，等. 基于日水量平衡模型的城市小区雨水池计算分析[J]. 水土保持通报，2013，33(2)：120-123.

青浦区西部三镇农村生活污水处理管理的几点思考

罗　静

（上海市青浦区水务局，上海 201700）

摘　要：文章简述了青浦区西部地区农村生活污水处理发展现状，分析了目前青西地区农村生活污水处理建设及管理中存在的问题，并在深化前期工作、引入市场化、强化考核监督等方面提出了建议。

关键词：农村生活污水；管理模式；解决对策

1　前言

青浦区青西农村地区水网密布，生活污水统一收集较城镇地区难度大、成本高，无法建设较大规模的现代化污水处理厂对污水进行集中处理。针对这些因素，2007 年以来的十年间，青浦区结合太湖流域水环境综合治理、环保三年行动计划、美丽乡村建设、村庄改造等工作，大力推进农村生活污水处理。目前，全区已安排实施 6.75 万户的农村生活污水处理，敷设管道约 185 km，覆盖率约 84%。其中，青西三镇安排实施 4.25 万户，覆盖率达到 94%，青中、青东安排实施约 1.8 万户，另结合农民中心村、大居民点等建设，配套约 0.7 万户，覆盖率达到 71%。青西建成污水处理站约 337 座，主要采用生物滤池-人工湿地、一体化膜法 A^2/O 和 MBR（膜生物反应器）等就地处理工艺。计划结合太湖流域综合治理和苏州河四期整治，2019 年实施完毕，实现保留村庄内农污处理覆盖率达到 100%，提前一年完成目标。

根据水污染防治行动计划相关要求，青浦区已启动现有 10 座城镇污水处理厂提标改造，按照准Ⅳ类水标准进行提标，其中青东 5 厂已建成通水，青西朱家角、练塘 2 厂 2018 年启动实施，其余 3 厂结合污水处理布局调整还在研究论证。上海市水务局于 2017 年 9 月颁布了新的出水水质标准，新标准对农村生活污水处理设施的出水水质提出了更高的要求。

2　问题剖析、难点

2.1　在建设工艺方面

总管线路定位落不到实处，设计线路时常要调整，有些管道只能敷设在渠道、沟系底部；处理池位置大都安排在低洼地或荡田等闲置土地中；接管难度大，空间小，少量化粪桶都难以落地，卫生间、厨房间之间的支管难以布置；部分污水管网走向不合理，坡降不足，窨井内污水经常向外溢出；农村各户居民虽然建有化粪池，但设施简陋，没有污水排放出路及处理设施，自流入附近河道（池塘），造成蚊蝇孳生，有的未入河道，污水四溢，臭气溢散，居住环境恶劣。

作者简介：罗静（1984—　），女，工程师，硕士研究生，从事水文、水利建设工作。E-mail：luoj_2007@126.com。

2.2 在运行维护方面

农村生活污水建设规模是根据建设时的常住人口计算设计的，并且根据居民生活方式及作息规律，污水的排放每天有峰谷变化。建成后，有部分村庄大量集聚外来人口，污水量激增，加大了污水处理压力；私自纳管现象严重。外来人员涌入，私自接管至窨井，粪便直接进入窨井，极易造成堵塞。有些村民私自将雨水接入污水管道中，一旦遭强降雨，地面雨水泄入污水管道，低处窨井容易冒溢；易遭破坏。农民建房，道路建设，甚至农民耕种搭棚等都可能导致污水管网受损；部分支管易堵塞。

2.3 在新要求方面

一是针对河道污染源问题，青东地区积极配合青浦区苏州河支流水环境综合整治，开展截断河道污染源，实现“到2020年消除劣Ⅴ类水体”的总目标。二是建设环境友好型、资源节约型社会主义新农村方面，青西三镇在不断加快推进新农村建设，要把淀山湖地区建设成生态优良、生活美好、生产清洁、宜居宜业的世界著名湖区。三是在出水水质新标准方面，2017年9月，市水务局出台了《上海市农村生活污水处理设施出水水质规定（试行）》（沪水务〔2017〕1077号），对比旧标准，新标准从原来的4项监测指标增加到7项，涵盖的领域变广，标准提高，因此对农村生活污水处理设施的出水水质提出了更严格的要求。

3 解决对策

3.1 项目建设方面主要做法

一是规划引领，编制完成《上海市太湖流域农村生活污水治理规划》《上海市青浦区青东地区农村生活污水治理规划》，明确了至2020年农村生活污水处理项目的实施范围、处理模式和工程规模，为有序推进项目建设奠定了规划基础。对于区域内剩余的1万户农村宅基生活污水，原则上纳入市政管网，对于距离较远的零星农户可实施分散处理，实现农村地区生活污水全收集、全处理。

二是深化前期工作，加深技术文本深度，充分做好技术方案比选。比如，涉及污水管道管材，干管与支管均采用HDPE双壁波纹管，接户管采用UPVC加筋管，倒虹吸采用PE直壁管；为防止污水倒灌，纳管项目应明确市政管网接入点的标高、管径与流量，同时在接入市政管网前设置提升泵站或其他防倒灌设施；管道不得铺设在农田中，可利用田间道路土路肩等地方布置。根据实事求是、因地制宜原则，有条件的地区就近接入市政污水管网，其他地区就地处理。青浦常用的工艺有3种，分别是复合滤池-活性生物滤床组合系统工艺、一体化膜法A^2/O和MBR（膜生物反应器）等就地处理工艺，科学测算设计污水处理量，并留有一定余量，确保满足处理需求。

三是规范程序，严格执行“项目法人制、招标投标制、建设监理制和合同管理制”。农村生活污水处理项目中，街镇是实施主体，一般来说当地政府明确的农业综合服务中心或城建公司是项目法人，在建设交易平台进行公开招投标，并聘请具有相应市政或水利资质的监理单位开展监理工作。同时，区水务质监站对项目开展日常安全质量监管和建材检测，并每月在区内通报安全质量情况。

四是资金保障，我区农村生活污水处理项目工程费用全部由市、区两级承担，前期政策处理费用由街镇承担(平均政策处理费用每户在150～200元),极大地减轻了镇级财政压力,确保了项目的有序推进。

3.2 长效管理方面主要做法

一是提供政策保障。2011年我区出台《青浦区农村生活污水处理系统管理养护实施办法》,建立了以街镇为实施主体,水务、农委、环保、财政为行业监管的组织体系,明确了管养标准和内容,确定了区财政定额补助(每年每户200元)、街镇托底的资金政策,通过政府购买服务的方式落实养护队伍,实现全覆盖管养,有效地保障了农村生活污水处理系统的正常运转。

二是引入市场机制。街镇通过政府采购平台择优选择具有一定实力的企业作为养护队伍,签订管理养护合同,约束企业管理养护行为。企业按照常规养护、巡查维护、电话报修等方式开展管理养护工作。

三是细化行业指导。在青浦区政府《实施意见》基础上,编制《青浦区农村生活污水处理系统管理养护工作手册》,进一步细化养护标准,规范工作内容和处置方式,指导养护队伍改进措施方法,提高维修养护水平,同时与众多院校、技术单位联合,定期对从业人员开展业务培训,组织市场化管养队伍开展管网疏通大会战。

四是加强考核监督。水务、农委、环保、财政联合对街镇管理养护工作开展考核,每月在每个镇抽取1～2个村作为检查区域,确保全年对投入运行的处理系统实现全覆盖检查,通过开具整改单和区内月度通报的形式,督促街镇做好管养工作。同时,通过向受益农户发放便民联系卡、公示监督投诉电话等方式,强化社会监督力度。

五是跟踪水质监测。开展全面摸底调查,已与财政协商安排部门预算,用于对已建成的处理站进行全面水质监测,每年度跟踪农污处理站进出水水质,做到全部处理站每三年监测一次,水质监测数据作为农污处理设施维修改造的重要依据。

4 结语

通过农村生活污水处理,农村地区面源污染得到有效治理,全区水质和人居环境整体呈现改善趋势,特别是青西地区基本保持在Ⅲ类水标准,环境基础在全市名列前茅。张马村、蔡浜村等先后被评为"上海市美丽乡村示范村",为青浦区建设全国文明城区、国家生态文明先行示范区、国家生态文明建设示范区、全国水生态文明城市,提升生态文明建设水平打下坚实的基础。

参考文献

[1] 杨凯,车越,洪宏.上海农村生活污水处理成效总体评估与系统管理探讨[M].上海:上海科学技术出版社,2011.

[2] 王金霞,张丽娟.农村生活污水分散处理设施的现状及影响因素研究[J].农业环境与发展,2011,28(6):65-70.

[3] 张苹,郝前进.农村生活污水治理技术方案的合理性评估——以上海和苏南地区为例[J].中国环保产业,2009(4):51-54.

[4] 刘惠新.青浦区农村生活污水管理模式的探讨[M].上海水务,2017(4):48-51.

关于上海市农村生活污水处理工艺的研究与思考

胡昕晔

（上海市水利管理处，上海 200002）

摘　要：本文通过对上海十年来农村生活污水处理的建设情况、处理模式、处理工艺等进行综合分析，提出了进一步提高完善农村生活污水处理工艺的思考和建议，为国内其他地区农村生活污水处理提供一定的借鉴。

关键词：生活污水；现状；工艺；对策

据《2016 上海农村统计年鉴》，上海有 2.3 万个自然村落，99.2 万户农户，260 万农业人口，每天产生农村生活污水 27.3 万 t。上海郊区农村生活用水来源主要为自来水、井水和河水，农村地区的洗浴、冲厕普遍使用自来水，但洗衣用水来源为自来水、井水和河水。农村生活污水在水量水质方面差异较大，主要呈现出分散排放、水量变化大、水质不稳定等特点。为进一步改善上海农村水环境面貌，结合新农村建设，自 2007 年起实施了农村生活污水处理工程，到 2017 年底全市农村生活污水处理率达到 56%。

1　生活污水处理建设现状及目标

1.1　建设现状

按照新农村建设的总体要求，上海市从 2007 年启动农村生活污水处理试点，截至 2017 年底累计完成农村生活污水收集处理 55.4 万余户，占全市总户数的 56%。目前，全市已建处理设施总体运行良好。经检测，出水水质中的 COD_{Cr}、BOD_5、氨氮、总磷等主要水质指标达到本市相关要求。农村生活污水的收集处理为改善农村地区水环境面貌，提升农村人居环境做出了积极贡献。

1.2　下阶段建设目标

2018 年，农村生活污水处理全市计划完成 10 万户目标。下一步，上海市将按照“十三五”规划和《上海市农村生活污水处理建设规划》的要求，结合崇明世界级生态岛建设、美丽乡村建设等，继续稳步推进农村生活污水的收集处理。

2　农村生活污水处理模式

上海市农村生活污水处理模式有纳入城镇污水处理系统（简称纳管处理）和就地处理两种。农村生活污水处理规划结合村庄改造、美丽乡村建设、经济薄弱村帮扶等工作，综合考虑村庄位置、村庄及周边污水设施现状、高程条件、水功能区划、水环境容量等因素，因地制

作者简介：胡昕晔（1988—　），女，工程师，学士，从事农村水利建设管理工作。E-mail：huxinyezhiyang@163.com。

宜选择处理模式。

2.1 纳入城镇污水处理系统模式

该模式适用于靠近城镇污水管网的村庄。区域内生活污水集中收集后，送入城镇污水处理厂集中处理。原则上距城镇污水管网 2～3 km 以内、符合高程接入要求的村庄污水按此模式处理。由于城镇污水处理厂相对运行规范、管理完善，而且污水处理的运行较为经济，污水处理的效果也更有保障，结合《水污染防治行动计划》提出有条件的地区积极推进城镇污水处理设施和服务向农村延伸，本规划考虑有条件的村庄（特别是水源保护区内的村庄）将优先考虑这种污水处理模式。

2.2 就地处理模式

该模式适用于农村生活污水无法接入城镇污水管网，需要自行建设污水处理设施，解决污水出路的一种治理模式。该模式按覆盖面大小不同可细分为联村型、联点型、联户型和单户型处理模式，各处理模式采用的处理工艺和处理设施规模等不尽相同。

2.2.1 联村型处理模式

该模式是指将两三个自然村污水集中收集后，就地建设污水处理设施的模式。该模式适应于距离城镇污水管网较远，或者接入城镇污水管网的村庄污水干管投资较大，或者高程上不适合污水提升的村庄。

2.2.2 联点型处理模式

该模式指在村内局部区域或几个居民点集中区域，统一实施污水处理设施的模式。联点型处理模式与联村型处理模式类似，但前者集中污水设施服务的范围相对较小，将连片或有条件一并处理的多个居民点的污水统一处理。

2.2.3 联户型处理模式

该模式指以多个农户为单位实施集中污水设施处理的模式。联户型处理模式相比于联点型处理模式，其集中设施的处理范围更小，仅限于几户的污水统一处理。这类模式通常适用于分布较为分散的农户间，污水处理设施以布局灵活、施工简单的小型一体化污水处理设备为主。

2.2.4 单户型处理模式

单户型处理模式是指以单个农户为单位单独处理污水的模式。由于单个农户的污水排放量很少，污水处理可以利用施工维护简单、投入少、简单易实施的处理设施。

3 农村生活污水处理工艺类型

为规范上海市农村生活污水处理工艺选取，保障处理系统工程质量与长效运行，上海市水务局于 2013 年组织制定了《上海市农村生活污水处理技术管理要求（暂行）》，推荐农村生活污水处理采用生物滤池、接触氧化、一体化膜法 A^2/O、MBR、人工湿地、土壤渗滤等六种处理工艺，其中前四种为生物型工艺，后两种为生态型工艺。

3.1 生物型工艺

3.1.1 生物滤池

工艺简介：农村生活污水经化粪池和格栅等预处理去除较大悬浮物后，进入生物滤池，通过滤料的截留以及填料表面生物膜的氧化作用净化污水。

适用范围：该工艺适用于处理程度要求较高的农村社区，以及农村宾馆、农家乐的生活污水处理。目前，本市青浦区、金山区等主要采用此种工艺。

3.1.2 接触氧化

工艺简介：农村生活污水经预处理后进入生物接触氧化池，利用填料上附着的微生物分解去除污染物。

适用范围：该工艺适合于对出水水质要求高的新型农村社区，以及农村宾馆、农家乐的生活污水处理。目前，崇明、松江等区均有采用此工艺。

3.1.3 一体化膜法 A^2/O

工艺简介：这是一种集成化、模块化的污水生物处理系统，主要由厌氧生物滤池、接触氧化池构成。生活污水进入设备后，通过厌氧生物滤池的反硝化作用，接触氧化池的有机物氧化作用与硝化作用，达到去除污染物的目的。

适用范围：该工艺适合出水水质要求高、用地紧张的新型农村社区，以及农村宾馆、农家乐的生活污水处理。目前，该工艺在浦东新区和崇明县应用较多，奉贤区和青浦区等也有应用。

3.1.4 MBR

工艺简介：农村生活污水经预处理后，进入膜生物反应器，反应器内维持较高的污泥浓度，大部分有机物被高效降解利用，有机氮和氨氮被转化为硝酸盐，利用微生物反硝化最终得以去除，同时利用膜分离设备将反应池中的活性污泥和大分子有机物截流住，从而达到水质净化效果。

适用范围：该工艺适合于对出水水质要求高、用地紧张的新型农村社区，以及农村宾馆、农家乐的生活污水处理。该工艺主要在浦东新区应用较多。

3.2 生态型工艺

3.2.1 土壤渗滤

工艺简介：农村生活污水经预处理后，流入各土壤渗滤管中，在土壤、微生物、植物系统的综合净化功能作用下，水与污染物分离。

适应范围：该工艺适合于地下水位较低、有可利用空闲地的单户或多户联合的生活污水处理及回用。2010 年之前，本市大部分区县(除浦东新区外)大量采用此工艺。

3.2.1 人工湿地

工艺简介：单户或联户居民的生活污水经预处理后进入人工湿地，污染物通过湿地基质的过滤吸附、湿地植物根系的吸收、好氧与厌氧微生物菌群的分解作用被去除，从而使污水得以净化。

适用范围：该工艺适合于有可利用空闲地、处理程度要求较低的单户或多户联合的生活污水的处理及回用。目前，该工艺主要作为后续处理环节，与生物型工艺组合使用。

4 上海市农村生活污水处理工艺选择情况

4.1 处理工艺的选择原则

(1) 应以相关政策、法规、标准和规范为主要依据，结合村庄的具体情况和要求，综合考虑经济发展与环境保护、排放与利用等关系，充分利用现有条件和设施。

(2) 需兼顾进水水质特点和出水水质要求，在保证出水水质达标的前提下，结合地区可利用的土地资源、经济实力等实际情况，筛选适宜的技术进行优化组合。

(3) 不仅要满足村民对河道水质改善的需求，而且还要注重景观美化，不产生二次污染，与村落周围环境相一致。

4.2 全市处理工艺特点

4.2.1 生物组合处理工艺增加，纯生态工艺减少

《上海市农村生活污水处理项目技术评估研究报告》(2013 年)对上海市 2008—2011 年农村生活污水就地处理采用的工艺进行了分析，结果表明农村生活污水就地处理工艺主要有土壤渗滤、生物滤池、人工湿地、生物滤床＋人工湿地、接触氧化＋人工湿地、自流增氧人工生态床、一体化膜法 A^2/O、MBR 等。其中，土壤渗滤等生态型处理工艺的使用户数在 2008—2010 年期间基本呈现逐年递增的趋势，但在 2011 年出现较大的回落；而与此相对应，生物滤池、生物滤池＋人工湿地、MBR 等生物型处理工艺的应用比例相对增加，2011 年生物型处理工艺与组合型处理工艺的使用户数占总户数的 63%。图 1 为 2008—2011 年上海市农村生活污水处理工艺应用情况分析图。

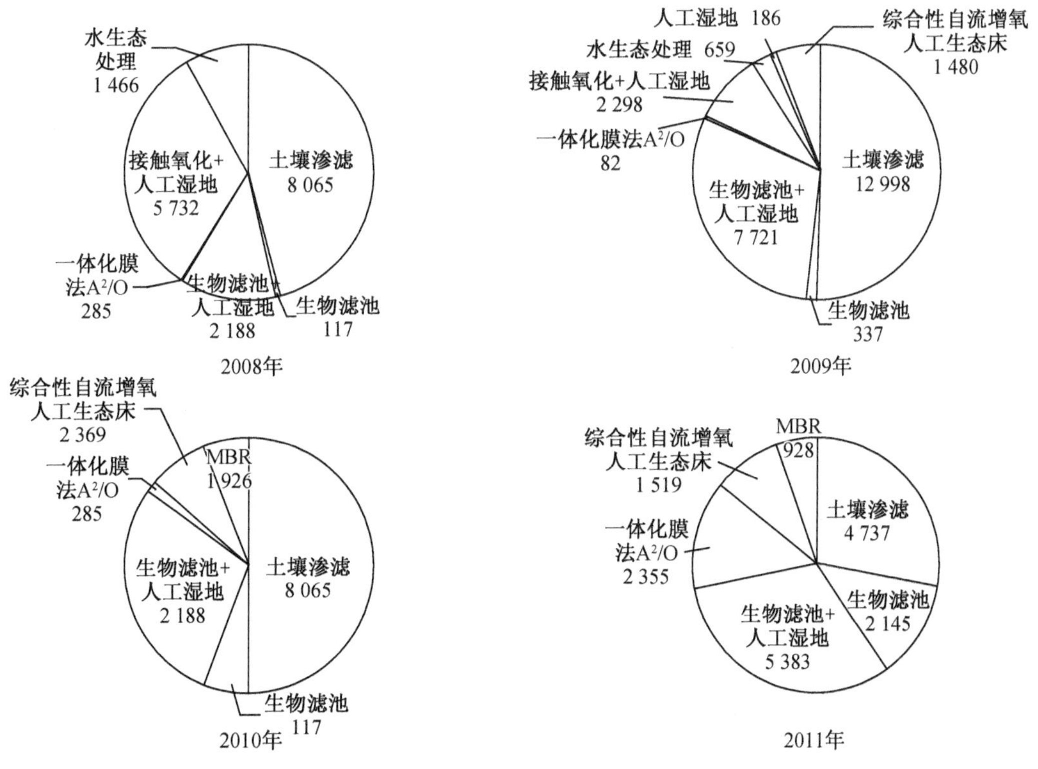

图 1 2008—2011 年上海市农村生活污水处理工艺应用情况分析图(户)

4.2.2 采用生物型处理工艺的服务户数相对较多

《上海市农村生活污水处理项目技术评估研究报告》(2013 年)也分析了 2008—2011 年不同处理工艺的平均服务户数，结果显示采用土壤渗滤工艺的农户数较少，为 19 户；采用生

物滤池、生物滤池＋人工湿地、MBR 工艺的服务农户数相对较多，分别为 56 户、82 户和 106 户；采用接触氧化＋人工湿地的农户数最多，达到了 892 户。总体而言，采用生物型处理工艺或生物型＋生态型组合工艺的服务户数相对较多。

4.2.3　各区县选取的工艺各有偏重

对上海市各区县 2008—2011 年实施的污水处理工艺进行调查统计，结果如表 1 所示。土壤渗滤因其占地面积较大、滤料易堵塞、系统维修成本高，因此，2011 年之后各区县不再推荐使用。除此以外，闵行区和松江区以组合型生物滤池为主；浦东新区以 MBR 膜生物反应器和一体式 A^2/O 工艺为主；金山区以生物滤池＋人工湿地工艺为主；青浦区以生物滤池＋人工湿地和一体式 A^2/O 工艺为主；宝山区和奉贤区以兼具生物接触氧化及 A^2/O 特点的厌氧-接触氧化＋人工湿地为主；崇明县采用的工艺较多，主要采用的工艺是厌氧-接触氧化＋人工湿地，其次为一体式 A^2/O 和生物滤池＋人工湿地工艺等。

表 1　2008—2011 年上海市各区县农村生活污水处理工艺应用情况分析图　　单位：户

工艺类型	区县									小计
	宝山	闵行	浦东	嘉定	奉贤	松江	金山	青浦	崇明	
土壤渗滤	371	239	—	24	369	187	382	98	2	1 672
人工湿地	—	—	—	—	1	—	—	—	3	4
接触氧化	—	—	—	—	—	—	—	—	13	13
生物滤池(组合型)	2	43	8	—	21	182	—	—	26	282
MBR 膜生物反应器	—	—	115	—	—	—	8	1	29	153
一体式 A^2/O	—	—	79	—	35	—	—	24	48	186
厌氧-接触氧化＋人工湿地	113	13	—	—	92	19	—	—	196	433
接触氧化＋土壤渗滤	—	—	—	—	8	—	—	—	5	13
生物滤池＋人工湿地	—	—	26	1	27	2	205	240	39	540
AA＋生物滤池	—	—	19	—	—	—	—	—	—	19
合计	486	295	247	25	553	390	595	363	361	3 315

5　对策与建议

5.1　因地制宜选择处理技术工艺

根据上海市郊区村庄布局、人口规模、集聚程度、地形地貌等特点，结合村庄道路、河网水系、受纳水体等现状，合理选取适应当地实际的污水处理模式，主要采用纳入城镇污水处理系统和就地处理的模式。优先推荐纳入城镇污水处理系统，无条件外排的则考虑就地处理。就地处理工艺应基于受纳水体水环境容量，力求处理效果稳定可靠，运行维护简便；在确保运行安全可靠、出水水质达标的前提下，尽量减少动力消耗，简化工艺流程。

农村生活污水处理技术选取的主要原则有效果稳定、出水达标、投资较少、管理简单、运行费用较低。对于环境容量较大、土地资源丰富、出水水质标准较低的地区，可以选择生态型处理技术;对于人口密度大、河道水质较差、出水水质标准较高的地区,建议选择处理能力较强但管理维护要求也较高的生物型处理技术。

5.2 加强长效管理机制建设

农村生活污水处理设施面广量大,点多分散,维护要求较高,且涉及千家万户,建立一套适宜的管护体制机制是确保处理系统稳定运行、水质达标的重要保证。

5.2.1 实行专业化养护

针对农村生活污水处理工艺繁杂、管理粗放的情况,可将收集管网和处理系统分开,分别通过政府购买服务的方式,委托专业化公司进行维修养护。日常运行管理可发挥村委会和村民的作用,一家一户的化粪池和集水井由各自负责,并建立应急报修机制。

5.2.2 开展日常水质检测

农村生活污水处理设施需定期进行检测,检测工作应由具有相关资质的独立第三方承担,以保证污水的处理效果和结论的客观公正。检测的范围和频次可结合实际情况确定,目前上海试行每年全覆盖抽测 2 次。

5.2.3 依托信息化开展运行监管

农村生活污水处理设施点多分散,巡检工作量大,传统的运行监管方式低效且费用较高。然而,以物联网技术和网络通信技术为核心的远程监控技术具有良好的应用前景,变被动应对为主动预控,变局部关注为系统监控,将对处理设施的稳定运行和水质达标起到保障作用,对降低运行成本和提高监管效率亦将起到关键作用。

5.3 及时开展后评估研究

上海市农村生活污水排放特点多变,加之农村生活污水处理技术工艺都有一定的适用条件,因而在推进农村生活污水处理过程中,需要把握好试点先行、逐步推广的原则,建立评价指标体系,及时总结评估各类已建设施和技术工艺的优缺点,适时优化调整推进目标和技术路线,以期取得更大的社会效益、经济效益和环境效益,不断改善农村环境面貌。

参考文献

[1] 吴伟峰,洪宏,胡昕晔.上海农村生活污水处理的实践与思考[J].中国水利,2018(5):42-44.
[2] 谢胜,洪宏,杨凯,等.农村生活污水处理工程的工艺应用探讨[J].净水技术,2013,32(6):79-83.
[3] 蓝炳杰.南方农村生活污水处理工程技术方案[J].资源节约与环保,2013(7):99-100.

关于金山区农田水利建设和管理工作的思考

施　晖[1]，张卫东[2]，陆少秀[1]

（1. 上海市善淼环境工程有限公司，上海 201600；
2. 上海市金山区张堰镇水务站，上海 201514）

摘　要：本文从金山区农田水利的现状出发，总结了“十二五”以来农田水利的主要做法和成效，重点分析了农田水利建设和设施管理存在的问题。针对下一步金山要向现代化都市型农业转变，要实现农业及农村水利现代化发展，提出了促进水利发展的主要设想。

关键词：金山区；农田水利建设；工程管理

1　前言

金山区地处上海市西南部，属太湖流域下游平原感潮河网地区，地势低洼、水网密布、水量丰沛，历来是粮食作物的主产区和低洼易涝的主灾区。中华人民共和国成立以来，金山区通过开凿新河、疏拓老河，已从根本上改变了长期水系紊乱的局面；易涝区域建成了圩区，抵御了汛期洪涝灾害的侵袭；农田灌溉方面也由电力代替了人力、畜力，灌溉保证率达到了95%以上。随着“安全、资源、环境”协调发展理念的深入，新技术、新材料和新工艺得到了广泛的应用，金山区的水利建设开始由传统水利、工程水利向环境水利和现代水利转变。20世纪90年代，推行了节水灌溉为重点的农田水利示范区建设，实施了一大批节水灌溉示范项目，基本实现了“农田成方、旱涝保收、排灌畅通、道路配套、设施齐全”，为金山社会经济的发展奠定了坚实的基础。

2　金山区农田水利现状

随着近年来区域城镇化程度不断提升，针对土地开发力度逐年加大、人口总量持续增加的现状，作为农业大区的金山在农田水利建设与发展上坚持“夯基础、保安全、求高效”的工作方针。随着2011年中央一号文件明确提出要着力加快农田水利建设，推动水利实现跨越式发展目标，全国上下普遍加大了对以农田水利为主的农业基础设施建设及管理的投入。

金山作为上海的农业大区，在各级政府利好政策的扶持下，“十二五”时期共投入近13亿元开展农田水利建设及管理，主要开展了以下六方面工作：

一是摸清家底，全面了解建设需求。以2011年第一次全国水利普查为基础，对面上水利设施的现状进行了普查，明确设施数量、运行状况以及管理现状，为今后的农田水利规划编制、建设需求和设施管理奠定了基础。

作者简介：施晖（1974—　），男，助理工程师，主要从事水利工程建设等工作。E-mail：392660687@qq.com。

二是加大投入，更新改造基础设施。各级财政加大农田水利建设和管理的资金投入，按照市里调整的资金补贴政策，调整了区、乡镇财政的配套比例，减轻了乡镇的配套压力，提高了乡镇开展农田水利建设和管理的积极性。

三是节水灌溉，推广应用新技术。根据产业导向模块化实施节水灌溉技术，发展造价低、效率高、效果好的高效节水灌溉工程，大力推广管道输水灌溉技术，提高农业灌溉水有效利用系数，为创建节水型社会奠定基础。

四是加强管理，推进圩区设施规范管理。2012 年以来，按照“六个到位”的要求，加大管理养护工作投入，排涝设施运行安全，汛期发挥了重要作用；同时，依据水利大控制片的引清调水方案，规范小圩区引排操作规程，巩固了水环境整治效果。

五是注重实效，开展农村生活污水处理建设。结合新农村建设、美丽乡村建设和中小河道综合整治，开展了农村生活污水处理工程建设，巩固了河道整治的效果，保护了生态环境，进一步提升了农村环境面貌。

六是坚持创新，探索新的建设管理机制。推广新技术、新材料的应用，奉行逐步“绿色、环保、高效、低成本”，探索建设新型河道护岸、生态沟渠以及自动化监控设备等。同时，深化水利设施养护市场化工作，实行专业化、精细化管理，明确设施养护资金的来源渠道，加大管理力度，提高工程效益发挥，保障了农业生产和水环境安全。

近年来，金山农田水利建设以改善农业和农村的基础设施条件为目标，开展了小型农田水利基础设施改造、低洼圩区治理、农村生活污水处理等，改善了农业灌排条件，提高了区域防洪除涝能力，提升了农村水环境质量，逐年适度加大节水新技术的推广应用，逐步提高了水资源利用率，逐渐夯实了农业生产、农民生活和农村生态发展基础。同时，通过建立起“以管促实效、以养保工效、以考定成效”的市场化养护模式，明确了条块、政商间工作职责的边界，保证了设施管养工作的有效落实。正是两方面工作的有效衔接、相互促进，初步实现了“源头控好、过程把好、关口守好”的农田水利基础性工作目标，保持了金山区农业生态的良性循环，保障了农业生产安全，提高了经济效益，促进了农村经济的发展。截至 2015 年底，有效灌溉面积 38.81 万亩，节水灌溉面积 30.84 万亩，节水工程覆盖率 79.46％，灌溉保证率 95％。

3 存在问题

成绩显而易见，但短板也很突出。结合地域特性和现实问题，以笔者之见，金山区的农田水利发展还存在着一些问题。

一是上海作为水质型缺水的超大型城市，上游水源水质不能保障和区域点面水污染的叠加效应，使得可用于灌溉的清洁水源日渐短缺。很多灌区用水水质得不到保证，相应经灌溉的土质也成问题，灌区产出的作物会没有问题吗？

二是江南水乡田间民居在圩堤上“摊大饼”及“满天星”式分布格局和水利设施地权的不明确已逐渐成为水利老设施维修、新设施建设所需用地、借地和占地的最大梗阻。这直接造成建设和管理难度越来越大，造价和维护成本越来越高，人力和物力投入越来越多，瓶颈效应日益凸显，同时，也顺理成章地成为农田成片开发、专业种植、规模经营的主要障碍和政府部门间扯皮“踢足球”的根源。

三是部分田块土地利用的产业导向不够清晰和明确，“高地水种、低地旱播”的不合理耕种现象或多或少依然存在，为农田水利设施的不合理设计、不科学使用和不理性投入埋下了隐患。

四是现有工程设施建设尚未全部配套，如圩区防汛标准、排涝模数、河道调蓄、行洪等相关指标还未满足规划要求。加上现有正在使用设施的正常老化及各级管理意识的不强烈、管理体制的不健全、管理措施的不完备，致使工程效益还未充分发挥。

4 未来展望

“十三五”以来，金山区农业已逐步从城郊型农业向现代化都市型农业转变。要实现农业及农村水利现代化，除了完成改良传统粮油作物种植区域的灌排条件、实现挡水设施工况达标、规范养护市场运行的任务外，我们还需结合地域特性，在相关政策引导下创造性地开展农田水利现代化标准体系的研究。

4.1 开展农村人居适宜水环境治理

随着经济的发展和城镇建设的推进，水利和环境建设面临的社会矛盾和经济瓶颈也越来越突出。针对水质源头保护而开展“三水行动”的成效好坏，将直接影响水环境作为社会经济稳定发展保障作用的发挥。

4.2 开展节水高效灌排技术推广

结合区域农业种植产业导向，把握现代农业发展趋势，推广设施农业，实施节水高效生态的节水技术，坚持走现代化农田水利之路。

4.3 开展水利信息化管理实践

随着近年水利设施自动化管控程度越来越高，采用原有的眼看、手动、腿跑的老方法管理，其反应速度已不能适应现代化管理的需要，为领导全方位了解第一现场情况并及时准确地做出全局性决策带来时间及数据上的滞后。为此，要借助现有及将要有的监控设施开展水利设施信息化管理系统的探索实践，探索出一种适合金山地域特性，便于实现设施优化调控的自动化管控模式。取得经验后，进一步推广指导面上的圩区、灌区设施管理。

4.4 开展田间设施适应农业结构调整的广度研究

随着都市型农业发展进程的加快，农业产业结构调整的频繁，在新建设施时要提前考量设施满足作物种植要求的契合程度。同时，还要积极探索拓展设施满足不同需水作物种植要求的广度，以实现设施的通用性、模块性，大限度地提升设施的有效使用率并降低设施的维修成本和更新周期。

4.5 开展水利工程管理的后评估研究

为今后科学、合理地确定设施形态、管理模式、发展方向，需要对近年来在防洪、水土保持、生态建设方面大量建成并投入使用的水利工程开展设施运行状况、生态改善状况及对社会和经济发展影响程度等方面的研究评估。

4.6 做好基础资料的积累与信息系统建设

经验要及时总结，教训要限时吸取，成果要适时推广，所以说工作数据的收集、整理、编撰和提炼历来是水行政部门制定政策、拟定措施、落实整改、改善提升的数据基础。也就是说，按要求做好基础资料的积累与信息系统的建设是农田水利建设和发展的客观要求，需要认真对待并长期坚持。

随着上海现代都市农业的发展，农田水利建设和管理在今后仍是一个长期的任务。“好水”引得进、“活水”流得通、“涝水”排得出、“洪水”泄得畅是今后主宰我们水务工作的导向性目标。而基础资料的积累、分析和面向社会服务，水利设施的建设、管理和接受社会监管，政策措施的制定、落实和开展社会评估是我们科学、公正、客观地推进农田水利建设管理的抓手和落脚点。我们只有紧扣“水务即是服务”的主旨，围绕金山水务发展目标，专注于眼前，放眼于未来，踏实做好每项工作，切实实现每个目标。

参考文献

上海市金山区水务局. 金山市水利志・续志[M]. 上海：上海电子出版有限公司，2011.

关于圩区建设及管理的几点思考

凌晨涛

（上海市嘉定区水利管理所，上海 201800）

摘　要：随着水利事业的不断发展，圩区作为防洪除涝的重要措施之一，能有效地保障流域人们的生活生产安全。本文介绍了圩区建设的背景情况，针对目前建设管理过程中所普遍遇到的流域、防洪规划、水环境污染、泵闸设施年久失修、管理机制老旧及资金不足等问题，从流域、防洪规划、水环境保护、联圩并圩建设、科学自动化管理及资金结构优化等方面提出解决措施，力求在今后的建设管理中使圩区发挥更大功效，为人们生活生产及经济发展提供重要保障。

关键词：圩区建设；管理；措施；自动化调度

1　基本情况

圩区是指平原河网或沿江滨湖等低洼易涝地区，通过圈圩筑堤，设置水闸、泵站以外御洪水、内除涝水，从而形成的封闭的防洪排涝保护区域。圩区一般是以圩田为主，包括河网、湖泊、滩地等在内的一个地区单位。圩区治理一般利用地形，或沿自然河道，堆土作堤，或开挖河沟，围田筑堤，或一面傍山，三面筑堤围田，以解决圩区自身防洪、除涝和灌溉等问题。

2　圩区建设及管理存在问题

2.1　圩区建设与流域规划不协调

由于诸多原因，流域、防洪规划尚未对圩区治理格局、排涝等提出系统指导意见，圩区规划与流域、区域防洪规划不协调。外河和圩区内泵闸建设不配套，无法满足圩区外排的要求，如遇流域性洪水，平原地区众多圩区泵站在汛期集中外排圩内涝水，造成圩外河道水位涨幅加快，并使洪水迅速汇入流域、区域骨干河道，增加流域、区域防洪压力。排涝动力等没有一个清晰合理的标准，圩区的规划与区域防洪规划不尽协调。当下大多数地区的圩区实行全流域的圈圩建站，圩外的排水河道以及蓄水湖的数量无法达到现实需要，圩外的防洪压力也就更大，使得内涝、破圩、沉圩等现象在雨季常常出现。

2.2　周边水污染严重

清洁安全的水环境是人们健康生活的根本条件，然而随着圩区的建设与发展，新的环境问题也随之而来。城市化地区的圩区周边工厂较多，工厂普遍存在着雨污水混排现象。圩区建成后由于调度制度不完善等问题，圩区间断性开闭使得水流动性降低，水体的自净能力降低，久而久之造成水质乃至底泥污染加重。而在农村地区，近年来圩内农田使用的化肥

作者简介：凌晨涛（1992—　），男，助理工程师，从事水利工程管理工作。E-mail：617500301@qq.com。

农药数量增加，在圩区春、夏季集中排水时将圩内农田和水域中的氮、磷、钾迅速排至圩外河湖，造成河湖内水葫芦等植物疯狂生长，降低流动性。加之农村地区普遍存在的生活污水排放，杂物垃圾乱丢得不到清理，从而污染流域水环境，形成黑臭河道。水污染问题亟待解决。

2.3 管理中弊端凸显

目前，部分圩区采用相对独立的小型圩区建设，而这种圩区往往由于其独立性给整个区域的调度与管理带来麻烦。根据最新的《水资源普查》情况来看，针对老圩区普遍存在的除涝标准不达标、泵站设备老化等管理模式亟待改进。以嘉定区圩区管理为例，部分老旧圩区如古塘、周泾圩区等，日常的管理由当地村委会负责，圩区所有的泵、闸均无专职管理人员，由此带来以下问题：缺乏统一管理，责任不到位，圩区泵闸维修、养护不及时，造成损坏严重、效益低下；没有严格的规章制度，汛期预降工作不及时，易出现险情；圩区保养、更新工作跟不上；有的泵站、水闸带病运行，给圩区安全造成隐患。

2.4 建设管理资金不足

圩区整治工程牵涉面广，投资量大，乡镇及村级经济薄弱、资金困难，工程难以顺利开展。虽然有农业综合开发项目对圩区进行整治，但是该项目补助标准与实际整治资金相差较大，难以满足实际需求。工程建成后圩区大多由乡村直接运行管理，因村级经济薄弱，没有专门的圩区运行管理经费，难以安排固定专职管理人员，难以支付排涝运行费用，水闸、机泵等没有得到及时维修保养，存在带病运行的情况，不仅缩短了设施的寿命，也降低了工程效益。

3 圩区治理的几点思考

3.1 周边流域内河道的整治

圩区建设是重要的区域防洪除涝工程措施之一，但圩区排涝能力的提高也会对流域防洪产生不利影响，圩区排涝动力增强，必然造成圩外骨干河道或流域内其他河道水位上涨。骨干河道整治和区域内河道综合整治工程的实施能增强河道排水能力，降低河网水位。为避免大规模圩区治理带来流域内河道水位抬高的负面影响，原则上应优先实施骨干河道及流域内其他河道的综合整治工程，而通过整治不仅可以增大防洪排涝调蓄功能，而且可以减轻污泥的二次污染，大力改善水环境。对骨干河道的整治，应结合专项水系规划，考虑各河道对圩区的影响，有计划、有目的地实施。

3.2 联圩并圩的有效实施

联圩并圩将若干小圩并成一大圩，相应地缩短了防洪线，在一定程度上提高了联圩内抵制洪水的能力。例如，嘉定国际汽车联圩工程的推进实施，在工程规划范围内，在圩外河道支河口处设闸建泵，形成独立圩区。一方面，圩外河道行洪过程中，水位高于圩内正常水位时，可关闭闸门，避免上游洪水进入圩区，起到防洪作用；另一方面，可通过泵闸排水，有效降低内河水位，使区域内河道水位不受吴淞江、蕰藻浜等一线河道水位影响，继而涝水能顺利排入河道，达到除涝效果。

3.3 使用泵闸群自动化调度管理系统

及时了解圩区内泵闸机电设备运行的状态信息、水情信息、气象数据，并把这些数据及时上传到远程控制管理中心，对圩区内的泵闸群进行统一管理，集中控制调度，做出合理化的决策。使用最新的信息资源网络平台，有效整合圩区的实时信息，设立圩区控制中心以接受现地控制发送的操作和事件，并存入实时数据库，用于画面更新，控制调节，趋势分析，记录打印及事故分析。实现对圩区泵闸站点内各类传感数据的采集、运算、分类存储和远程传输，提高圩区内泵闸群设备运行的安全性、高效性和可靠性。

3.4 资金结构优化调整

建设期间合理比对设备总体性价比，比选采购物美价廉的设备；加大对于泵闸养护管理的资金投入，针对不同的地区采用不同的资金拨付比例；形成赏罚机制，对于管理养护优秀的街镇及个人做出适当奖励，对于做得不好的提出处罚引起重视；圩区里的流动设备互相借调使用，以求达到最大利用率，减少不必要的支出。

4 结语

随着各地区经济的大力发展，区域内水环境水安全问题也亟待解决，圩区作为一种高效易行的防洪除涝措施，对于水环境水安全都有较好的改善与保障作用。新时期圩区建设与管理方式的转变，必定能对减少洪涝灾害和经济损失，保障人民生命财产安全、粮食生产安全与促进经济社会的可持续发展起到推动作用。

参考文献

[1] 郑鱼洪. 湖州市圩区建设现状与对策[J]. 水利发展研究，2010，10(3)：54 - 56.
[2] 刘克强，李敏. 平原河网地区圩区建设与规划的几点思考[J]. 水利规划与设计，2009(5)：20 - 21.
[3] 张仁良. 关于杭嘉湖平原河网地区圩区建设与规划的几点思考[J]. 科技与企业，2015(8)：98 - 99.
[4] 王伟锋，马一青. 海宁市圩区现状分析与治理方案探讨[J]. 浙江水利科技，2012(1)：68 - 69.
[5] 张根福. 圩区建设与生态、社会效应——20 世纪 50—70 年代太湖流域联圩并圩的考察[J]. 中央民族大学学报(哲学社会科学版)，2012(4)：36 - 41.
[6] 焦涛. 圩区建设对城市水环境的影响及对策[J]. 环境科技，2006，19(2)：121 - 123.

农田化肥迁移对水环境的影响

纪文俊

（上海市松江农田水利试验站，上海 201600）

摘　要：我国是一个农业大国，施肥是保证和提高作物产量的重要措施之一。近年来化肥过量施用带来有效率降低，化肥流失对水环境的影响已引起了人们的关注。本项目采用大田直接采集法，重点研究农业大量使用化肥后，在降雨、灌溉等动力作用下，化肥在水体及土壤中的运移规律，以及由此而造成的水质及水环境恶化问题，并提出解决的途径与措施，以期指导农业健康施肥，为水环境治理的决策提供依据，达到治理与利用相结合的目的。

关键词：水稻；化肥；迁移；规律

1　前言

农业面源污染是指农业生产活动中，农田土粒、氮、磷、农药及其他有机或无机污染物质在降水或灌溉过程中，通过农田地表径流、农田排水和地下渗漏，进入水体所造成的污染。农业面源污染被公认为目前水体污染中最大的问题之一。

上海市政府提出改善上海的生活环境，使上海的天更蓝、水更清、地更绿。因而，快速、准确、经济地预测营养物迁移负荷，一方面对指导农业的健康施肥具有重要意义，另一方面对正确认识上海的水环境问题，水环境治理策略的决策具有尤其重要的意义。本项目的研究旨在摸清化肥的迁移及运移规律，提出解决途径与措施，以达到治理与利用相结合的目的。

2　试验条件与研究方法及内容

2.1　试验条件

本项目“农田化肥迁移对水环境的影响”于 2017 年 6 月至 11 月在上海市松江区泖港镇、上海为业种子繁育场的水稻田内进行试验。试验区内的田间管理如施肥、病虫害防治等措施按大田常规方法进行。

2.2　研究方法

本项目重点研究农业大量使用化肥后，在降雨、灌溉等动力作用下，化肥在水体及土壤中的运移规律，以及由此而造成的水质及水环境恶化问题，并提出解决的途径与措施。

2.3　研究内容

（1）研究农田化肥的迁移规律。

作者简介：纪文俊（1992—　），男，学士学位，主要从事农田水利科研课题研究工作。E-mail：704202225@qq.com。

（2）研究作物水肥需求规律。

（3）研究减少化肥迁移的水利工程措施。

2.4 试验设计

2.4.1 区域化肥迁移研究

选择一条两边以种植水、旱作物为主的典型河道，记录农田施肥量和施肥时间，与大田同步取样测定河道水体水质，了解农田化肥的迁移量规律。

2.4.2 化肥迁移机理试验

本次试验采用大田直接采集法，采用较为先进的土壤原液取样器（图 1），将该仪器安装在试验水田中，通过仪器利用真空取样法提取土壤孔隙中原水的水样，并及时将水样进行化验，测定水中的养分含量。

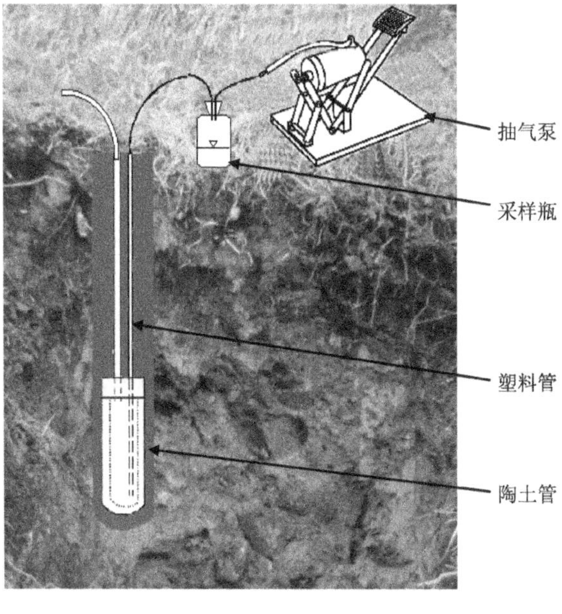

图 1 土壤溶液提取器示意图

2.4.3 排放标准

排放标准是《地表水环境质量标准基本项目标准限值》（GB 3838—2002）。

3 试验结果与分析

3.1 氮素迁移

土壤中氮素的迁移包括纵向迁移和横向迁移。纵向迁移为农田施肥后的垂直入渗至土壤，易造成对地下水的污染；横向迁移为养分随地表水迁移，易造成水环境污染，这是本次试验的重点。

3.1.1 垂直入渗

（1）水稻苗期。

水稻生长期间正处于高温季节，氮肥施入水田后很快会转化或被作物吸收，其表层水

（田面水）养分的浓度升高最快，施肥后的第二天浓度最高达 0.175 mg/L，随后其浓度开始逐步下降。从峰值回到原水平的养分浓度，这一周期为 10 d 左右。

从分层来看，由于 10～20 cm 层次是作物的根系密集区，因而其养分浓度较低，随着秧苗的增长养分吸收也开始增加，该层面的养分含量开始慢慢减少，随后养分再慢速入渗到离底层约 30 cm 处以下至 50 cm。其养分浓度较高，呈现向下递增的分布特征。

（2）分蘖后期。

尿素施入农田后，有连续水解和硝化两个过程，其转化为铵需要一周以上的时间。表层的养分第二天到第十天变化程度不大，只差 0.01 mg/L，这阶段主要是养分进行转化。10 cm 到地下 30 cm 的深度上其变化程度较大，主要是水稻正值分蘖期，作物对养分营养的需求较多所致。而 50 cm 以下作物的吸附就已相当少，其氮素较高，农田养分对地下水产生了污染。

3.1.2 横向迁移

本地区的农作习惯是在水稻生长期间基本不向河道排水，因而可以排除表层水排入河道污染水体的可能，但不能排除养分侧渗流入河道的影响。因此在本次试验中，对农田施肥后其养分的横向流动进行了跟踪。

（1）水稻苗期施肥的横向养分迁移。

本项目对水稻苗期（6 月 24 日—7 月 6 日）的施肥过程进行横向的养分迁移过程进行取样测定，测定结果见图 2。

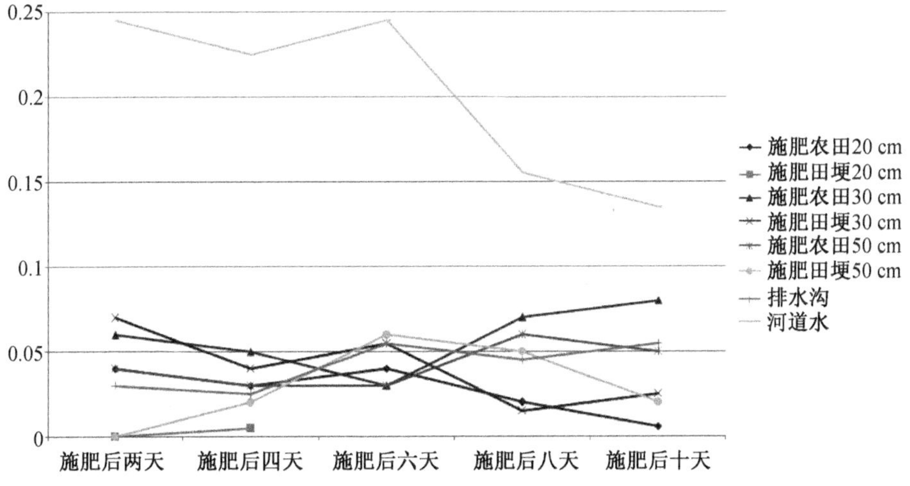

图 2 苗期施肥后养分横向流动氮素测定表（mg/L）

① 田埂氮素横向侧渗迁移。

从图 2 中可以看出，养分施入农田后横向的侧渗迁移是存在的，但其量较少。由于本期是水稻的苗期，播种时间短，虽然所施入的肥量较多，但其侧渗依然较少。施肥后两天，农田到田埂内还没有养分的流入，到施肥后第四天养分才开始慢慢渗入，可见其养分多以垂直下渗为主。

② 排水沟氮素流入。

从对排水沟五次取样测定的资料来看，均没有出现养分氮素流入。这就说明其侧渗是很慢的，量也是较小的，从而也可以看出农田养分氮的横向迁移是很少的，其排放符合《地表水环境质量标准基本项目标准限值》(GB 3838—2002)的氮素排放标准。

③ 周边河道水质变化。

在进行横向测定的同时，对排水沟排入水体河道内的氮素养分进行跟踪测定。从试验结果来看，河道水体中的氮素含量是很高的，最高的含量为 0.245 mg/L，平均含量为 0.201 mg/L，已超出了《地表水环境质量标准基本项目标准限值》(GB 3838—2002)的氮素排放标准。可同期田间和排水沟的氮素含量值均低于这一指标，排水沟也没有排出水，说明河道水体中的氮素含量高不是田间排入所致。

(2) 拔节孕穗肥横向迁移。

为了更好地测定水稻期间氮素的横向迁移情况，对水稻生长后期施的拔节孕穗肥进行取样测定。这次施肥是水稻一生中的最后一次施肥，其水田中的养分已与周围的水体结为一体，因而其养分迁移量较大，测定结果见图 3。

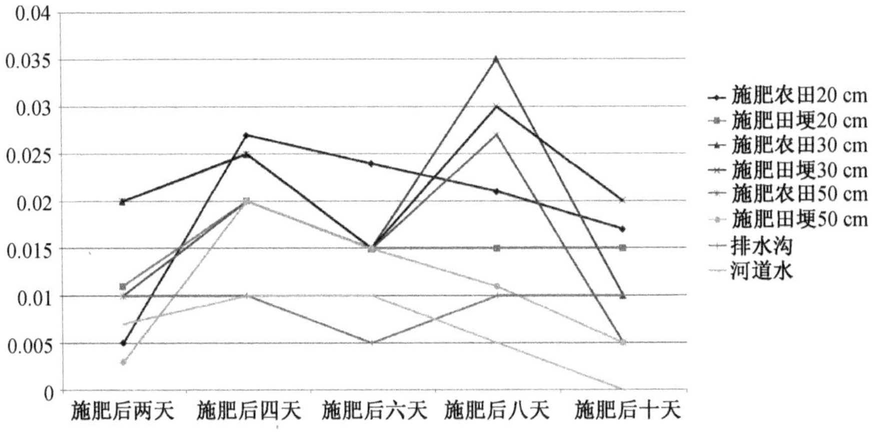

图 3　拔节孕穗期施肥后养分横向流动氮素测定表(mg/L)

① 田埂氮素横向侧渗迁移。

从图 3 中可以看出，施肥后五次样本的测定结果显示田埂氮素含量比田间含量平均少 9.8%。

② 排水沟氮素流入。

拔节孕穗期施肥后，排水沟内氮素的含量开始增加，其迁移量是农田平均含量的 48.9%。这主要是施肥以后遇上连续暴雨，田间的肥水溢出田埂而进入排水沟所致。虽然排放含量增加较多，但总量还是低的，符合《地表水环境质量标准基本项目标准限值》的氮素排放标准。

③ 周边河道水质变化。

同期测定的河道水氮素含量较低，主要原因一是本期的施肥量较少，这些养分均被作物吸收；二是 8 月是雨季，本期取样期间降雨量为 93.7 mm，雨水使水体加速循环，氮素被稀释而含量降低；三是排水沟流出的水氮素含量本身很低，只占农田氮素养分的 11.6%，其排放标准低于一类水的排放标准。

3.2 农田施肥后酸碱度(pH 值)的变化过程

pH 值通过影响其他的环境因子,来影响植物的光合作用和腐败菌的分解作用及各类微生物的生命活动,从而影响水体的整个物质代谢。植物的光合作用会影响到水体的氧气状况,而微生物的生命活动又会影响到水中有机质的浓度。过高或过低的 pH 值的危害是很严重的,可抑制某些土壤微生物的繁殖,降低酶活性,抑制土壤中的固氮菌、细菌和放线菌,从而造成农作物的品质下降和产量下降。

为了更好地了解农田 pH 值在水田和旱地的变化状态,本次试验对第一期施肥(6 月 24 日)和第三期施肥(7 月 27 日)后的田间 pH 值进行了实测,结果见图 4、图 5。

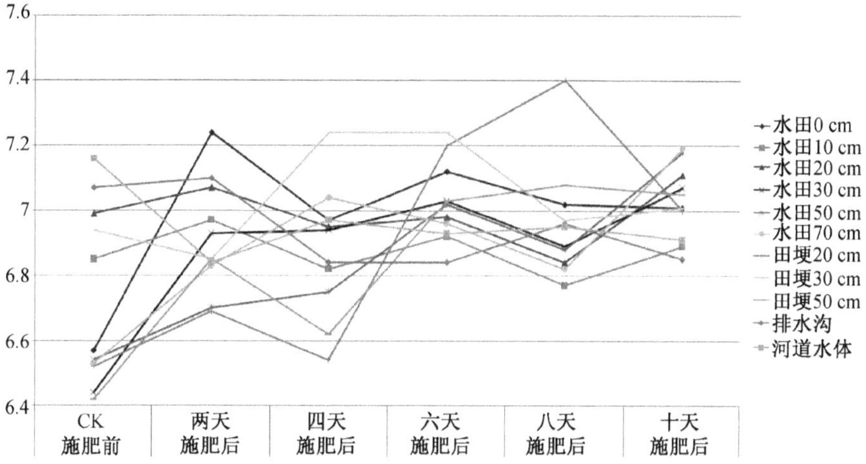

图 4 第一期农田施肥后 pH 值变化状态(mg/L)

从图 4 中可以看出农田中 pH 值的变化过程。当田间施肥后,由于所施的化肥为碳酸氢铵,其含氮量较低,没有把水中含量较高的二氧化碳和重碳酸盐中和,其水质还是偏酸性,pH 值小于 7。而施肥后第十天 pH 值均大于 7,呈弱碱性。

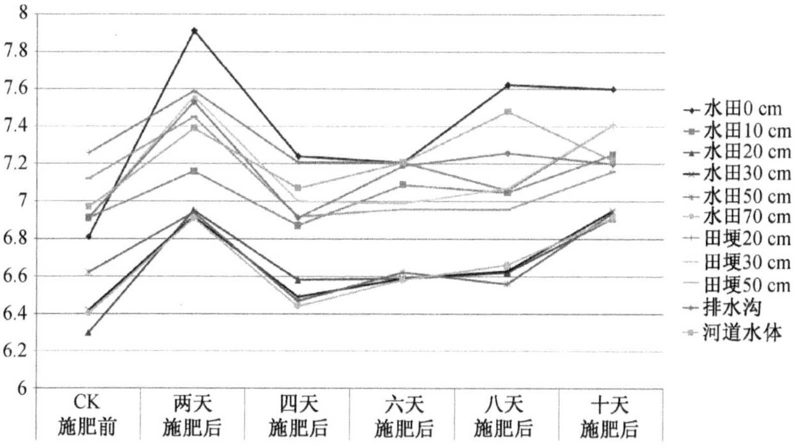

图 5 第三期农田施肥后 pH 值变化状态(mg/L)

由于第三期所施化肥为尿素，含氮量较高，而且是分蘖后期，田间的水层很薄，水中较少的二氧化碳和重碳酸盐已被中和。从图 5 中可以看出，水田 0～20 cm 土层以碱性为主，而 20～70 cm 深的土层因其含水量较高，加上上层养分被作物吸收，因而呈酸性，其 pH 值小于 7。而田埂因为含水量低，土壤干燥，显碱性，其 pH 值大于 7。其田间 pH 值符合《地表水环境质量标准基本项目标准限值》6～9 的排放标准。

3.3 农田施肥后化学需氧量(COD)的变化状况

本次试验对 COD 进行了跟踪测定，见图 6。

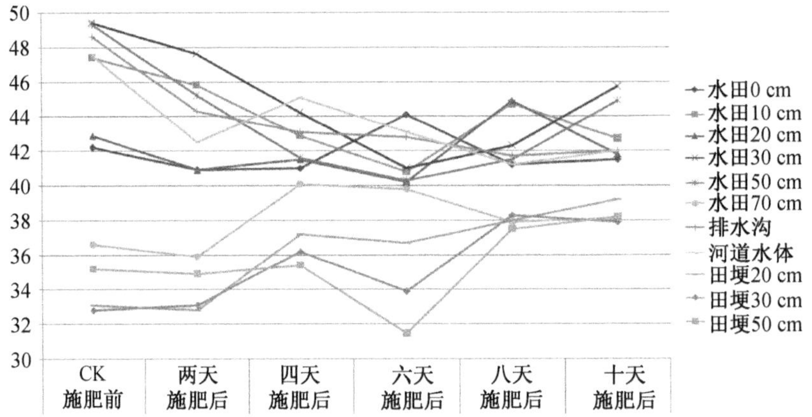

图 6 第一期施肥后 COD 含量测定值(mg/L)

图 6 为第一期施肥后(6 月 24 日)测定的 COD 指标值，其变化是比较明显的。由于长时间的灌水，水稻田土壤中的氧气交换减少，各种有机物、亚硝酸盐、亚铁盐和硫化物等还原性物质增加，再加上施入大量的化肥，使田间内的养分含量快速增加，从而使水体受有机物污染。其 COD 含量上升到 40 mg/L 以上。而排水沟内的水体及河道内的水体中 COD 含量也在 40 mg/L 以上。这一排放值已超过《地表水环境质量标准基本项目标准限值》的要求，说明农村河道污染主要是 COD 超标造成的。

4 试验成果及结论分析

肥料是植物的“粮食”，是提高农业产量的物质基础。合理使用肥料，对提高单位面积产量和土壤肥力起着重要作用。但是，任何种类和形态的化肥都不可能全部被植物吸收利用。一般氮利用率为 30%～60%，磷为 3%～25%，钾为 30%～60%。因此，化肥用量过大或使用虽属正常，但由于其他自然或人为原因，都会使化肥大量迁移，污染环境。

(1) 氮肥是作物生长的重要物质，它能使作物增产增收、提高品质，但是过量使用会起到相反的作用，污染土壤和水环境。从试验结果来看，现行的水稻施肥次数和施肥量是比较合理的。从数据中看，氮肥养分主要集中分布在稻田土壤表层，易被土壤胶体吸附和作物吸收，因而其迁移量极少，对水体环境影响小。

(2) 从氮素养分的浓度剖面来看，氮素呈上高、中低、下高的分布特征，中层主要是作物吸收所致。稻田氮素淋洗是主要形态，其淋洗量随着施肥量的增加而增加。下层养分含量高，会对地下水造成污染。

（3）对于氮素的横向迁移，根据测定资料，氮素在农田中以垂直下渗为主，侧渗很慢且迁移量极少，符合《地表水环境质量标准基本项目标准限值》（GB 3838—2002）规范的排放标准。

（4）pH 值通过影响其他的环境因子，来影响植物的光合作用和腐败菌的分解及各类微生物的生命活动，从而影响水体的整个物质代谢。植物的光合作用会影响到水体的氧气状况，而微生物的生命活动又会影响到水中有机质的浓度，从而造成农作物的品质下降和产量下降。根据数据资料，水稻田的 pH 值小于 7，呈酸性；旱地的 pH 值大于 7，呈碱性，但二者均符合排放标准。

（5）化学需氧量是有机物相对含量的指标之一，也是评定水质污染程度的综合指标之一，在一定程度上可以说明水体受有机物污染的程度。COD 的数值越大，则水体污染越严重。本次试验结果表明，农田中 COD 含量均超过《地表水环境质量标准基本项目标准限值》（GB 3838—2002）的排放标准，说明农村河道水体污染主要是 COD 超标所致。

参考文献

[1] 盛平，黄光辉. 农田水生态环境治理研究[M]. 北京：气象出版社，2011.
[2] 上海市土壤普查办公室. 上海土壤[M]. 1988.
[3] 南京农学院. 田间试验和统计方法[M]. 北京：农业出版社，1979.
[4] 段爱旺，肖俊夫，宋毅夫，等. 灌溉试验研究方法[M]. 北京：中国农业科学技术出版社，2015.
[5] 国家环境保护总局. 地表水环境质量标准（GB 3838—2002）[S]. 2002.

防汛与水利长效管理

黄浦江上游堤防精细化管理的实践与思考

方正杰

（上海市堤防（泵闸）设施管理处，上海 200080）

摘　要：本文介绍了上海市黄浦江上游堤防在推进精细化管理过程中，加强技术管理、强化合同考核和树立管理标杆等几方面的探索，并从加强规划引领、标准制定和近期重点工作等方面对下阶段工作思路进行了思考和展望。

关键词：堤防；精细化；管理

1　问题的提出

黄浦江上游堤防设施是指在其河道沿岸建造的具有挡潮防洪能力的建筑物、构筑物及其附属设施。包括黄浦江上游干流段、太浦河、拦路港、红旗塘和大泖港堤防设施，堤防总长度 194.6 km，涉及青浦、松江、金山 3 个区。日常管理工作由堤防处黄浦江上游堤防管理所负责。

2006 年堤防处组建以来，即大力推行管养分离的设施管理新模式。通过政府采购，择优选择了堤防水陆巡查、日常养护（含绿化）、日常养护监理（含绿化）、防汛物资储备以及防汛抢险等几支专业队伍，实行委托管理。堤防处进一步强化堤防行业管理职能，重点聚焦行业相关管理规范和管理标准的编制，组织起草了《上海市黄浦江和苏州河堤防设施管理规定》《上海市黄浦江防汛墙维修养护技术和管理暂行规定》《上海市黄浦江和苏州河堤防设施日常巡查工作手册》等 20 多个部门规章或规范性文件，并指导区堤防管理部门通过合同考核，落实行业管理要求，持续提升堤防行业管理水平。

2　上游堤防精细化管理的初步实践

2017 年初，上游所在堤防处领导下，通过完善管理制度、明晰执行标准、规范操作流程，强化检查考核，提高执行力，全面启动上游堤防精细化管理工作。通过一年多的实践，收到了一定成效。

2.1　加强技术管理

一是加强对受委托单位相关工作人员的业务培训，引导他们熟悉堤防设施基本结构，掌握堤防险情应急处置措施，了解堤防管理业务基本原则、方法、要点和流程。二是调查堤防设施管理基本情况，收集基础数据，分析管理难题，对部分存在沉降、位移、淘刷等安全隐患

作者简介：方正杰（1977—　），男，工程师，水文水资源专业研究生毕业，长期从事堤防、泵闸工程管理和水利信息化工作。E-mail：37582185@qq.com。

的堤防加强观测、检测和分析。三是按照《水利技术标准编写规定》，编写了《黄浦江上游堤防设施技术管理细则》，从堤防设施概况、管理一般规定、防汛防台、检查观测及日常管理、日常养护、绿化管理、动物危害防治、安全工作、管理现代化建设等方面有针对性地制定管理办法，为全面推进精细化管理打好基础。

2.2 重视制度建设

组织全体管理人员认真学习水行政法规、规范性文件，提高依法治水和依法管水的能力；在梳理原有规章制度的同时，建立了上游堤防的防汛工作、工程观测管理、堤防危险源识别和管理、堤防设施管理大事记等制度；强化制度的执行力，实行制度闭环管理，力求做到有计划、有布置、有落实、有检查、有反馈、有改进。

2.3 坚持管理标准

一是按照水利部《水利(河道)工程管理考核标准》，结合黄浦江上游堤防管理现状，围绕组织管理、安全管理、运行管理、经济管理 4 大类 35 小项，逐项逐条查找不足，研究整改方案。二是坚持堤防设施档案资料的规范性、真实性、完整性、及时性，统一管理表单，编制了《黄浦江上游堤防设施管理资料模板》。三是完善管理流程，着重对堤防巡查流程、突发事件应急处理流程进行优化，新编了防汛值班管理流程、外业观测工作流程、安全检查流程、危险源识别及界定管理流程及技术档案归档流程。四是改进堤防设施维修养护单元质量评定办法，参照《上海市水利工程施工质量检验评定标准》《园林绿化养护技术等级标准》《上海市黄浦江和苏州河堤防设施维修养护技术规程》，编制了《黄浦江上游堤防设施(含绿化)养护单元质量评定标准(试行)》，并在维修养护项目管理中推广应用。

2.4 强化合同考核

首先，加强岗位管理。严格按照委托管理合同要求，开展对受委托管理单位项目经理、管理人员的数量、素质和在岗情况的检查考核，坚持巡查养护人员持证上岗制度。其次，在日常检查考核中引进“飞检”“应知应会测评”“问题整改四不放过”“专项约谈”等先进管理方法。同时，围绕委托管理模式下的资源配置、综合管理、巡查养护质量、安全生产、一票否决制等管理要求，修订完善《黄浦江上游日常管理考核细则》，增强考核实效性。

2.5 树立管理样板

引进标杆管理理念，在 11 家受委托管理单位中，树立管理标杆，拟订黄浦江上游“标准化管理样板”创建活动实施方案，并着手进行“堤防设施标准化管理样板”建设，着重在堤防设施日常管理标准化、堤防绿化管理标准化、管理项目部(含巡查站点)标准化、物资仓库管理标准化、档案资料室管理标准化、安全生产标准化等 6 方面，树立“堤防设施标准化管理样板”。

实践告诉我们，精细化管理是规范管理的升级版，可持续发展的推进器。通过精细化管理，上游堤防成功经受住了 2017 年汛期考验，确保了设施完好和防汛安全。堤防管理水平得到进一步提升，管辖范围内“三违一堵”问题得到有效遏制，特别是违规墓葬问题基本实现零增长。通过堤防标准化管理样板段的建设，堤防整体景观有了较显著的提升，为生态堤防、景观堤防的建设树立了标杆。

3 推进上游堤防精细化管理的思考

精细化管理就是运用程序化、标准化、数据化和信息化手段，组织管理各单元精确、高效、协同和持续运行。在后续推进过程中，还需加强几方面工作。

3.1 明确目标，制订规划，抓好顶层设计

应围绕“安全堤防、生态堤防、景观堤防、文明堤防”的管理目标和本市水务、海洋精细化管理三年行动计划，研究制订上游堤防管理现代化规划，逐步建立安全可靠的工程体系、先进科学的调度体系、规范精细的管理体系、完善高效的保障体系；制订堤防设施更新改造、水资源保护、生态文明建设等相关专业规划；分解细化黄浦江上游精细化管理各项任务和措施。与此同时，进一步优化管理架构，完善管理机制，深化堤防设施委托管理，实行主要职能专业化、辅助职能社会化、购买服务市场化，进一步完善协调监督机制和支撑保障机制，做好堤防设施确权划界，理顺各受委托管理单位业务范围，合理界定堤防维修与养护工作范围，妥善处理堤防设施管理中的各种利益关系。

3.2 标准引领，依法管理，打好工作基础

积极参与上海市堤防海塘管理标准的修订完善。与此同时，梳理堤防设施各类规范性文件、规章制度和管理定额；认真学习和指导应用堤防维修养护技术规程、堤防维修养护技术指导手册、堤防巡查手册、堤防防汛抢险手册，组织编制堤防设施观测手册、堤防安全生产标准化手册。

3.3 突出重点，补齐短板，落实主要任务

一是摸清家底，补齐基础数据短板，要注意收集沿线堤防的沉降、位移、水下地形等资料。二是加强技能培训，补齐上游所和相关合同单位管理能力短板。三是加快专项维修，补齐堤防设施短板。黄浦江上游堤防主要建于 20 世纪 90 年代或 21 世纪初，虽经加固维修，但仍有约 30 km 未进行改建，安全隐患依旧存在，应继续推进并加快专项维修项目，结合周边区级地块的开发，打造多种形式的堤防岸段，提升景观品质。四是利用相关平台，清理整顿“三违一堵”。结合落实河长制，进一步做好统计和分类上报工作，联合水务执法、区防办、区海事以及水上公安建立定期会商机制，合力解决相关问题，同时，配合做好涉堤工程审批工作，加大事中事后现场监管力度。五是运用科技手段，推动智慧堤防建设。在熟练运用堤防海塘网格化管理系统的基础上，探索无人机、无人船应用，建立沉降、位移自动监测系统，实行与海事、公安已建监控探头的接驳与共享等，提高科技堤防管理水平。

3.4 以点带面，强化考核，寻求最佳效果

一方面，坚持示范引领，以点带面，打造堤防亮点，在黄浦江上游堤防新一轮三年养护合同管理中，大力推行样板段建设，力争做到“一年一个样，三年大变样”；另一方面，全面提升日常管理水平，落实养护责任清单，通过对黄浦江上游堤防设施《技术管理细则》《考核细则》《管理资料模板》等规范性文本的修订、导读与宣贯，让委托管理单位及全体管理人员熟知各自的工作职责和工作标准，加强工作责任心，加大巡检监督力度，强化考核措施，不断取得精细化管理实效。

4 结语

上海市水务局《水务、海洋精细化管理工作三年行动计划(2018—2020)》提出,通过三年努力,到2020年,形成较为完善的水务、海洋精细化管理体系,基本实现综合管理法制化、行业监管信息化、规划建设标准化、运行管理规范化,加快补齐短板,全面提升水务、海洋行业精细化管理水平。要以全覆盖、全过程、全天候和法制化、社会化、智能化、标准化为着力点,以改善民生为落脚点。精细化管理工作任重道远,时不我待。

参考文献

[1] 上海市水务局,上海市海洋局.水务、海洋精细化管理工作三年行动计划(2018—2020)[Z].2018.
[2] 上海市水务局.上海市水务管理法规汇编[G].2011.

关于崇明海塘市场化运行的几点认识

茅　矛

（上海市崇明区海塘管理所，上海 202150）

摘　要：继长兴、横沙海塘市场化运行逐步走向成熟，崇明本岛海塘市场化成了必然趋势。发挥市场机制作用，有效配置市场资源，解决当前海塘管理和养护中的运营成本高、改革动力不足、人员配置不合理等问题。本文以2015年一期、2016年二期崇明本岛海塘、水闸养护的市场化为例，分析了海塘管理单位现阶段面临的困境和市场化改革取得的实效，并对今后海塘市场化的逐步推进提出了建议。

关键词：市场化；海塘管理；管养分离

1　引言

2014年9月3日，上海市水务局以沪水务〔2014〕844号印发《上海市海塘运行管理规定》（以下简称《规定》）。该《规定》共二十三条，其中第十五、十六、十七、十八条针对海塘维修养护提出了新要求，包括对维修养护单位、维修竣工验收、运行考核等方面的要求。《规定》出台以后，长兴、横沙海塘市场化逐步顺利运行，崇明本岛海塘管理所于2015年、2016年相继开展一期、二期市场化，推行管养分离模式。本文总结两期经验，分析海塘管理单位管养一体模式下面临的困境，通过市场化改革能取得的实效，对今后海塘市场化的逐步推进提出一些建议。

2　崇明本岛海塘、水闸市场化涉及的范围和内容

2015年，一期崇明本岛部分海塘、水闸市场化所涉及的范围位于崇明北部地区，始自东旺沙东侧，讫至二通沙西侧与江苏省省界交界点。托管的内容为5座水闸的运行、75.4 km海塘岸线的巡查养护、2 241亩防护林的养护。

2016年，二期崇明本岛海塘、水闸市场化所涉及的范围位于崇明西北部、东南部地区，始自江苏海门海永交界点，讫至上实公司0310土大堤。托管内容为3座水闸的运行、77.43 km海塘岸线的巡查、130 km海塘岸线的养护、5 315亩防护林的养护。

3　海塘管理单位面临的主要问题

3.1　"管养一体"模式的弊端

崇明海塘所下属按区域划分为7个总站，以总站为中心管理分站，分站依据工作量配备堤闸管理员2～6人，承担海塘和水闸范围内的管理、养护、巡查职责，采用"管养一体"的模

作者简介：茅矛（1990—　），女，大学本科，主要从事海塘管理工作。E-mail：375686860@qq.com。

式。这类模式在长期的实践工作中存在以下弊端：

第一，堤闸管理员一岗多职，缺乏专项指导和培训，学而不专、专而不精，海塘建设发展缺乏专业技术人才。第二，管养一体模式导致部分职能冲突，堤闸管理员一方面是管理方，另一方面又承担部分养护责任，部分职能处于自管自查，在失去外部约束的监督管理下，容易形成工作的惰性和松懈的状态，不利于落实工作。第三，管养一体模式养护经费每年采用财政拨款形式，往往拨多少用多少，由于缺乏自主性和长远规划，短期难以彻底改变落后的工程面貌和大幅提高工程管理水平，束缚了养护技术水平的提高和管理体制的创新，使得海塘巡查维修养护局限于固有的养护模式。

3.2 人员配置问题

崇明海塘所自2015年起因事业编制约束、人才外借、在职员工大批退休等，面临巡查员、专业技术人才短缺，养护员工作效率低等问题。从职能角度来说，承担防汛抗台和保障人民生命财产安全的重要职责，人员配置不合理其本质就是高风险安全隐患。人员配置问题主要分为以下三类。

专业技工：海塘机电维修的队伍骨干技师近年集中退休，电工、焊工等技术工种缺口较大，队伍目前难以胜任全岛22座水闸的维修养护工作。一旦遭遇汛期应急抢修，还需借助外部力量完成防汛抢险任务。

巡查员：按照水利工程管理单位定岗标准，每公里大堤需配置一名巡查员，但是现状与标准要求相去甚远。巡查力度不足，造成内外青坎乱建、乱植、乱扔现象突出。同时作为海塘管理单位，只有管理权无执法权，并不能对违反管理规定的人员做出行政处罚，违规者有恃无恐，长此以往形成恶性循环，为海塘区域清理工作带来无形的困难，增加了日常养护工作量。而解决此类问题的关键还是在于源头控制，只有加强巡查力度才能有效遏制违章现象。

养护员：大堤、林业养护员待遇收入水平低，没有绩效奖励激发其工作积极性。同时，养护员与乡镇签订合同，由乡镇下发工资，处于考核与工资发放分离状态。乡镇管理与海塘管理单位结合程度较低，缺乏团队建设，导致工作效率低下。

4 海塘管理单位市场化运行实施的几项重点

4.1 招标前的准备工作

崇明本岛市场化相较于长兴、横沙岛市场化，涉及的地理范围更大，权属问题更复杂，水文条件更苛刻。正是在这样的背景前提下，招标前期工作需要倍加细致和到位。

招标前期项目组的准备工作包括确定投标形式和内容，设立市场化项目部，项目总投资概算，资金审批的落实，招标所需设计图纸及工程量清单，为投标文件的编制提供参考。

4.2 中标后的合同管理与考核监督

4.2.1 制定“1＋4”合同协议制度

海塘管理单位根据《合同法》及有关法律法规，结合公司的实际情况，在与中标单位签订主合同时，一并签订《廉政协议》《防汛责任书》《安全协议》《第三方考核协议》四份协议。

廉政协议为确保在海塘、水闸、防护林养护及运行管理中保持廉洁自律的工作作风，防止各种不正当行为的发生；防汛责任书为确保市场化区域大堤、水闸等防汛设施完整及其防汛功能的正常发挥；安全协议为确保综合治理、安全生产各项措施落到实处，营造良好的社会综合治理、安全生产环境；第三方考核协议为约束中标单位严格履行合同内容，按照养护落实及考核评分情况，阶段支付养护费用，保证海塘社会化平稳有序进行。

4.2.2　明确考核方法

根据《上海市水闸运行养护基本条件暂行规定》，管理单位应对中标单位的运行情况、养护水平、经营行为进行考核。海塘管理单位制定了明确的考核方法，分为专业性考核和第三方实施的社会性考核，其中社会性考核的权重占40%，专业性考核的权重占60%。考核分为季度考核和年度考核，具体内容为巡查时间、人次、重点区域、注意事项以及高危风险点等，并将考核结果分级，分为优秀、良好、合格和不合格，考核分数96分及以上的为优秀，分数90～95分的为良好，分数85～89分的为合格，分数84分及以下的为不合格。

5　市场化实施取得的实效

5.1　确保财政专项资金的使用

2016年印发的《中央财政水利发展资金使用管理办法》中对财政专项资金的使用有严格的要求，而每年下拨的市海塘维修养护资金同样必须符合财政专项资金使用的要求，海塘管理单位本身无法将这笔资金有效使用，从而造成下拨资金的闲置，同时，维修养护的推进也阻滞不前。此管理办法第十条提出，鼓励采用政府和社会资本合作（PPP）模式开展项目建设，创新项目投资运营机制，与海塘市场化运行思路相互契合。引入市场化运行养护后，原先的管养一体转变为管养分离，有效杜绝了违法分配和使用资金，确保了财政专项资金的有效配置。

5.2　调节用人矛盾，节约管理成本

从成本效益分析，市场化推行以后，水闸移交给中标单位，中标方吸收了崇明海塘所原有外聘工15名。据统计，外聘水闸工资达到每人每年61 000元，增幅15.1%，市场化的运作不仅让外聘工工作平稳过渡，而且提高了其工资收入。与此同时，市场化后用工成本相较原先水平，由2 026 000元降低至1 578 000元，降幅22.1%，节约了管理成本。

从专业技术人员配备方面，合同规定中标方应有不少于16名水闸操作工，不少于1名的车床工、电工、电焊、吊装工，从而完善了机修技工队伍，补齐了水闸维修养护的短板。部分海塘、水闸的市场化解放了一部分生产力，富裕的人员调至南沿海塘，有效地盘活现有人力资源，调节了用人矛盾。

5.3　积极培育海塘维修、养护市场化主体，促进海塘建设整体发展

海塘管理单位在政府采购过程中，投标企业不多。一方面，崇明三岛海塘地点偏远造成吸引力不够，另一方面市场上符合二类以上水闸运行养护资质要求的企业本身不多。不仅如此，在引入海塘维修、养护之后，针对崇明岛特殊的地理水文情况，对新上岗的市场化养护单位员工还要进行进一步的专项培训，以确保适应岗位要求。2015—2018年三年内，海塘管理单位定期开展网格化、林业养护培训，积极指导培育市场化主体；并组织一期、二期市场化单位参与其举办的劳动竞赛、八化建设。

5.3.1 定期开展网格化、林业养护培训

崇明海塘日常管理依托海塘专业网格化系统平台，按照海塘巡查操作规程，基于GPS系统，根据每天巡查情况，主动、及时、全面地掌握海塘设施运行状况，实现海塘巡查、养护精细化监督管理。为确保巡查质量，及时发现违章，海塘管理单位每年根据堤防处培训内容，再结合地域结构特点，组织知识更新。

市场化单位养护7 556亩的防护林资源，负责季节性修剪、病虫害防治、灾害性处置等，占全部用工量的30%左右。海塘管理单位每年邀请林业站专家对本单位及市场化单位员工进行统一培训，并成立市场化办公室以提供养护月报，进行定期检查指导，监督病虫害防治情况。2015年，由于市场化单位机械化程度低，养护进度缓慢，海塘管理单位敦促市场化单位进行割灌机、高杆机、绿篱机的采购，指导其统一管理，提高工作效率。

5.3.2 参与海塘管理单位劳动竞赛、八化建设

海塘管理单位连续三年邀请两家市场化单位参与本单位组织的劳动竞赛、八化建设，与本单位员工开展良性竞争。对本单位来说，一方面，市场化的运行引入了一种新的机制，多元化的人才队伍培养、资本的有效合理运用、高效开放的管理模式为海塘管理单位打开了新的思路，倒逼其做出转型升级，提升单位整体素质。另一方面，外部人员的加入管理与之形成良性竞争关系，对内部员工产生“鲶鱼效应”，有利于提高海塘管理单位的工作效率和技术水平，给海塘内部管理带来了生机动力。对市场化单位来讲，通过参与劳动竞赛及八化建设，加强其对海塘文化、海塘精神的认同感，提升本位意识。同时进一步与管理单位进行学习融合，为下一阶段的工作打下了良好的基础，有利于其长期服务于水务事业。

5.4 海塘维修零星工程集中养护

崇明本岛海塘未引入市场化单位前，零星工程的开展，如雨淋沟、堤顶路面、砌石块体的修复，伸缩缝填料的补充等均由各站点组织。在实施过程中，暴露出质量不达标、专业工具缺乏、处理不及时等弊端，此类工程又属于零星工程，难以做到集中化养护。市场化单位参与进来后，正好弥补了以上短板，提高了养护质量和效率，同时集中化操作降低了成本，提高了资源配置效率。

6 优化市场化运行管理建议

6.1 鼓励市场化单位进一步加大成本投入，提升机械化水平

市场化单位近两年投入了大量资金购买机械，替代低效人工。但是，人工使用量依然占50%以上，不仅如此，人工存在低效、劳动产品差等劣势，在海塘内外青坎的修剪中表现得尤为明显。经观测，使用机械化操作修剪齐整度高，海塘管理单位鼓励市场化单位进一步加大成本投入，培训员工熟练使用机械，进一步取代劳力。

6.2 进一步明确考核标准，细化考核内容和工程量清单

尽管根据之前的养护规程及管理经验，出台了系列管理考核的办法，内容涵盖海塘管理、水闸管理、安全管理、社会监督等，但是针对企业的考核办法远未能面面俱到。下一周期的招投标工作需要管理部门继续规范考核制度，进一步细化考核内容、考核标准，尤其是对工程量的考核，发票开具不能一把抓，工程量清单需要逐项标明，做到有源可溯，有根可查。

7 结束语

崇明海塘市场化是崇明岛发展的必然趋势，海塘管理单位推进的海塘、水闸维护、运行项目通过市场化的形式有利于明确和强化海塘巡查维修养护管理的职能及责任，降低海塘巡查维修养护运行管理成本，提高堤防管养效率和质量，化解海塘管理中存在的主要矛盾和保证“海塘、大堤、林业”的整体协调。

参考文献

[1] 龚瑞萍，崔慈. 公共管理市场化的基层社会治理[J]. 上海水务，2016，32(2)：72-74.
[2] 徐双全. 面对新形势上海市海塘管理的几点思考[J]. 上海水务，2015，31(1)：62-66.

上海海塘达标工程施工过程中质量问题及对策措施思考

陈建花

（上海迅翔开发实业总公司，上海 200231）

摘　要：截至 2002 年，第一轮海塘达标工程建设基本完成。随着社会经济的快速发展，海塘保护对象的重要性发生了巨大变化，因此上海市政府决定启动第二轮海塘达标建设，进一步全面提高海塘的防御标准，确保上海防汛安全。当前，海塘达标建设全面展开，达标任务量大、时间紧，可能会导致达标建设重进度管理而轻质量管理，不能在工地精细化、标准化管理上下功夫。本文从海塘达标工程施工管理角度出发，发现问题，寻找问题发生的原因，结合海塘达标建设工程实际情况，提出了问题的解决措施及方案，有利于提升海塘达标建设工程的精细化管理水平。

关键词：海塘达标；建设；问题思考

1　引言

1997—2002 年，上海市第一轮海塘达标工程建设基本完成后，海塘的防御能力得到了很大的提高[1]。然而，经过十余年沿江沿海经济、社会和产业发展，原海塘保护对象的重要性发生了重要变化，大规模的滩涂圈围工程建设也使原认定的主海塘不再位于一线位置，加上长江中上游整治、三峡工程蓄水、南水北调建设、全球气候变化、海平面上升等海塘前沿水情工情发生了较大变化，新颁布实施的《海堤工程设计规范》也为海塘规划、设计、建设和管理提供了技术支撑，海塘防御能力和工程等级有待进一步复核和确定。因此，上海市启动了第二轮海塘达标建设，规划从 2011 年至 2020 年。目前，海塘达标建设到了攻坚期，达标建设如火如荼地开展着。达标建设要进度更要质量。在项目管理中，笔者发现了目前达标工程施工过程中的一些质量问题，并提出了对策措施与大家一起探讨思考。

2　概况

2.1　海塘现状

上海市海塘是指长江口、东海和杭州湾沿岸以及岛屿四周修筑的堤防（含堤防构筑物）及其护滩、保岸、促淤工程。有随塘河的堤防保护范围为堤身、堤外坡脚外侧 20 m 滩地和堤内坡脚至随塘河边缘的护堤地；无随塘河的堤防保护范围为堤身、堤外坡脚外侧 20 m 滩地和堤内坡脚外侧 20 m 护堤地；护滩、保岸、促淤工程的范围按照批准的设计文件确定。上海市海塘主要分布在金山、奉贤、浦东、宝山、崇明等区，其中崇明包括崇明、长兴和横沙三岛。

作者简介：陈建花（1980—　），女，助理工程师，从事土工工程方面工作。E-mail：cjhflower@163.com。

根据 2013 年最新海塘调查数据，本市主海塘总长约 495.4 km(其中大陆 211.4 km，占 42.7%，三岛 284.0 km，占 57.3%)。一线海塘总长约 523.0 km(其中大陆 210.7 km，占 40.3%，三岛 312.3 km，占 59.7%；公用段 206.2 km，占 39.4%，专用段 316.8 km，占 60.6%)。备塘 507.3 km；丁坝 346 道，总长 39.0 km，顺坝 151 条，总长 192.8 km。详见图 1。

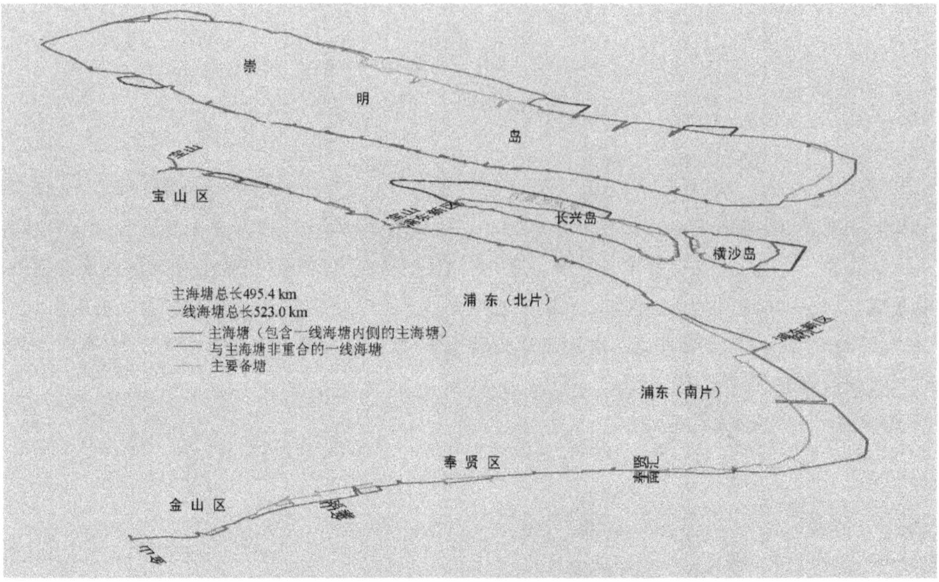

图 1　上海海塘分布图

2.2　海塘防御标准

按上海新一轮海塘达标标准，对典型断面的设防高程和堤身外坡的护面结构稳定性进行复核。结果表明，全市主海塘有 73%已达标，有约 27%即 135.62 km(其中公用段 39.45 km，专用段 96.17 km)未达到新海塘标准，需加高加固才能达标。详见表 1。

表 1　上海市海塘设防标准

标准分类	适用区域	标准取值说明
200 年一遇	大陆、长兴岛	大陆芦潮港-三甲港为 200 年一遇高潮位＋12 级风上限，其余部分及长兴岛为 200 年一遇高潮位＋12 级风下限
100 年一遇	崇明岛、横沙岛	崇明岛北沿及横沙岛北沿为 100 年一遇高潮位＋11 级风上限，其余部分为 100 年一遇高潮位＋11 级风下限

3　海塘达标施工过程中质量问题及对策措施思考

上海海塘第二轮达标建设自 2011 年开始实施，随着海塘管理体制机制调整到位，2015 年达标工程全面展开，工程快速推进，施工和管理力量都进入空前紧张时期，与此同时，达标工程施工和管理过程中重进度、轻质量现象也层出不穷。作为达标工程建设管理一员，在项目管理中，笔者对充砂管袋破袋、块石护坡、砼浇筑气泡、刷深等方面的质量问题进行分析思考，积极寻求对策措施，以期为达标工程保质保量地完成贡献一份力量。

3.1 充砂管袋破袋问题思考

充砂管袋是新建或达标海塘的内部主要结构，它的施工质量直接影响到海塘的安全稳定，施工中质量必须予以保证，施工工艺合理。

充砂管袋用砂是有严格要求的，粒径>0.075 mm 的含量应大于总量的 50%；黏粒($d<$0.005 mm)含量小于 10%。充填袋体应分层放置，堆叠整齐，排列有序，上、下层袋体之间的搭接缝必须错开，每层袋体严格控制在 0.40～0.50 m 厚。

3.1.1 存在问题

海塘新建或达标工程中，施工单位往往会在基础垫层或外坡结构施工时，破充砂管袋找平施工，而且在破袋后又很难按设计要求进行补袋，或干脆不补袋，从而留下重大安全隐患，严重影响海塘的安全稳定。图 2 为充砂管袋施工现场图。

图 2 充砂管袋施工现场图

3.1.2 原因分析

(1) 施工单位为了施工方便，不想用袋装砂找平。

(2) 施工单位为了节省成本，不愿用袋装砂找平。

(3) 在工程进行过程中，存在不得不破袋的情况，如新老结构结合部位衔接施工等。

3.1.3 对策措施

(1) 加强施工现场的管理，严格按设计要求施工。

(2) 在不得不破袋的部位，采用较小尺寸的充砂管袋，尽量减少破袋可能造成的危害。

(3) 在设计阶段，可以考虑控制充砂管袋的宽度，预留袋装砂找平，避免破袋。详见图 3。

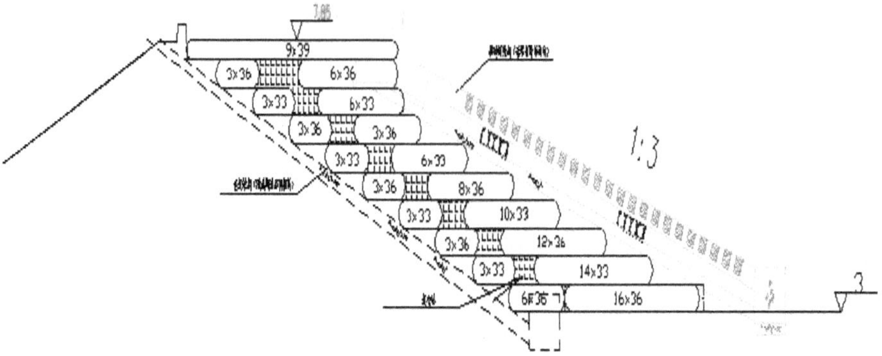

图3　设计后的充砂管袋施工图(m)

3.2　干砌、浆砌及灌砌块石护坡问题思考

石块砌筑时应严格遵守分层砌筑、分层灌砼的砌筑方法，灌砌块石的石块必须大面朝下，使块石之间形成大致上大下小的缝隙，砌石错缝布设，禁止出现上下砌石的竖向通缝，且表面保持平直，缝宽≥5 cm，且≤15 cm。考虑到施工过程中灌注砼时，缝隙过小缝内混凝土灌注难度较大，故在施工过程中缝隙采用允许范围内的较大值施工。

3.2.1　存在问题

干砌、浆砌、灌砌块石护坡的块石来源紧张，部分块石厚度、强度达不到设计要求；块石摆放达不到设计要求的大面朝下小面朝上及缝宽标准，造成混凝土浇筑振捣不充分，容易形成空洞。

3.2.2　原因分析

(1) 目前海塘建设的石料主要来源于浙江舟山一带，现在浙江严格控制石料开采，所以石料的成本和质量都受到了很大影响，能满足设计要求的400 mm甚至500 mm厚度及一定强度标准的不是很多。

(2) 施工人员为了坡面美观或减少混凝土用量，不按设计要求摆放块石。

3.2.3　对策措施

(1) 加强材料进场和施工过程管理。

(2) 从设计角度，积极改进护坡结构，或者寻找更好的替代性护坡型式，如埋石混凝土护坡结构型式等。

埋石混凝土护坡结构型式在很多省市都有使用，它能够克服：反滤层级配不合理，易被淘刷；块石砌筑不好，整体性差；块石强度不够易破碎，抗老化能力差等问题，从而减少或消除给工程带来的影响。埋石混凝土的综合单价与灌砌块石造价相当。

3.3　防浪墙气泡问题思考

3.3.1　存在问题

海塘防浪墙的模板拆除后，砼表面有一些气泡，虽然根据上海市《水利工程施工质量检验与评定标准》，还达不到蜂窝麻面的程度，对工程的质量应该不构成影响，但是对工程的外观质量造成较大的影响。

3.3.2 原因分析

(1) 材料方面。在生产过程中实际使用砂率比实验室提供的砂率要少，细粒料不足以填充粗集料之间的空隙，导致集料不密实，形成自由空隙，为气泡的产生提供了温床。水灰比较高的混凝土易产生气泡。水泥和水的用量比例不恰当，也是导致气泡产生的重要原因。如果在满足混凝土强度的前提下，增加水泥用量，减少水的用量，气泡会减少。某些混凝土外掺剂以及水泥自身的化学成分，也是导致气泡产生的原因。

(2) 工艺方面。振捣能否密实，气泡能否排出与许多因素有关。振捣时间与气泡的排除有直接的关系。一般来讲，振捣时间越长，力量越大，混凝土越密实。但时间过长，石子下沉，水泥浆上浮，发生分层、泌水、离析现象，会使有害气体集中于顶部，形成"松顶"。时间过短，骨料颗粒还没有靠拢紧密，不能将水和多余的空气排出，达不到密实的目的。

3.3.3 对策措施

(1) 混凝土拌合物水灰比和坍落度宜小不宜大，水灰比取值为 0.4～0.5，坍落度满足混凝土搅拌车最低工作坍落度即可，取值为(75±10) mm。

(2) 脱模剂必须使用黏度适宜的脱模剂，如机油和柴油拌合物、变压器油等，否则黏度太大不利于气泡排出，黏度太小容易将混凝土表面扒面。

(3) 振捣除了一定要垂直振捣、快插慢拔外，更要注意振捣棒移动间距和振捣时间反比于坍落度值，不可过振少振。在塌落度 75 mm 左右时，移动间距 1.2 倍振捣作用半径，振捣时间 15 s 即可。

(4) 在模板上部 50 cm 时用木榔头轻轻敲击进行排气。

3.4 滩地刷深问题思考

3.4.1 存在问题

海塘达标建设项目中很多存在滩地刷深的设计变更，而且往往滩地刷深的设计变更费用比较高，是影响海塘达标项目结算、决算的主要因素。

3.4.2 原因分析

主观原因：施工单位追求利益化最大。

客观原因：经过汛期，确实存在滩地冲刷。

3.4.3 对策措施

(1) 加强招标和合同管理，明确"滩面刷深、挤淤及沉降等工程量在单价中综合考虑，图纸泥面线与实际泥面线由投标单位进行现场核实，结算工程量按招标时提供的施工图图示工程量计算，滩面刷深、挤淤及沉降不另算"。

(2) 规范施工建设管理过程，做好事前控制，做到流程不走完不施工，严格遵守"先签后做"原则。

(3) 委托第三方测量单位在施工前进场复测，确定有无刷深及刷深的工程量。

4 结语

海塘大堤是保护全市人民生命财产安全的第一道屏障，海塘达标建设工程的质量事关重大[2]，不得有任何的闪失，我们要增强工程管理的精细化意识，追求卓越，同时也要结合海塘达标管理的实际情况，充分发挥施工、设计等方面专业人员作用，集思广益，逐步完善海塘达标建设管理，为上海海塘管理工作起到积极的推进意义。

参考文献

[1] 徐素云.海塘建设工程质量管理研究[J].硅谷，2008(6)：71.
[2] 陈峰.上海市海塘防护能力现状的调查及分析[J].海洋学研究，2010，28(1)：72-79.

青浦城区河道防汛墙出险原因及除险加固方案探索

陆雪华

（上海市青浦区河道水闸管理所，上海 201700）

摘　要：防汛墙作为重要的防汛设施，对保障城市防汛安全起着至关重要的作用。随着城市迅猛发展，大量的防汛墙急需除险加固或重新建设。本文以青浦城区某骨干河道防汛墙出险情况为例，分析了防汛墙出险的原因，并结合现场实际情况提出了相应的除险加固方案。

关键词：防汛墙；防汛设施；骨干河道；除险加固

1　引言

青浦区作为上海的水乡，地处长江三角洲前缘，河网密布，全区共有河流 1 934 条，总长 2 408.2 km，河网密度为每平方公里 3.60 km，河面率为 18.3%，是上海市河面率最大的区。与此同时，汛期受台风、高潮、暴雨影响较大，防汛形势和压力突出。防汛墙作为重要的防汛设施，特别是淀浦河、上达河、油墩港、东大盈港、西大盈港等一大批骨干河道的防汛墙，对保障青浦防汛安全起着至关重要的作用。

但是，由于城市基础建设发展需要，或由于年久失修、结构薄弱等原因，大量的防汛墙急需除险加固或重建新建。青浦城区某河道为“青松片”水系中东西向骨干河道，具有很好的代表性。随着河道沿线周边地块的开发建设以及近几年本区域内河道整治建设的不断推进，河道大部分岸段已完成或即将进行达标改造建设，但仍有部分岸段存在结构老化、位移、墙顶标高不达标等类似防汛安全隐患问题。本文以该河道防汛墙出险情况为例，分析防汛墙出险的原因，并结合现场实际情况提出相应的除险加固方案。

2　工程现状

经调查，该河道出险段范围内现状防汛墙主要有两种结构：钢筋混凝土挡墙结构和浆砌块石挡墙结构。

（1）钢筋混凝土挡墙结构。该段防汛墙建于 2001—2002 年间，为“L”形结构，底板顶面高程 1.90 m，宽 2.1 m，厚 400 mm，墙顶原设计高程 5.00 m。挡墙底板下设双排 250 mm×300 mm 钢筋混凝土方桩基础，桩间距 1.5 m，桩长 7.5 m。钢筋混凝土挡墙护岸结构断面见图 1。现状墙顶高程约 4.80 m。

（2）浆砌块石挡墙结构。该段防汛墙长 518 m，始建于 20 世纪 80 年代，现状为直立式挡墙结构。由于建设年代较久，根据墙后开挖探洞的实地测量，现状防汛墙下设有桩基，桩

作者简介：陆雪华（1978—　），男，助工，青浦区河道水闸管理所所长。E-mail：whujinbin@163.com。

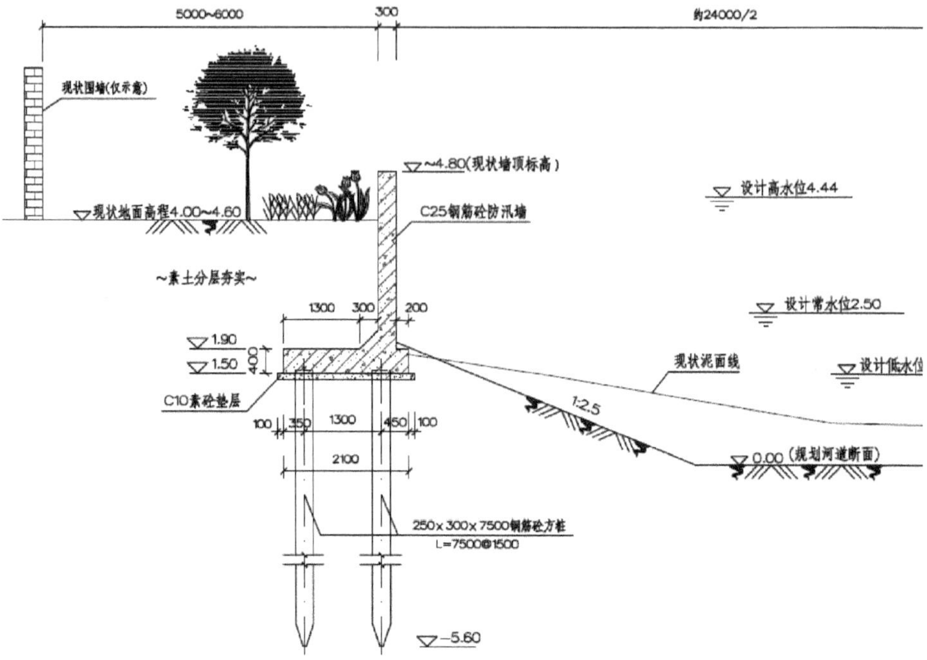

图 1　钢筋混凝土防汛墙现状结构断面图（水位：m；尺寸：mm）

径 200 mm，桩沿河道走向间距 1.5 m，桩长不详。挡墙为直立式浆砌块石挡墙结构，墙体较单薄，且墙身腐蚀较严重。浆砌块石挡墙底板面高程 1.60 m，宽约 2 m，厚 300 mm，已出现破损。

根据探洞开挖过程中资料反映，墙后土体整体性一般，未出现明显孔洞。挡墙墙顶高程约 4.77 m，墙顶上砌筑有高约 2.50 m 的砖墙，墙后地面高程 4.90 m 左右。

根据以上资料，拟定现状防汛墙断面结构见图 2。

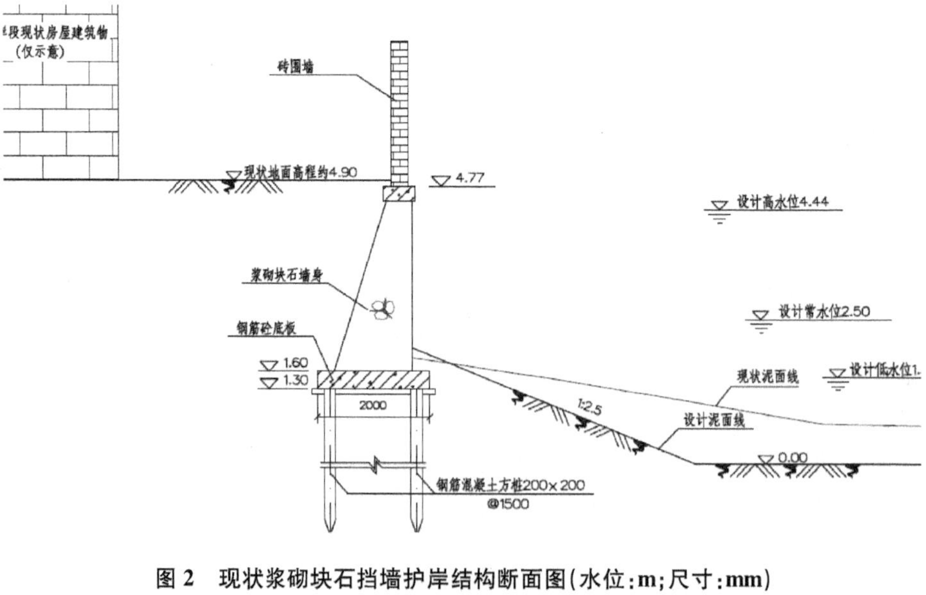

图 2　现状浆砌块石挡墙护岸结构断面图（水位：m；尺寸：mm）

3 工程出险情况

3.1 钢筋混凝土结构防汛墙

该段防汛墙始建于2001—2002年间，原设计墙顶高程为5.0 m，但根据近期现场断面测量资料可知，现状墙顶高程为4.80 m左右，未达到本地区防汛设防高程5.0 m。

3.2 浆砌块石结构防汛墙

2013年10月上旬“菲特”台风后，本河道局部岸段沿线防汛墙出现倾斜、开裂、墙后地面裂缝、上部围墙几近倒塌等问题。严重出险的防汛墙总长度约80 m，原设计为4仓，每仓长约20 m。出险段防汛墙墙身向河道内严重倾斜，墙身沿沉降缝发生错位，墙顶最大错位达5 cm，墙后地面出现沿河方向贯通的裂缝，裂缝最宽处宽约2 cm。同时，严重出险段上下游防汛墙结构也出现轻微的位移、倾斜等问题。

4 出险原因分析

4.1 钢筋混凝土结构防汛墙出险段

根据现场河道断面测量资料，本段防汛墙墙顶高程4.80 m左右，较原设计5.0 m高程下沉约0.2 m左右。经初步分析，主要有以下两个方面的原因：

(1) 上海市地面年均沉降在10 mm左右，该段河道防汛墙经过10多年的运行，墙顶高程随本地区地面的整体沉降而降低。

(2) 该段防汛墙建设时期墙后腹地为空地，且地面高程较低，随着近十几年的开发建设，现状墙后腹地均遍布各种建筑物，地面也进行了填土加高，这增加了河道沿线防汛墙结构的沉降。

4.2 浆砌块石结构防汛墙严重出险段

经现场调查和分析，本段防汛墙出险主要有以下两个方面的原因：

(1) 本段防汛墙始建于20世纪80年代，为直立式浆砌块石挡墙结构，结构较薄弱。同时，内部结构水泥砂浆本身标号低，并有破损问题，为持久运行的通常现象。

(2) 受河道水位影响，平时的防汛墙日常维护一般是常水位以上勾缝刮浆处理，常水位以下难以实施墙体定期勾缝刮浆加固措施，长久运行导致现状结构常水位以下破缝、渗透等问题普遍存在，墙体稳定性已普遍降低。

5 除险加固方案研究

5.1 钢筋混凝土结构防汛墙抢险方案

根据现场情况判断，本段防汛墙墙身由于自身失稳而向河道内倾斜，河道护岸边坡并没有发生整体滑移，考虑采用墙后密排钻孔灌注桩围护、老墙上部结构拆除新建挡墙的方案。对于护岸离现状房屋特别近的地方，墙后围护的钻孔灌注桩中心线距离现状房屋2.8 m以上，并增加高压旋喷桩隔水帷幕。在围护结构形成后，老墙底板、墙身和墙顶围墙结构全部拆除，利用老墙墙底现有方桩结构新建“L”形钢筋混凝土挡墙结构，新建钢筋混凝土底板与围护桩之间种植锚筋连接，墙身上部采用钢筋混凝土连系梁连接。护岸结构断面见图 3。

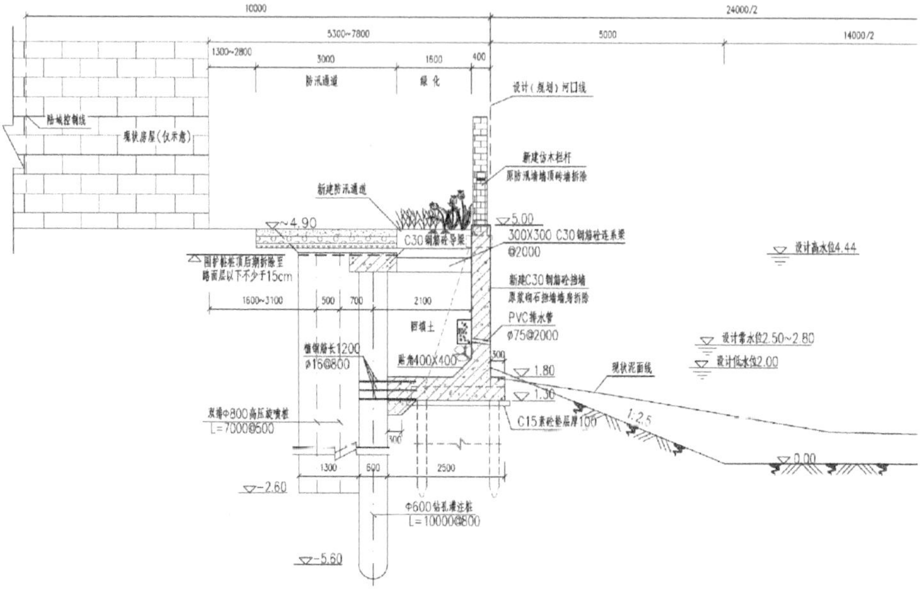

图 3　护岸结构断面图（水位：m；尺寸：mm）

5.2　浆砌块石结构防汛墙抢险方案

本河道局部出险段防汛墙上下游两侧现状防汛墙（共长 438 m），结构与相邻严重出险段防汛墙结构同期建于 20 世纪 80 年代，并且沿河建筑物平面上参差不齐、远近距离不等，均有二层建筑用房存在，最远距离约 11 m，极端近距离只有 2.3 m。

根据以上情况和附近实际条件，初步考虑以下三种方案。

方案一：拆除老墙结构，新建“L”形钢筋混凝土挡墙结构。

方案二：拆除老墙结构，新建浆砌块石挡墙结构。

方案三：基本保留老挡墙墙身结构，在老挡墙墙前布置一排钻孔灌注桩，墙顶拆除至 4.0 m 高程，利用墙前灌注桩新建钢筋混凝土墙身，老墙墙后土体采用压密注浆加固，墙后回填土后恢复现状路面结构。

各方案优缺点比较见表 1。

表 1　各方案优缺点比较

方案	优点	缺点
方案一	新建挡墙整体性较好，施工工艺成熟，与上下游挡墙结构一致	工程造价较高
方案二	新建挡墙整体性较好，施工工艺成熟，景观性较好	工程造价较高，与上下游挡墙结构不一致
方案三	以墙前加固为主，对墙后建筑物影响较小	施工步骤较复杂，外观效果较差，且对水流有一定影响

针对城区在安全、景观等方面要求较高的特点，应根据墙后场地等实际情况灵活选择加固方案，对于墙后场地条件较好且现状河口线与规划河口线一致的岸段，我们宜采用方案一，其结构断面如图4所示；对于局部岸段墙后有建筑物、难以征地拆迁等场地受限制情况的岸段，宜采用方案三，其结构断面如图5所示。

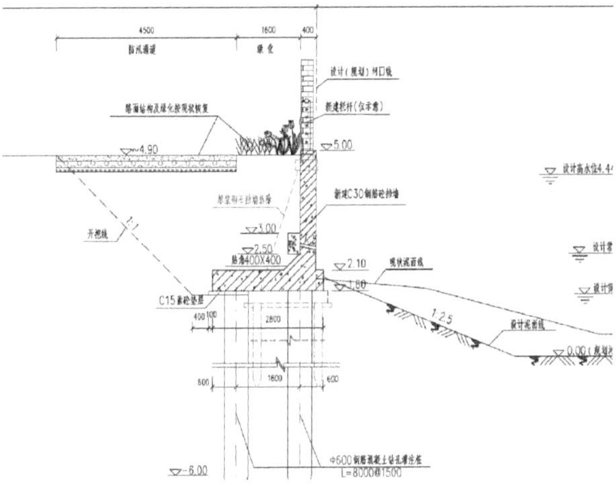

图4　方案一护岸结构断面(水位:m;尺寸:mm)

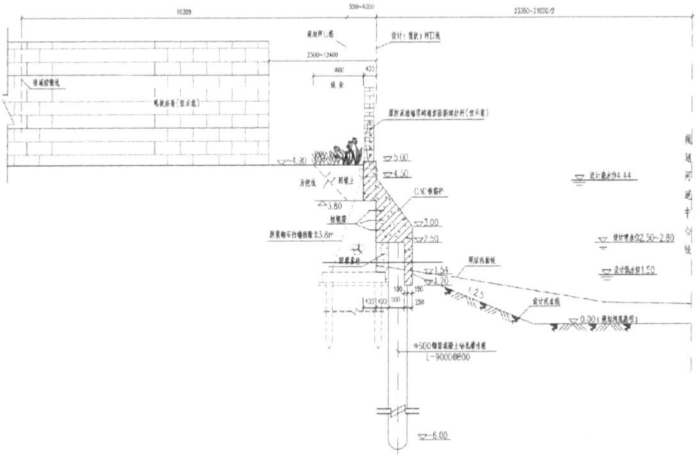

图5　方案三护岸结构断面(水位:m;尺寸:mm)

6　其他注意事项

本方案主要针对城区骨干河道严重出险段防汛墙应急除险改造，对于存在安全隐患的防汛墙进行加固改造、对于防汛墙标高不足的岸段进行加高处理。在具体实施过程中，严重出险段应尽量安排在汛前完工，墙前需要构筑顺河围堰施工；对于其他存在安全隐患段防汛墙按常规达标防汛墙进行建设，尽量安排在非汛期开工，墙前也构筑顺河围堰施工；对于加高段可同步施工，且不需构筑围堰。

7 结语

河道防汛墙安全与否直接关系到沿岸人民群众生命财产安全及周边地区经济社会发展的大局，为此，对于有条件实施防汛墙加固改造的岸段，应尽快完成防汛墙达标建设工程，这不仅是本地区防汛安全的需要，更是经济社会发展的重要保证。防汛墙除险加固的方式及施工工艺较多，应综合考虑实施条件及出险的严重程度等因素，因地制宜，科学选择加固方案。

参考文献

[1] 陈忠达. 公路挡土墙设计[M]. 北京：人民交通出版社，1999.
[2] 中华人民共和国水利部. 水工挡土墙设计规范 SL379—2007[S]. 2007.
[3] 王成华. 挡土墙倾覆稳定验算之辨正[J]. 岩土工程学报，1992，14(4)：72 - 76.

南翔镇河道管理中河长制探讨

吴宇凡

(上海市嘉定区南翔镇水务管理所,上海 201802)

摘　要:为响应习近平总书记“绿水青山就是金山银山”的号召,嘉定区作为上海打造的长三角地区综合节点城市,开始全面推行河长制,为河湖整治与管理创造新经验。而南翔作为嘉定区重要发展战略的一环,也在不断落实河长制的同时如火如荼地对南翔镇中小河道进行整治管理。为了进一步提升南翔镇河道水环境,本文就当前南翔镇中小河道在河长制落实过程中明确各级河长工作职责、创新考核办法、如何让河道治理得到公众监督等工作中获得的经验教训,阶段性成果以及河长制本身的特点与制约进行了分析与探讨,争取在南翔镇实现“绿水青山”,也为其他地区提供经验思路。

关键词:嘉定南翔;河长制;河湖治理;中小河道;经验思路

1　嘉定区南翔镇河长制落实情况

1.1　嘉定区南翔镇河道概况

南翔是江南水乡、中国历史文化古镇,位于上海市西北部,为嘉定区南大门。其镇域东与宝山区、普陀区交界,南连江桥镇,西接安亭镇,北邻马路镇。南翔镇水网如织,航道通畅,有市、区、镇、村四级河道共 93 条,总长 112.34 km。其中,市级河道有蕰藻浜(南翔段);区级河道有横沥、封浜河、中槎浦、吾尚塘 4 条;镇级河道共 9 条,总长 24.99 km;村级河道全镇共 79 条,总长 64.92 km,部分自然村宅还有自然形成的池塘。水面面积占全镇总面积的 8.1%。

1.2　嘉定区南翔镇建立河道河长制

2017 年底,为实现河道管理养护的规范精细、常态长效,按照嘉定区委、区政府要求,南翔镇全面推行河道河长制,全镇 110 条 109.15 km 市区级、镇村级河道及村沟宅河、人工湖,共设河长 41 人,分别由镇班子成员及村居负责人担任。并以“一河一档”为基础,编制了嘉定区河道管理养护“一河一河长”资料汇编,查清了每条河道的起始点、长度宽度、水深、水质等自然状况。嘉定区水务局于 2017 年 7 月上线了嘉定河长 APP 1.0 版本,并于同年 11 月对其进行了升级,上线了嘉定河长 APP 2.0 版本,并开发了网页版本,实现了河湖治理的信息化与统筹管理。

2　河长制概述

2.1　河长制内容

河长制是在我国严峻的水污染形势下,针对我国长期“职能交叉、责权不清”的困境,一

作者简介:吴宇凡(1993—　),男,助理工程师,工科学士学位,主要从事中小河道管理工作。E-mail:104786028@qq.com。

种水环境行政治理模式的创新，由地方各级党政主要负责人担任“河长”，负责辖区内河流的整治和管理。作为“河长”的各级党政主要负责人为本行政系统内最高权力掌握者，他们主要通过行政系统内部的权力和权治进行履职，他们对于流域上“条块分割”和职能上“各自为政”的下属各职能部门的法定职责和非法定事务都能实施一定程度的自由干预与自主问责，可以大量运用行政权力调动与整合“多头治水”的下属各职能部门水治理资源。河长制借鉴了行政管理中的约束、激励和竞争机制，明确了地方各级党政负责人对环境质量总负责的要求，最大限度地整合了各级党委政府的力量，提升和强化了河道治理的执行力[3]。

河长制解决了过去河道治理中的很多疑难杂症，如治理单位缺乏相应的行政执法权力、多头执法、职能部门互相推卸责任、职能部门对长期存在的顽疾只能治标不能治本等一系列问题。

事实证明，河长制是促进河湖水质水环境改善、保障经济和社会可持续发展的十分有效的社会管理形式，值得并且应当大力推广。

2.2 河长制痛点

不可否认，在现阶段，针对某些难以解决的重大环境问题，依靠政府乃至党政主要负责人的直接参与和领导，确实能在短期内凝聚起最大的行政力量加以解决，但是必须清楚，纯粹依靠行政力量的环境管理，更多透露出一种行政依赖，是不充分的。

2.2.1 河长制对“河长”的过分依赖

目前河长制具有明显的权力制度特征，是一种首长问责制度。河长制基本上是“一把手抓”与“抓一把手”的自上而下的权力运作机制，这种机制迫使一把手将各种大大小小的权力“一把抓”集中在自己手中。这种带有家长制色彩的一把手体制与现代科层制倡导的理性和法治精神相去甚远[3]。

“河长”需要对所辖的河流保护担负无限责任和被要求负总责，因此，他们为了职务晋升、评优创先等自身的权位或其他利益，也必须最大限度地利用权力和权治来实现河流变清的指标要求。虽然，在实践中，往往也只有集中权力的作用才能实现水环境治理的高效率，但是这种为了自身权位或其他利益而最大限度地使用权力，又因自身职责不明，往往也可能使水环境治理成为“面子工程”。

2.2.2 河长制问责制度的缺失

作为评判“河长”工作效果的“河长问责制”是一种上级对下级的问责，在上级需要承担连带责任的情况时，也难以保证问责结果的公正性。同时，“河长问责制”中的水质标准以及考核标准是由行政权力系统内部设定的，基本上属于行政体制内部“白考”，甚至难以排除在相关水质检测数据和考核成绩方面的修饰和作假现象。这种问责制的实践往往以报喜不报忧居多，真正的“一票否决”几乎未见。

2.2.3 河道治理的不确定性

在实践中，河流治理或水环境治理总是存在着大量的复杂性和不确定性问题。针对这些问题，需要有充分专业性、灵活性以及前瞻性的制度设计与制度安排，不同情况需要不同的对策。此外，在制度缺失的情况下，由各级党政负责人担任的“河长”，由于其自身的局限无法对这些存在着的大量复杂性和不确定性问题及时做出最佳反应，存在“河长”不知道“河长”应该如何管理河道的困境。

不同河流的污染原因与污染症状不尽相同，不同河流所在行政辖区的经济社会发展状况也不尽相同，从而河流治理的对策也就有所不同，这也是河长制中“一河一策”制度内容的由来，而具有普遍性和统一性的法律政策必然难以企及；河水污染变质的原因往往十分复杂，从而明确界定河流污染之法律责任也就十分困难；地处不同行政辖区的河流是一个完整的自然生态系统，不同行政辖区的“河长”之间以及与河流治理相关的下属各职能部门之间的分工责任界限也应当既有清晰性也有模糊性，仅仅依靠法律规定进行河流流域分割治理并明晰分工责任存在明显不足；河流水质测量标准的科学依据还存在诸多不确定性，河流水质变好或达标也可能需要一个不确定性的长期过程，因而具有稳定性和滞后性的法律制度也往往难以科学地实现“河长”考核标准的设定和问责的执行[3]。

3 嘉定区南翔镇河长制的改进落实

河长制纵然有一些痛点难以从根本上解决，但它仍然是我国目前大环境下最行之有效、最具有推广价值的河道治理制度，能够极大地改善在过去我国粗犷的经济发展道路下忽视的环境问题。因此，哪怕是“戴着镣铐跳舞”，我们也应该将河长制改进完善，并充分落实，又快又好地将“绿水青山”还给广大人民群众，度过这段特殊的河道治理时期。

3.1 南翔镇河道治理历史

南翔镇对河道治理的重视由来已久，早在 2004 年南翔镇政府就发布了《加强河道长效管理的实施意见》，2005 年又发布了《关于对南翔镇区域主要河道进行专项整治的实施意见》(嘉翔府〔2005〕第 87 号)，并在 2006 年进一步发布了《关于加强村级河道长效管理的实施意见》(嘉翔府〔2006〕第 71 号)。为实现河道长效管理，对水面、河岸、河道两岸水域边缘以外 3 m 范围定出了一系列标准和要求。

为达到上述标准和要求，嘉定区结合“万人就业”项目招收河道保洁员，于 2004 年 8 月成立了“嘉定南翔农村卫生保洁服务社”，对南翔镇河道进行保洁。截至目前，南翔镇已实现辖区内市、区、镇、村级河道及村沟宅河 131 000 m 保洁全覆盖。为进一步落实河道管理与养护分离的市场化运行机制，南翔镇采取公开招投标落实了河道设施养护单位，对河道河岸绿化、护岸堤防、防汛通道及相关附属设施实现全覆盖。

3.2 南翔镇河长制落实情况

中共嘉定区南翔镇委员会、嘉定区南翔镇人民政府于 2016 年 12 月 16 日印发了《南翔镇全面推行“河长制”实施方案》的通知，为南翔镇落实河长制打下良好的开头，并制定了以下目标任务。

(1) 建立河长制的时间节点：根据镇领导提出的“干在实处、走在前列”，南翔镇计划于 2016 年 12 月底前建立河长制。

(2) 河长制的工作目标：

① 基本消除黑臭水体。通过河长制的建立，到 2017 年底，基本消除区域内水体的黑臭现象，加强管控，防止黑臭现象回潮。

② 拆除违法建筑。以河长制为抓手，推进河道管理范围内违法建筑的拆除。

③ 提高河道管理水平。由“河长”监督河道管理“四定”(定人、定岗、定河段、定标准)实

施情况，实现河道管理养护的“规范精细、常态长效”，形成“监督、整治、管理”三位一体的河道水环境治理新常态。

3.2.1 明确了各级河长的工作责任

在明确目标任务的同时，也明确了各级河长的工作责任，并在《南翔镇河长工作职责及考核办法(试行)》中对其进一步深化。

(1) 镇级河长：贯彻落实国家“水十条”基本要求，统筹协调各方资源，帮助村居协调解决跨部门、跨领域的复杂疑难问题，组织开展辖区内水污染防治和水环境治理，消除黑臭水体，2020年基本消除劣Ⅴ类水体；加强河湖岸线管理保护，拆除河道两岸违法建筑，清理“三无”船只，整治违规排放等行为；禁止填堵侵占河道，水面率只增不减；加强污染源管控，建立“发现、上报、处置”突发水污染事件机制，及时有效处理举报投诉；落实河道管理“四定”，确保河道面清、岸洁；建立河道管理养护“五个一”制度(管理“一河一河长”、情况“一河一档案”、整治“一河一对策”、养护“一河一办法”、监督“一河一监督员”)。

(2) 村居河长：掌握河道水环境现状、污染水体的污染源构成；监督河道管理养护单位的工作质量；及时发现制止并上报涉水违法违规行为，积极协助执法部门开展执法监督；积极配合上级开展水污染和水环境治理工作，负责属地的协调工作；加强村居管理，禁止向河道(包括村沟宅河)内倾倒垃圾、直排生活污水和生产废水；开展河道日常巡查。

(3) 南翔镇河长办公室：组织开展本镇河长制工作；建立河长联席会议、工作例会、宣传动员、信息报送、考核督办等制度；贯彻落实上级有关开展河长制的工作要求。

3.2.2 创新河长制考核方法

依据嘉定河长APP工作平台按月对河长履职情况进行统计，河长办组织年中、年终考核和年度社会测评。嘉定河长APP工作平台按月统计河长日记记录、上级河长指令响应和突出问题处置结果。年中、年终考核由区河长办联席会议相关成员单位组成的考核组采取查阅资料、现场检查、集中汇报等方式进行。社会测评由第三方组织开展河道周边群众满意度调查问卷，每年组织1～2次。

考核实行百分制。按照《嘉定区河长考核评分表(镇级河长)》《嘉定区河长考核评分表(村居河长)》《嘉定区××河道河长考核评分表》分别赋分，考核结果90分以上为优秀，80分以上90分以下为良好，80分以下为不合格。考核结果在一定范围内予以通报，并作为党政领导干部和村居干部综合考核评价的重要依据，与干部自然资源资产离职审计和生态环境损害责任追究挂钩。对考核结果为优秀的河长予以表彰奖励；对不合格的河长由上级河长进行约谈，问题突出的由纪检监察部门实施自认追究，情节特别严重的予以免职。

3.2.3 高度重视社会监督

南翔镇政府对社会监督高度重视，希望能够通过居民群众的监督进一步推进河长制的落实：在主要媒体上公告河长名单，在主要河道、湖泊显著位置竖立河长公示牌，标明河长职责、河湖概况、管护目标，监督电话等内容，接受社会监督。加强推行河长制工作的宣传力度，营造依法治水、齐抓共管的良好社会氛围，引导广大市民群众积极参与河湖管理工作，增强社会各界河湖管理保护的责任意识、参与意识，夯实水环境治理的群众基础。

4 结语

南翔镇“河长制”推行至今，河湖治理效果显著，问题从发现到解决全过程的速度有了大幅提升，处理方法有了很大改善。能够达到这样的效果，是南翔镇大力推行、改善、落实河长制的成果，是潜心制定工作目标、明确各级河长工作责任与内容、提高考核公正性和有效度以及高度重视社会监督的结果，是制度的成功，也是南翔镇上上下下不断努力的成绩。

参考文献

[1] 张嘉涛. 江苏“河长制”的实践与启示[J]. 中国水利，2010(12)：13-15.
[2] 李成艾，孟祥霞. 水环境治理模式创新向长效机制演化的路径研究——基于“河长制”的思考[J]. 城市环境与城市生态，2015(6)：34-38.
[3] 黄爱宝. “河长制”：制度形态与创新趋向[J]. 学海，2015(4)：141-147.
[4] 陆晓岚. 浅析嘉定区南翔镇中小河道管理现状与对策[J]. 科技信息，2013(22)：450-451.
[5] 嘉定区南翔镇人民政府. 关于加强村级河道长效管理的实施意见[Z]. 2006.
[6] 嘉定区南翔镇人民政府. 南翔镇全面推行“河长制”实施方案[Z]. 2016.
[7] 嘉定区南翔镇人民政府. 南翔镇河长工作职责及考核办法(试行)[Z]. 2017.

闵行区七宝镇河长制工作的实践与探索

张　莉

（上海市闵行区水利管理所，上海市 201100）

摘　要：全面推行河长制是党中央、国务院为加强河湖管理保护做出的重大决策部署，是落实绿色发展理念、推进生态文明建设的内在要求，是完善水治理体系、保障国家水安全的制度创新，是深入贯彻落实习近平总书记“美丽中国”重要指示的具体行动。按照中央关于全面推行河长制的决策部署，在市委市政府的坚强领导下，闵行区七宝镇与各有关部门一道，牢固树立和践行“绿水青山就是金山银山”的理念，强化统筹协调，狠抓任务落实，全面推行河长制，起到了很好的模范带头作用。

关键词：河长制；生态环境；精细化管理

闵行区七宝镇共有河道21条，其中市级河道1条、区级河道2条、镇级河道9条、村级河道9条，总长度近36 km；54个大小湖泊，水体水面积共计0.86 km^2。

2016年以来，根据市委市政府关于加强生态环境整治的工作要求，紧紧围绕区委区政府到2020年把闵行建设成生态宜居现代化主城区的目标，七宝镇以“推进五违整治，实现河道三清”“整治黑臭水体，沟通河网水系”“注重长效监管，提升养护水平”三项工作任务为重点，创新工作方法，优化体制机制，全力推进河长制工作。

2017年4月25日，市长、市总河长视察七宝河长制工作推进及中小河道整治情况，并在七宝镇召开上海市城乡中小河道综合整治暨河长制现场推进会，对七宝镇河道整治工作予以充分肯定。9月8日，国家水利部第二次河长制工作督导检查组来到七宝镇视察，在七宝镇召开了水利部第二次全面推行河长制工作督导检查会议，对七宝镇河长制推进工作予以充分认可。12月6日，中央电视台、人民日报、新华社、光明日报、中国水利报社等中央媒体采访报道组在七宝镇召开了“新时代，新气象，新作为”大型主题采访活动上海河长制工作媒体座谈会。12月29日，上海市河长制办公室发布《关于印发〈三张清单、三长联动、三个二运转——闵行区七宝镇抓好河长制落实〉》的红头文件，在全市范围内宣传七宝镇的特色做法，并要求全面推广。

1　总体情况

一河之长，责任重大，七宝镇不断丰富“河长”体系，明确责任。一是聘任45位各级党政领导担任河长；二是聘请10位河道流经区域的学校校长、企业负责人和部分小区业委会负责人担任“民间河长”；三是聘请22位优秀团员青年作为“河长助理”，聘请32名优秀党员担任“河长志愿者”；四是聘请1名区级河长监督员，全面监督河长制推进情况；五是结合“四位一体”模式，新增16名人大代表河长，进一步拓展和充实河长队伍。

作者简介：张莉（1981—　），女，工程师，硕士，从事河道管理方面工作。E-mail：lostnarrow@163.com。

2017年，七宝镇党委、政府明确将河长制工作作为年度重点工作，建立了工作专班，开展专题培训，聚焦重点项目，全面落实推进河长制。一是推进扁平化，由党政主要领导挂帅，亲自部署、亲自过问、亲自协调，每两周召开班子会，每两月召开重大项目双月例会通报工作进展，找准问题、精准发力，快速有效推进。二是培训多样化，通过现场巡河指导、电子化巡河培训等形式，对各级河长进行专题培训。三是工作标准化，通过制定“四项制度”让河长们的工作推进有依据、问题处置讲规范。四是管理专业化，优化“三张清单”“三长联动”等体制机制，让河长们的专业知识更丰富、工作技能更娴熟。同时，在办公用房、人员编制紧张的情况下，专门为河长办提供了近100 m^2的办公场所，并抽调精干人员专职从事河长办工作，确保了各项工作顺利推进。在宣传方面，国家级媒体、市区级媒体等各类官方媒体共计采访宣传50余次。

2 主要做法

七宝镇以目标化、实体化、制度化、规范化、信息化、群众化、激励化“七化”为重点，以“三张清单”为指导，“三长联动”为抓手，“三个二”为时限，确保河长制工作落实到位，打造了七宝镇河长制工作特色。

2.1 “三张清单”

所谓三张清单，即责任清单、风险点清单和养护清单。“责任清单”主要用于明确工作任务，“风险点清单”点明河湖管理的问题隐患，“养护清单”提示河道保护管理的内容及设施量。“三张清单”的不断完善，使各级河长尽快融入角色，成为河长们日常的“工作指南”和“办事守则”。

2.2 “三长联动”

所谓三张联动，即依托网格化平台，七宝镇建立了以河长、路长、岸长“三长联动”为抓手的管理模式。由七宝镇河长制办公室牵头，镇8个部门、3个派出所作为成员单位，建立了“三长联动”会议制度、信息共享制度、工作督察制度，协调解决河道维护管理的重点难点问题，定期通报河道管理保护情况，各部门各司其职，共同推进河道管理保护工作。同时，向社会公布《七宝镇河长、岸长、路长名单》，在主要河道、道路显著位置竖立三长公示牌，标明三长职责，河道道路概况、管护目标、监督电话等内容，接受社会监督。

2.3 “三个二”快速运转处置机制

在案件处置上，依托网格化平台以及七宝镇独有的“网格化片区”制度，严格落实20 min内流转，2 h内到场，24 h内上报处置结果的快速处置机制，做到“一线去、马上办、重实效、惠民生”。强化网格化巡查前端处置能力，将河长制水质监测平台纳入七宝镇网格化中心，实现陆域水域监控全覆盖，真正把“河、岸、房、绿、污”五件事一起抓，彻底解决“问题在河里，根子在岸上”的问题，提升群众对水环境治理的获得感和满意度。

2017年，在实施区政府制定的水环境综合整治三年行动计划过程中，七宝镇自我加压，提出了“三年任务、一年完成”的工作目标，以“三水行动”为工作抓手，共拆除河道范围内违法建筑12万 m^2，完成全镇范围内9条河道的综合整治，并实现新增水面积1.2万 m^2。以闵行区创建全国河湖管护体制机制创新试点县(市)为突破口，积极推进河道养护作业市场化改革，提升精细化管理水平，不断优化水环境质量和品位。

3 后续工作："三个率先"

2018年，七宝镇河长制工作将以"七化"为重点，按照"四位一体"模式，以"三个率先"为要求，打造一个规范化、标准化、可推广、可复制的河长制工作模式。

3.1 率先完成"污水全收集""水系全沟通"

2018年，七宝镇将重点进行"苏四期"工程，对三桥港、横新港进行综合整治工程；盛家浜、毛家库浜、孙家弄港及杨新竖河、姚浜竖河五个条段进行水系沟通工程，将七宝镇整体水系沟通。针对"岸上的问题"，将进行二次供水，雨污分流，市政混接改造项目，河道沿河截污项目，从源头控制水环境污染问题。

3.2 率先消除劣Ⅴ类水质

编制"七宝镇水生态三年行动方案"，对2018—2020三年的河长制推进、水务管理、水环境整治工作进行全面的统筹安排。引进水生态修复项目，用科技手段介入河道治理，结合河长制管理平台，对水质情况进行日、月、年环比分析，目标2019年率先消除劣Ⅴ类水质。

3.3 率先创建河长制示范镇

通过近期开展的"不忘初心、牢记使命，勇当新时代排头兵、先行者"大调研活动，镇党政领导俯下身子、深入群众、问需问计，把百姓的需求作为自身的目标，有序推进河长制工作，结合七宝镇古镇特色，讲好七宝水文化的故事，最终实现"水清、岸洁、有绿、景美"的终极目标。

4 结语

七宝镇通过全面推进河长制工作，进一步健全了河湖管护长效机制，拓展和深化了河长制管理内涵，完善河长制各项工作制度，建立了"政府主导、分工明确、企业运作、竞争有序、运转高效"的河湖管护模式，实现了七宝镇水环境面貌的长足改善，实现了河湖管护水平、联动协作能力和爱河护河意识的"三提升"。通过河长制工作的实践，真正使群众感受到宜居宜业和谐的生活环境带来的幸福感。

参考文献

[1] 张凤春.全面推行河长制，共建绿水生态美[J].新长征，2018(4)：24-25.
[2] 施学静.全面推行河长制，维护人水和谐生态系统[J].江苏政协，2017(11)：54.

基于上海市的实践经验对河长制的探索与思考

林顺辉

（上海市堤防（泵闸）设施管理处，上海 200080）

摘　要：本文在上海市实施河长制的实践基础上，结合河长制的相关研究成果与经验，进一步探析与深化河长制的发展成效：加快了水环境治理步伐；掌握了河湖基本情况的资料；加强了河湖水域岸线的管理保护，控制了水面积；保障了饮用水水源安全；形成了治河合力，促进改善了水环境。同时提出河长制管理制度建议：建立健全河长制的法律法规体系，与现行水治理体制和管理制度有机结合，建立长效协调机制，强化流域层面的治理理念，科学探索河长制，鼓励公众参与，搭建参与平台。

关键词：河长制；法制化；管理制度；建议

1　前言

上海市东临东海，南临杭州湾，西接淀山湖，北界长江，同时地处太湖流域东缘，其境内水系发达、河湖众多，共计有河道 26 603 条，湖泊 692 个，河湖总面积约 619 km^2，河湖水面率为 9.77%，常水位条件下，全市总槽蓄容量约 13 亿 m^3[1]。上海市水资源虽然丰富，但仍然存在水环境质量差、水生态有一定受损、“水质型”缺水等一系列问题。同时，上海作为特大型城市，其日益增长的人口对水环境产生了巨大的压力，对上海经济社会的可持续发展提出了更高的要求。顺应时代的需求，河长制的推行，将摆脱“多龙治水”的局面，使之前河湖治理中时常出现的责任不明、互相推诿、管理“内耗”、协同工作能力差、办事效率低、监管不到位等现象有所改善[2]。

河长制自实施以来，凭借着其任务具体、责任明确、考核刚性等优势，掀起了一场又一场水质达标攻坚战，使得水环境质量得到了显著提升，而随着实践的深入，河长制也暴露出一些或大或小的弊端与困境，亟须我们进行更深层的研究。本文基于上海市河长制的实践经验，进一步探析与深化河长制的改革与创新趋向，将有力促进水资源保护、水域岸线管理、水污染防治、水环境治理等工作的进展，为解决我国复杂水问题、维护河湖健康生命的有效举措，完善水治理体系、保障国家水安全的制度创新提供可靠的依据[3]。全面推行河长制是落实绿色发展理念、推进生态文明建设的内在要求，还有利于政府环保优先意识的觉醒、全民治水氛围的营造，更有利于国家治理现代化尤其是生态治理现代化的推进[4]。

2　河长制的发展与成效

河长制始于 2007 年太湖大规模爆发蓝藻事件，无锡市在应对突发的环境事件上，首次以政策制度形式——“河（湖、库、荡、氿）长制”对水环境实施保护。鉴于无锡市河长制取得

作者简介：林顺辉（1963—　），男，工程师，本科，从事堤防设施管理工作。E-mail：linshunhui0608@163.com。

的显著效果，全国多个省市效法学习。2014 年，上海在闵行区、青浦区试点开展河长制。2016 年 12 月，中央审议通过了《关于全面推行河长制的意见》(以下简称《意见》)，标志着探索近十年的河长制从原来的应急之策上升为国家意志[4]。2017 年 1 月，结合上海实际，制定了《关于本市全面推行河长制的实施方案》(以下简称《方案》)，全力推进水环境综合整治并取得阶段性成效。

《方案》实施后，截至 2017 年底，水环境功能区达标率、消除劣Ⅴ类水质断面占比和Ⅲ类以上水质断面占比三项指标都有显著提升，为全市基本消除黑臭河道和 2020 年全面消除劣Ⅴ类水质打下坚实基础。《方案》体现了河长制在实施中的针对性、有效性，增补了上海市水污染防治行动的短板。河长制的成效主要表现在以下几个方面：

(1) 加快了水污染防治和水环境治理的步伐。通过河长制的协调和督促作用，加快推进了《上海市水污染行动计划实施方案》，对全市河道的综合整治起到了很好的推动作用，取得了明显成效。

(2) 为河湖基本情况的掌握提供了一手资料。河长制启动后，上海市开展了大规模的河道状况调查研究，建立了“一河一档”，制定了“一河一策”，为河道的长效管理、河道水质与水环境改善的序时进度提供了策略措施。

(3) 加强了河湖水域岸线的管理保护，使水面积得到了有效控制。河长制的推行，使全市的河道蓝线专项得到落地，结合“五违四必”的区域综合整治，恢复了河湖岸线良好的生态功能，增加了全市的水面积，遏制了擅自填堵河道的违法行为。

(4) 改善了水环境。河长制的实施，加大了河道整治与管理的力度，推进了美丽乡村的建设，使河道的水环境得到显著改变。一些多年未能整治且影响群众生产生活的河、塘、库得到整治，水体污染得到控制，河湖水质得到改善，河湖生态得到恢复，城乡人居环境显著改善。

(5) 保障了饮用水水源安全，提高供水标准。《方案》要求完善水源地布局建设，对四大集中式饮用水水源地规范化管理，这样依法保障了饮用水水源的安全，将有力提高全市人民的供水标准。

(6) 形成合力治水的系统，促进了长效管理。河湖管理保护是一项复杂的系统工程，涉及上下游、左右岸、不同行政区域和行业。由党政领导担任河长，依法依规落实地方主体责任，较好地解决部门之间的协调合作。河长制积极明确了长效管理措施，落实了各个部门的职责，强化了长效管理的队伍，不仅建立了相关的行政督察机制，而且形成了社会监督机制，促进了河湖的长效管理。

3 推行河长制面临的主要问题及建议

3.1 主要问题

自 2016 年底推行河长制以来，上海市各级河长是河湖管理和保护的第一责任人，对其所负责河道履行管、治、保“三位一体”的职责，全力推进城乡中小河道综合整治，提前 16 个月完成了河长制全覆盖、中心城区水质全面达标。在整个治理过程中，河长制发挥了强大的作用，体现了其高效协同的作用。但上海市开始实施河长制的时间还很短，全国河长制作为新时期的河湖管理新策略，都仍处在摸索和完善期，因此在推行河长制的过程中仍存在一系列的问题：① 缺乏与河长制配套的法律法规，现行涉水法律法规未对河长制的实施提出明确规范要求，河长制如果只依靠行政等手段去推行，生命力就会大打折扣；② 未与现行水治理体制和管理制度实现有机衔接，容易造成新的制度问题；③ 河长制主要负责人为河长，使得在落实河长制的过程中对河长过于依赖，河长对河湖管理的认知程度，对河湖的了解、重视程度，决定着管理的推进效果，河长会随行政调动而不断变动，从而影响河长制实施的连续性和效果；④ 广大人民与地方各级政府对河湖管理的专业认识不到位，对于有效的治理河湖缺乏科学理论依据。

3.2 实施建议

通过对河长制现有研究成果的归纳总结，对河长制的实施提出以下几点建议。

（1）建立健全河长制的法律法规体系。河长制的推行，涉及众多领域和机构群体，需要政府、企事业单位和个人共同参与，因此按照依法治水的有关要求，将河长制列入涉河、涉水法律法规和相关规章十分必要，为河长制的实施提供规范和支撑。规范河长制的相关内容，明确河长的主要职责和相关体制，规范河长制治河、治水的关键环节和目标任务，规范河长制相关责任人的监督考核。

（2）推行河长制与现行水治理体制和管理制度的有机衔接。现行水治理体制和管理制度是在多年实践基础上形成的，既存在问题，也颇有成效。河长制的创立，势必对新的制度造成冲击，如解决不好各个制度之间的关系，将会产生新的制度问题。

（3）建立长效协调机制。河长制就是责任制，也是长效机制，全面落实河长制就是全面落实责任制。要建好河长制，确保工作方案到位、组织体系到位、制度措施到位、监督考核到位。要用好河长制，河长既要承担好黑臭河道整治的责任，也要承担好整治后长效管理的责任，避免“反复治、治反复”。

（4）进一步深化河长制，建立湖长制，努力打造人水和谐的生态环境宜居地。完善河长制办公室，加强基层能力建设，增强河长履职能力，不断完善河道长效管理和河长联动工作机制，提升河道精细化管理水平，实现更好的整治效果。

（5）强化流域层面的治理理念[5]。河长制是将河湖按照行政区域分段进行管护，但河湖是动态的，每条河湖都有其流域，对于多跨境河道，分散治理会削弱治理效果，因此对于跨区域河湖，要制订相应的流域综合规划，从流域的角度全盘考虑管护工作才能进一步提高工作效率和治理成效。

（6）科学探索河长制。我国的河长制实施经验不足，理论研究成果更是少之又少，因此需要加大力度借鉴国外的成功实践经验，结合我国的水环境现状，按照新的发展理念和系统治理的要求，做好以水资源保护、水污染防治、水环境改善、水生态修复为主要任务的综合治水总体规划，探索出中国特色的河长制之路，早日实现水环境的实施目标。

（7）开发民间河长制度。作为“政府河长”补充的“民间河长”如企业自管河长、居民代表河长，因为对身边河道的了解程度高，运用其接地气的管理养护模式，有力地促进河长制的工作，因此要进一步加强社会参与，共建多方参与的协同治理体系。把村民自治与市场化的河道养护模式更好地结合在一起，拓宽民间河长、企业河长参与河道治理的渠道，发挥基层党组织在社会治理上的优势，发挥河道治理效益，继续打好河道整治攻坚战。

（8）积极搭建全民参与平台，形成政府、公众和社会共治格局。河长制已采用现代化平台让广大群众参与到河道整治行动中，如打环保热线、手机随拍上传政府网站等形式，但作为长效管理机制，河长制还需建立便捷、长效的参与渠道，依托高新技术对河湖水域进行长期的动态监测，时时监督、及时发现问题及时解决问题，让河湖长治久清。

4 结语

河长制是顺应时代的产物，国家适时全面推行河长制，表明了对河湖管理与保护工作的重视。《意见》出台后多地结合自己的问题，制定了更加详细具体的落实政策，为打赢水污染治理的攻坚战打下了坚实的基础。河长制是倡导“生态优先、绿色发展”理念的体现。全面推行河长制，需要建立健全相关法律法规、与现行制度有机结合、科学规划管理、发挥全民作用，促进形成政府、企业、社会和个人协同高效治水的良好格局。

参考文献

[1] 蔡新华. 上海全面推行河长制水清岸绿不是梦[J]. 环境经济，2017(12)：16-19.
[2] 左其亭，韩春华，韩春辉，等. 河长制理论基础及支撑体系研究[J]. 人民黄河，2017，39(6)：1-6.
[3] 刘超. 环境法视角下河长制的法律机制建构思考[J]. 环境保护，2017(9)：24-29.
[4] 姜斌. 对河长制管理制度问题的思考[J]. 中国水利，2016(21)：6-7.
[5] 朱玫. 论河长制的发展实践与推进[J]. 环境保护，2017，45(z1)：58-61.

浅谈上海市松江区水环境质量现状

韩沐清

（上海市松江区水文站，上海 201600）

摘　要：采用单因子评价法对水质监测资料进行评价分析，反映出上海市松江区 2012—2016 年 16 个代表断面水质状况变化趋势，并简单分析了水污染的成因、好转趋势以及变化趋势，由此得出相应结论：上海市松江区的水环境总体属Ⅳ类水，某些断面水质达不到水环境功能区划分的要求；水污染以有机污染源为主。近几年通过水岸联动、截污治污、沟通水系、调活水体、生态修复等措施，进一步改善了区域内河道水质。同时提出了一些具体的防治对策。

关键词：松江区；水污染；水环境现状评价

松江区位于上海西南部，位于北纬 31°03′东经 121°22′，区内北窄南阔，呈现梯形结构。东与闵行区为邻，南与金山区接壤，北与青浦区交界，距上海市中心约 39 km。黄浦江三大源流在松江的浦南地区交汇，东流出境。辖区内河流众多，河渠纵横，是典型的江南水乡。近年来，松江区水环境问题突出，已经严重影响到广大人民的生活环境与质量。随着人民群众生活水平的逐渐提高以及对改善水体环境的迫切需要，松江水务部门对区内河道环境进行了一系列的综合整治，且取得了一定的成效。本文对 2012—2016 年区内代表河道水质状况进行分析，阐明近五年来城市河道水质变化趋势，探讨整治后的水环境效果状况。

1　水质资料选定及整理

1.1　评价时段

选取 2012—2016 年松江区河道水质作为评价时段，采用年度评价方法，各断面监测频率为每月 1 次。地表水环境质量年度评价以每年 12 次监测数据的算数平均值进行评价。

1.2　评价河流断面

全区评价骨干河道 15 条，水质代表断面 16 个。其中，青松水利控制片 12 个，浦南西片 2 个，浦南东片 2 个。监测河流断面：华田泾、油墩港塔闵路桥、油墩港文翔路桥、沈泾塘、通波塘、二里泾、龙兴港、大邱泾、张家浜、月湖、淀浦河、泗泾塘、叶榭塘、紫石泾、茹塘、七仙泾（图 1）。

1.3　评价参数

主要为水温、溶解氧、高锰酸盐指数、化学需氧量、五日生化需氧量、氨氮、总磷、水流流向、水色对比判断等指标。

作者简介：韩沐清（1982—　），男，助理工程师，大学本科，从事水文水质测验工作。E-mail：hanmuqing@126.com。

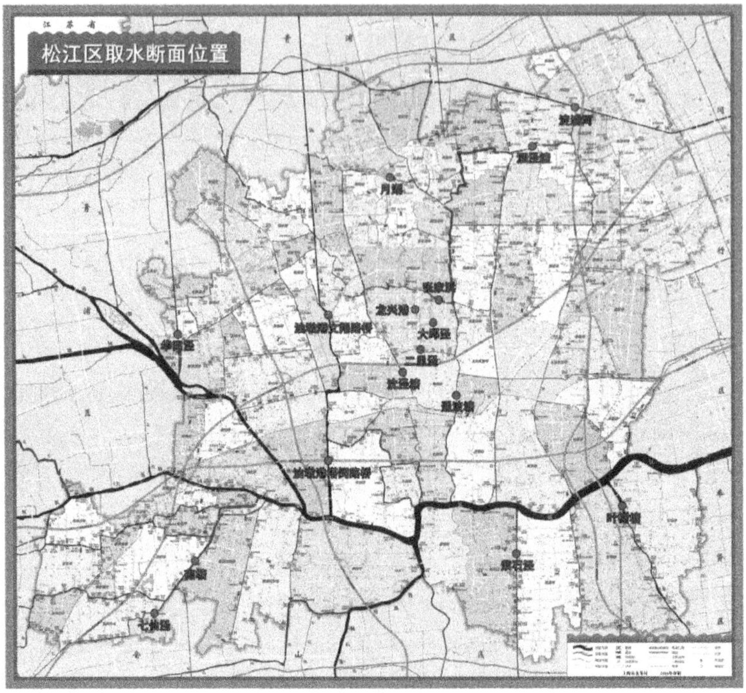

图 1 松江区 16 个代表断面位置图

1.4 评价方法

依据《地表水环境质量标准》(GB 3838—2002)和有关技术规范进行评价，河流断面水质类别采用单因子评价法对水质监测资料进行评价，即根据评价时段内该断面参评的指标中类别最高的一项来确定。描述断面的水质类别时，使用“符合”或者“劣于”等词语。

2 结果分析及评价

2.1 监测水质状况分析

根据 2012—2016 年 60 个月份 16 个监测断面水质资料进行统计计算，断面监测次数共达 960 次。结合每月各断面水质实际监测结果，将各监测点监测值通过数据平均得到一定时期的整体水质状况，见表 1。

表 1 水质状况分析表

单位：%

年份	Ⅰ～Ⅱ类水质	Ⅲ类水质	Ⅳ类水质	Ⅴ类水质	劣Ⅴ类水质
2012 年	0	4	30	22	44
2013 年	0	4	27	20	49
2014 年	0	17	42	17	24
2015 年	1	9	51	24	15
2016 年	2	17	53	20	8

根据河流、流域(水系)水质定性评价分析，Ⅰ～Ⅲ类水质比例≥90%属于水质状况优；75%≤Ⅰ～Ⅲ类水质比例<90%属于水质状况良；Ⅰ～Ⅲ类水质比例<75%，且劣Ⅴ类比例<20%属于水质轻度污染；Ⅰ～Ⅲ类水质比例<75%，且20%≤劣Ⅴ类比例<40%属于中度污染；Ⅰ～Ⅲ类水质比例<60%，且劣Ⅴ类比例≥40%属于水质重度污染。由此判断，松江区2012年、2013年总体水质属于劣Ⅴ类水质标准，水质状况属于重度污染。2014年开始劣Ⅴ类水逐年下降，Ⅰ～Ⅲ类水质占比缓慢上升，Ⅰ～Ⅱ类水质从无到有。水质状况轻度污染。水质有明显提高，但总体水环境污染形势仍不容乐观。2012—2016年水质类别趋势图见图2。

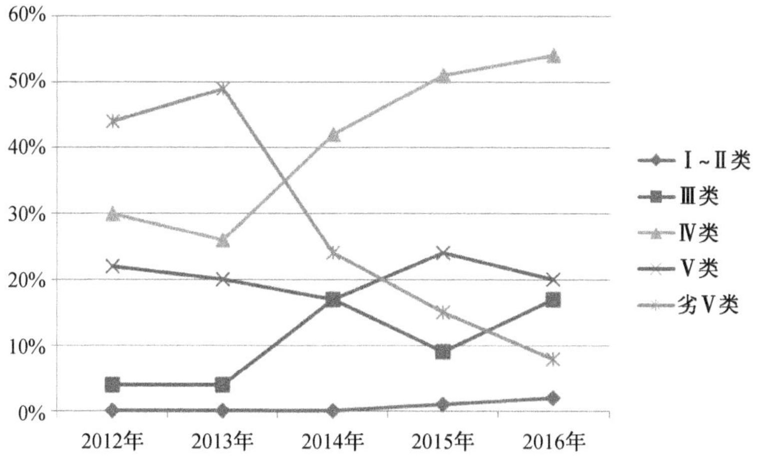

图2　2012—2016年水质类别趋势图

2.2　监测断面分析

在2012—2016年监测任务中，每个断面共计达到60次。2012—2014年中取样断面都监测到劣Ⅴ类水质，基本上每个断面都监测到2～5次的劣Ⅴ类水质。淀浦河共有34次达到劣Ⅴ类水质标准，泗泾塘29次劣Ⅴ类水，七仙泾21次劣Ⅴ类水，张家浜15次劣Ⅴ类水。2012年，月湖和大邱泾各监测到3次Ⅲ类水；2013年，二里泾、沈泾塘、龙兴港、大邱泾、华田泾各监测到1次Ⅲ类水，月湖监测到3次Ⅲ类水；2014年，水质明显好转，茹塘、沈泾塘、油墩港各监测到2次Ⅲ类水，通波塘、叶谢塘各监测到3次Ⅲ类水，华田泾监测到6次Ⅲ类水，月湖达到了8次Ⅲ类水。2015—2016年24次监测中，泗泾塘监测到14次劣Ⅴ类水，淀浦河监测到13次劣Ⅴ类水。2015年水质类别在Ⅱ～Ⅲ类水的达到了18次，2016年水质类别在Ⅱ～Ⅲ类水的达到了35次(图3)。断面位置主要分布在月湖、华田泾、油墩港、紫石泾这四条河流。

在这些劣Ⅴ类水质断面中，氨氮与总磷为主要超标的监测因子，2012—2014年每月监测都超标，2015—2016主要发生在上半年。从地理位置上分析，靠近黄浦江的河流与佘山月湖的水质相对较好，松江城区次之，泗泾与九亭地区水质较差。从时间分布上来看，7月、8月、9月水质相对较差，通常从10月开始温度降低水质情况好转，到来年的3—4月水质开始慢慢变差，劣Ⅴ类水质增多。这主要受天气影响，水体温度相对较高，从而影响了水质。

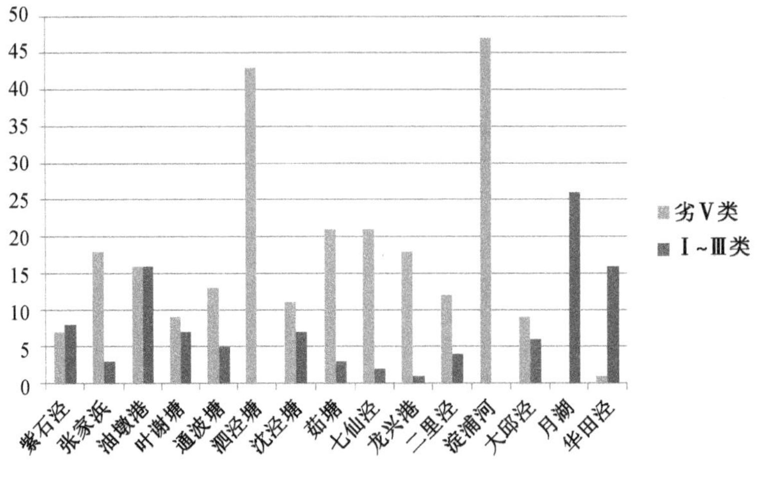

图3　2012—2016年监测断面Ⅰ～Ⅲ类水与劣Ⅴ类水达标数量图(次)

2.3　水污染成因分析

水污染成因主要有以下四个方面。

(1) 由评价结果可知，水质不达标检测因子是氨氮、总磷、溶解氧。溶解氧不足的主要原因：① 河道水位落差小，加之受潮水顶托，流速缓慢，水体复氧能力弱。② 耗氧性污染物如水中和底泥中的 BOD_5 和氨氮污染物含量高，导致溶解氧含量低。氨氮、总磷超标的主要原因：① 外源污染未彻底截除，污染物负荷远超水环境容量。自然界氮素包括有氮化合物和无机氮化合物，其中无机氮化合物包括氨氮、亚硝酸盐氮和硝酸盐氮。尽管分子氮和有机氮数量多，但植物不能直接利用它们，只能利用无机氮。② 河道自身生态修复功能薄弱，水体自净能力能力差。③ 内源污染主要是指底泥的污染释放。

(2) 松江区人口、产业结构布局原因。九亭、泗泾、洞泾区域内人口密集、工业区分布比较集中，从而导致该地区的水环境质量偏差。

(3) 污染源因素由点源、面源组成。点源污染：生活污水和工业废水。面源污染：水土流失、农田施肥、禽畜和水产养殖废水等。

(4) 河道水生态系统因素，岸坡生境、缓冲带、水生态系统不健全。

2.4　好转趋势分析

同时从以上数据得出结论，松江区水环境质量得到明显改善。水质改善的原因主要有下列三个方面。

第一，控源截污是水质好转的重要因素。控源截污分为三个方面工作：城镇、企业、乡村(住宅区、商业街道雨污混接改造雨污分流、污水厂扩容、污水管网改造、农村生活污水处理建设等)，农田(保水保肥、推广缓释肥等)，禽畜与水产(养殖设施改造、规范养殖、废水收集处理、达标排放等)。

第二，引清调度发挥了巨大作用。调水方向、调水方式是引清调度的主要内容。

调水方向：① 根据已监测的大江大河断面水质情况，按照“引优排劣”确定方向。② 大江大河的水环境容量较大，在水质相同时，从小河引水，往大河排水，即“引小排大”。③ 对于一些河道不连通的断头河浜，采用“近引近排”的方式调度。

调水方式：① 受潮汐影响较大的沿黄浦江街镇利用潮差自流引排，同时为尽量减小冲刷，采用“先引后排”的方式。② 受潮汐影响较小的街镇，由于河道只能依靠泵站的抽排，因此对于一般河道，采用“边排边引”的方式，对于断头河浜采用“先排后引”的方式。

第三，水质的生态修复与自我净化。生态修复主要内容：① 岸坡生态修复，其中包括硬质护岸的改造与生态护岸的建设。② 生态缓冲带的建立。③ 河道生态多样性，包含水生动植物的恢复等。水质自我净化包括河道清理（河道的保洁与疏浚）、沟通水系（拆坝建桥、打通断头河）等。

综上所述，通过水岸联动、截污治污、沟通水系、调活水体、改善水质、生态修复、营造水景等措施系统地治理水环境，从而进一步改善区域内河道水质，确保水环境质量进一步提升。

2.5 变化趋势分析

以2012—2016年的监测数据为基础，采用目前普遍使用的Daniel趋势检验方法，它使用了spearman的秩相关系数来衡量环境污染变化趋势在统计上有无显著性。用5个时间序列的数据，给出时间周期 $Y_1 \cdots Y_n$ 和它们的相应值 X（即年均值 $C_1 \cdots C_N$），从大到小排列好，统计检验用的秩相关系数按以下公式来计算。

$$r_s = 1 - [6\sum_{i=1}^{n} d_i^2]/[N^3 - N]$$

$$d_i = X_i - Y_i$$

式中：d_i——变量 X_i 与 Y_i 的差值；

X_i——周期 I 到周期 N 按浓度值从小到大排列的序号；

Y_i——按时间排列的序号。

将秩相关系数 r_s 的绝对值同spearman秩相关系数统计表中的临界值 W_p 进行比较（N 为5的情况下，$W_p=0.900$）。

$r_s > W_p$ 则表明变化趋势有显著意义：

如果 r_s 是负值，则表明在评价时段内有关统计量指标变化呈下降趋势或好转趋势。

如果 r_s 为正值，则表明在评价时段内有关统计量指标变化呈上升趋势或加重趋势。

表2 上海市松江区水环境主要监测指标变化趋势分析

监测指标	年均值					变化趋势
	2012年	2013年	2014年	2015年	2016年	
溶解氧	4.5	4.3	4.7	4.4	5.1	有上升趋势但不显著
高锰酸盐指数	6.1	6.3	5.9	5.8	5.5	显著下降
化学需氧量	18.8	19.3	19.5	19.2	16.9	有下降趋势但不显著
五日生化需氧量	3.2	3.1	3	3.5	3.5	有上升趋势但不显著
氨氮	2.08	2.21	1.36	1.23	0.96	显著下降
总磷	0.249	0.203	0.17	0.16	0.142	显著下降

通过计算分析，结果表明，2012—2016年，高锰酸盐指数、氨氮、总磷这三项检测因子均呈显著下降趋势，化学需氧量这项检测因子有下降趋势，但不显著。溶解氧、五日生化需氧量这两项检测因子有上升趋势，但都不显著（表2）。由以上数据得出，2012—2016年松江区总体水环境质量正逐步趋于好转。

3 水污染防治措施与建议

(1) 全面推行河长制，让一条条江河焕发新的生命活力。问题在河里，根子在岸上，系统治理综合发力。各级河长肩负水资源保护、水域岸线管理保护、水污染防治、水环境治理、水生态修复、执法监管等六大任务。坚持问题导向、因地制宜，统筹上下游、干支流、左右岸，实行一河一策、一湖一策，这是河长制的行动指南。

(2) 源头控制，水岸联动。结合"五违四必"区域环境综合整治，将河道清淤、水质改善与岸上拆违、截污纳管、绿化造林相结合，综合施策、多管齐下，从源头上控制水体污染，并发挥政策的叠加效应，提高水环境治理实效。

(3) 开展河道综合整治。加强底泥清淤疏浚，建设生态护岸，开展河道生态治理。发挥科技引领作用，通过采用人工增氧、人工湿地、生态浮岛和配置水生植物等科技含量较高的工程和生物措施，改善水质，逐步修复遭到破坏的水生态系统。

(4) 加强水质监测。对中小河道综合整治开展全过程水质监测，用科学数据准确评估整治成效，完善水质监测台账制度，定期发布水质监测通报，水质监测结果定期向社会公布。

(5) 运用执法手段和法律资源，形成严格执法、协同执法的工作局面，对沿河违法排污、危害水环境的行为保持高压态势。以中小河道周边工业企业、畜禽养殖场为重点，对超标排放、不正常使用污染物处理设施和采取逃避监管方式违法排污等行为从严从重执法。针对中小河道周边企业单位，在城镇排水与污水处理设施覆盖区域内，未按规定将污水排入城镇排水设施的；在河道管理范围内擅自设置排(水)污口的，依法从严从重实施行政处罚。

(6) 加强公众参与和社会监督。及时回应社会关切，解决群众反映的水环境问题。充分发挥舆论的宣传引导作用，用足用好媒体资源，加强对城乡中小河道综合整治工作的宣传引导，组织志愿者开展爱水护水活动，积极营造全社会共同参与和支持城乡中小河道综合整治的良好氛围。

参考文献

[1] 刘书俊，赵文昌. 黄浦江水污染及防治对策探究[J]. 环境科学与技术，2005，28(5)：23-25.

[2] 胡雪峰，许世远，陈振楼，等. 上海市郊中小河流水污染现状及对策[J]. 农业环境科学学报，2002，21(3)：204-207.

[3] 刘宏燕. 秩相关系数及其在蒲石河水质分析中的应用[J]. 黑龙江环境通报，2014，38(2)：23-24.

[4] 张闽凤，刘用权. 福建省港湾河口水质污染变化趋势的定量分析[J]. 海洋环境科学，1993，12(2)：29-33.

[5] 地表水环境质量评价办法(试行)[Z]. 2011.

基于河长制的水环境精细化管理新模式初探
——以浦东新区为例

黄　静[1,2]，马小园[1,3]，邓书炤[2]，褚旭峰[1,4]，郭子闪[1,5]

（1. 上海市浦东新区河长制办公室，上海 200135；
2. 上海市浦东新区水文水资源管理署，上海 200129；
3. 上海市浦东新区水闸管理署，上海 201299；
4. 上海市浦东新区河道管理事务中心，上海 201299；
5. 上海市浦东新区防汛指挥中心，上海 201299）

摘　要：河长制是落实发展绿色理念、推进生态文明建设的必然要求，是解决复杂水问题、维护河湖健康生命的有效举措，是完善水治理体系、保障国家水安全的制度创新。以浦东新区为例，针对水环境管理工作现状，围绕河长制，以多种数据资源为基础，借助地理信息系统（GIS）、Web、移动互联等信息化技术建立浦东新区河长制工作平台，实现河长梯度管理、巡河履职实时化、水环境问题发现处置及时化、数据溯源随时化，探究河长制背景下的水环境精细化管理新模式，以提升行业管理水平。

关键词：河长制；水环境；精细化管理；信息系统；移动巡查

1　引言

水，是人类生生不息的载体，又是经济社会发展的重要支撑。城市化进程中，受人为或自然因素的影响，水体污染，水环境恶化。近年来，各相关部门积极行动，开展水环境治理，加强水环境的管理和保护，整治后的河道都"河畅、水清、岸绿、景美"，水环境得到了有效改善。为了巩固整治成果，有效发挥水环境的综合功能效益，需要在全面落实河长制的基础上，创新水环境管理机制，强化水环境管理，量化目标、细化标准、明晰职责分工，形成规范的水环境精细化管理模式。

浦东新区位于上海市东部，黄浦江南岸，东濒长江口，南与奉贤、闵行两区接壤。行政区划面积达 1 210.41 km^2[1]，地处长江冲积层，平均海拔 3.87 m。具有明显的海洋性特征，四季分明，气候宜人，年均气温 15.7 ℃，年降水量 1 100 mm。根据《2017 年上海市河道（湖泊）报告》，浦东新区共有河道（湖泊）16 474 条，其中市、区、镇、村各级河湖 12 839 条，其他河湖 3 635 条，河湖面积 136.57 km^2；另有小微水体 4 864 条[1]。

水环境事关人体健康、经济增长和社会稳定。本文以浦东新区为例，针对水环境管理现状，围绕河长制，以多种数据资源为基础，借助地理信息系统（GIS）、Web、移动互联技术建立河长制工作平台，细分区域地理信息，通过定点、定人、定责实现河长梯度管理、巡河履职实

作者简介：黄静（1985—　），女，工程师，工学博士，主要从事水环境方面的研究。E-mail：hjk1985cool@126.com。

时化、水环境问题发现处置及时化、数据溯源随时化,提升水环境管理精细化水平。

2 水环境管理现状

2.1 管理现状

通过长期的工作实践,形成了现有的管理体制[2],即本市河道实行统一规划、综合整治、合理利用、积极保护的原则。市水务局是全市河道的行政主管部门,负责对全市河道的监督管理和指导,并对市管河道实施管理。市水务局所属的上海市水务行政执法总队具体负责本市河道的监督检查工作,并按照规定实施行政处罚。区水行政主管部门是同级人民政府河道行政主管部门,按照其职责权限,负责本行政区域内河道的管理。乡(镇)人民政府和乡(镇)水利机构按照其职责权限,负责乡(镇)管河道的管理;街道办事处对所在区域内的河道行使日常监督管理,其业务接受上级河道行政主管部门的指导。

目前,河道管理实行一级考一级的分级考核制度,由市水务局考核区水务局,区考核镇。

2.2 不足之处

2.2.1 管理权责需进一步明晰

传统的分割交叉管理造成了不同部门之间责任不清,存在着交叉、矛盾的问题。缺乏统一的协调与指导,易造成管理真空、失管,导致河道周边垃圾成堆,影响水环境。

2.2.2 管理制度体系待完善

为顺应地区发展,需推进制度创新,完善考核形式和方法,增大社会大众参与度。

2.2.3 管理工作基础待夯实

(1) 工作水平待提高。目前,河道保洁员大都是“40”“50”人员,文化程度较低,工作质量不高。部分管理人员尚未掌握水环境管理需具备的专业知识和业务能力。

(2) 基础数据采集滞后。许多水系因城市化进程进行了调整,但是相关数据的采集工作滞后,导致管理部门未能及时掌握水环境的实际状况。

(3) 信息化程度不高。管理系统未随管理方式的改变而更新,应用率低。未建立统一的数据体系,无法实现数据共享和业务协同应用。

3 水环境精细化管理新模式

3.1 创新工作方法

3.1.1 树立精细化管理观念,建设高素质管理队伍

将制度的刚性与管理的柔性相结合,强化管理人员的责任感。建立人才培养和激励机制,重视人才的选拔,调动其积极性。结合岗位实际,有计划、有重点、有步骤地开展理论和业务学习,提升精细化管理的理论水平和专业技能,建设管理复合型人才队伍。

3.1.2 厘清职责,完善组织架构

成立河长制办公室,理清工作职责,实现水环境规范化管理与精细化管理的无缝对接。

3.2 创新水环境长效管理机制

3.2.1 制订相关的规划方案

综合考虑河道规划、水资源供需平衡、经济社会发展,科学规划,合理布局,统筹兼顾,制

订了一系列相关规划方案，如浦东新区河道蓝线专项规划、浦东新区河湖水面积管控实施意见，统一河道管理养护标准，划定管理范围，明确流程、界面、责任，加大制度落实及相关政策执行力度，管控河湖水面积，真正做到有章可循、按章办事。

3.2.2　建立水环境管理联动机制

加强部门之间的沟通协调，明确责任，分工协作，内外协同全力维护水环境。出台河长制实施方案[3]，明确河长的主要职责，确定河长制成员单位的工作界面，杜绝管理部门分散、各自为政。建立河长制工作会议制度[4]，传达上级部门的工作要求，协调解决水环境管理和保护过程中遇到的重点难点。同时，将河长制工作纳入最严格水资源管理制度考核，加大水资源管理执法监督力度，巩固落实最严格水资源管理"三条红线"和"四项制度"，不断完善用水总量控制、用水效率控制、水功能区限制纳污控制和水资源管理责任考核各项工作。

3.2.3　建立水环境应急处置预案机制

统筹生态环境，明确水环境突发性事件应急处置机构与体系，建立事故响应、受理、督办、处置、反馈一体化。注重档案管理，做好物资储备保障和检查，落实专项经费。同时强化忧患意识，做好应急预案演练工作，提高快速反应与处置能力。

3.2.4　建立水环境监管机制

整合工作载体，分类精细管理，属地联动，以各街镇辖区为单元，落实监管力量。坚持问题导向，针对水环境管理中存在的突出问题开展专项行动，重点解决人民群众反映强烈的热点问题，整治一片、巩固一片，防止问题反弹，确保水环境有效改善。加强上下级部门间的督导检查，定期或不定期地开展督查，并进行通报。积极发挥街镇、村居、企业、民众等多方力量开展巡查，进一步完善"政府引导、政策扶持、部门监督、企业自律、公众参与"的水环境长效管理机制。同时，设立举报电话，建立河长制工作督查制度[4]，进一步公开办事程序，接受群众监督。

3.2.5　建立水环境管理考核评估机制

按照"属地负责、分级管理"的原则，建立河长制工作考核问责制度[4]。明确每年 12 月份，区总河长对街镇总河长履职情况进行年终考核，区河长办对各街镇河长制工作进行考核。通过客观打分、自查自评、述职评议等方式进行分值评定，通报结果，落实奖惩。同时建立激励竞争机制。将政府宏观调控与市场微观管理相结合，推行社会化服务、市场化操作的管理模式，政府进行公开招标，实现专业化的养护和保洁。

3.2.6　建立公众参与机制

开展多种形式的宣传活动，强化全民保护水环境的意识。把村民自治与市场化的河道养护模式更好地结合在一起，拓宽市民、民间河长、企业河长参与水环境管理的渠道，提高工作透明度和市民满意度，营造全社会共同参与的良好氛围。

3.3　构建河长制工作平台，实现水环境管理精细化

浦东共有河湖水体 16 474 条，占全市河湖总量的 34.1%[1]。为便于水环境精细化管理，本研究以数据为基础，以服务河长为目的，以制度为保障，以科技为支撑，借助地理信息系统(GIS)、Web、移动互联等信息化技术构建浦东新区河长制工作平台，实现河长梯度管理、巡河履职实时化、水环境问题发现处置及时化、数据溯源随时化。

浦东新区河长制工作平台主要由动态管理基础数据库和河长制综合管理中心构成(图 1)。

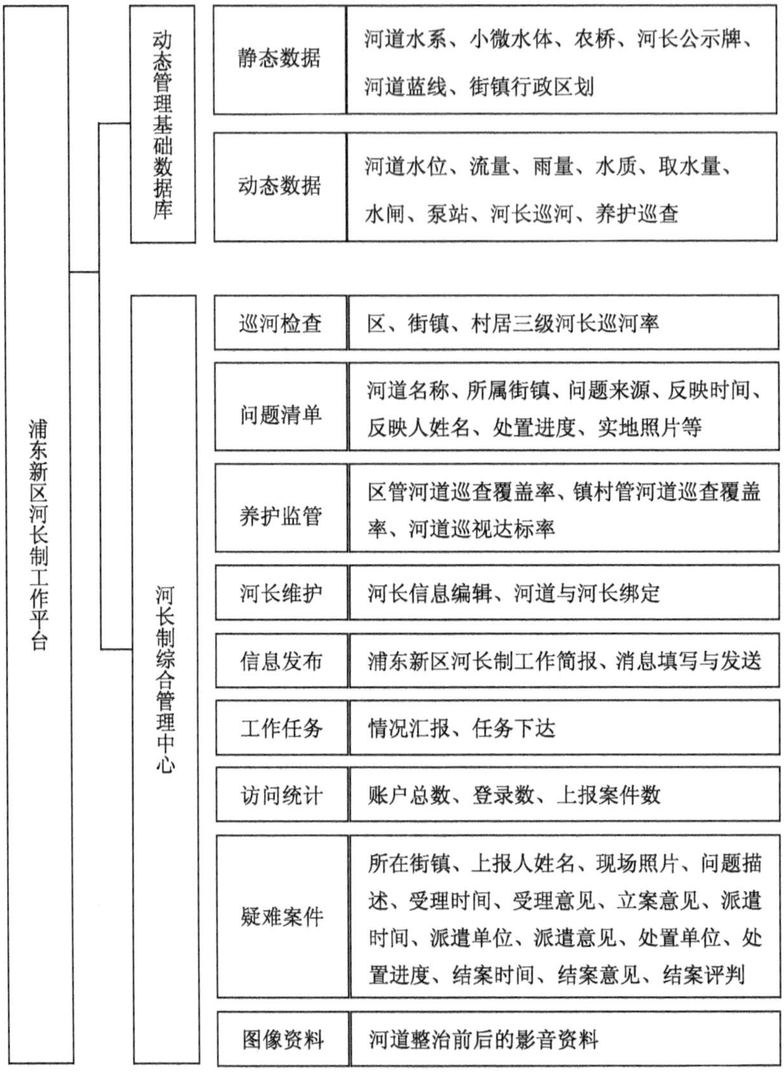

图 1　浦东新区河长制工作平台系统架构示意图

3.3.1　建立动态管理基础数据库

通过物联网从行业内不同的数据源采集、获取、过滤、存储、传输河道水位、流量、雨量、水质、取水量、水闸、泵站、河长巡河、养护巡查等实时数据，并与河道水系、小微水体、农桥、河长公示牌、河道蓝线、街镇行政区划等静态数据进行整合，水环境要素一目了然。同时，考虑到这些数据与空间信息相关，因此，运用 GIS，基于天地图实现了精准查询和管理。输入河流、湖泊或小微水体的名称后，可在地图上直接定位并显示河长、水质数据、巡河照片以及问题清单等详细信息。

3.3.2　建立河长制综合管理中心

河长制综合管理中心由巡河检查、问题清单、养护监管、河长维护、信息发布、工作任务、访问统计、疑难案件及图像资料等九大模块组成。

(1) 巡河检查。分别统计区、街镇、村居三级河长的巡河率,显示各位河长的任务量、巡河完成率、未完成率,实现了巡河履职实时化。

(2) 问题清单。由河长巡河、养护单位巡查、社会公众等不同来源发现的问题,都会第一时间进入平台,并按照问题的不同来源、处理进度进行统计,详细显示各街镇辖区内的问题清单,并附有河道名称、所属街镇、问题来源、反映人姓名、反映时间、当前的处置进度、实地照片等,实现了水环境问题发现处置及时化。

(3) 养护监管。因养护责任主体不同,分别统计区管河道各标段的巡查覆盖率和镇村管河道各镇的巡查覆盖率。同时列出明细表、汇总表以及各责任主体每月的河道巡视达标率。

(4) 河长维护。基于河道信息,通过点击关联按钮,将河道与河长进行绑定,河长责任全覆盖,实现了河长梯度管理。同时考虑到领导干部的调整,设置了编辑功能,以及时做好河长湖长调整工作,并同步到手机移动端。

(5) 信息发布。发布河长实地巡河动态,通报每月河长履职情况,整合相关的制度政策、好经验、好做法,结合当前工作进展及下阶段工作计划,发布每期《浦东新区河长制工作简报》,供河长们参阅。填写消息内容,勾选消息接收人。通过移动互联网,实现政务云与手机端之间的互通。消息接收人可以通过手机移动端第一时间收到信息,并开展相关工作。

(6) 工作任务。分别提供情况汇报和任务下达两种不同的任务类型,供河长向上、下级河长汇报或布置工作任务,大幅提高工作效率。

(7) 访问统计。对各街镇的总账户数量、登录系统数量、上报案件的数量进行统计。

(8) 疑难案件。通过列表显示案件所在的街镇、上报人姓名、现场照片、问题描述、案件受理时间、受理意见、立案意见、派遣时间、派遣单位、派遣意见、处置单位、处置进度、结案时间、结案意见、结案评判,对于需要详细说明的,可附相关材料。

(9) 图像资料。涉及整治河道的名称、长度、管理等级、所属街镇、工程前后的影音资料,实现了数据溯源随时化。

4 结语

河长制是落实发展绿色理念、推进生态文明建设的必然要求,是解决复杂水问题、维护河湖健康生命的有效举措,是完善水治理体系、保障国家水安全的制度创新。牢固树立社会主义生态文明观和“绿水青山就是金山银山”的发展理念。本文以浦东新区为例,结合区域特点及工作实际,探究水环境精细化管理新模式,从成立河长制办公室完善组织架构、建立健全水环境长效管理体制、构建河长制工作信息化平台等方面入手,不断完善和创新管理机制,努力打造水清岸美、人水和谐的水环境。

参考文献

[1] 上海市水务局. 2017 年上海市河道(湖泊)报告[R]. 2018.
[2] 上海市人民代表大会常务委员会. 上海市河道管理条例[Z]. 2017.
[3] 中共浦东新区委员会办公室,浦东新区人民政府办公室. 浦东新区河长制实施方案[Z]. 2017.
[4] 上海市浦东新区河长制办公室. 浦东新区河长制工作四项基本制度[Z]. 2017.

关于推进上海市河长制湖长制工作的初步探讨

张雅洁，居艳阳

（上海市水利管理处，上海 200002）

摘　要：保护江河湖泊，事关人民群众福祉，事关中华民族长远发展。2016 年 11 月，中共中央办公厅、国务院办公厅联合印发《关于全面推行河长制的意见》，2018 年 1 月，中共中央办公厅、国务院办公厅印发了《关于在湖泊实施湖长制的指导意见》，为维护河湖健康生命、实现河湖功能永续利用提供制度保障。本文以河长制湖长制相关政策文件为着眼点，结合上海市河湖特点和实际情况，对推进上海市河长制湖长制工作进行初步探讨。

关键词：河长制；湖长制

1　河长制

1.1　推行河长制的背景

江河湖泊是地球的血脉、生命的源泉、文明的摇篮，也是经济社会发展的基础支撑。随着经济、社会的快速发展，我国新老水问题交织，集中体现在河湖水域萎缩、水体质量下降、生态功能退化等方面。近年来，一些地区探索建立了党政主导、高位推动、部门联动、责任追究的河湖管理保护机制，积累了许多可复制、可推广的成功经验。

2016 年 10 月 11 日，习近平总书记主持召开中央全面深化改革领导小组第 28 次会议，审议通过《关于全面推行河长制的意见》。2016 年 11 月 28 日，中共中央办公厅、国务院办公厅联合印发《关于全面推行河长制的意见》，对全面推行河长制做出总体部署，提出明确要求。2016 年 12 月 10 日，水利部、环境保护部印发《贯彻落实〈关于全面推行河长制的意见〉实施方案》。

1.2　河长制

1.2.1　河长制的基本原则

（1）坚持生态优先、绿色发展。

（2）坚持党政领导、部门联动。

（3）坚持问题导向、因地制宜。

（4）坚持强化监督、严格考核。

1.2.2　河长制的组织形式

全面建立省、市、县、乡四级河长体系。各省（自治区、直辖市）设立总河长，由党委或政府主要负责同志担任；各省（自治区、直辖市）行政区域内主要河湖设立河长，由省级负责同

作者简介：张雅洁（1993—　），女，助理工程师，学士，从事河道建设与管理工作。E-mail：1961279107@qq.com。

志担任；各河湖所在市、县、乡均分级分段设立河长，由同级负责同志担任。县级及以上河长设置相应的河长制办公室，河长制办公室承担河长制组织实施的具体工作，落实河长确定的事项。具体组成由各地根据实际确定。

1.2.3 河长制的主要任务

(1) 加强水资源保护。

(2) 加强河湖水域岸线管理保护。

(3) 加强水污染防治。

(4) 加强水环境治理。

(5) 加强水生态修复。

(6) 加强执法监管。

1.2.4 河长的工作职责

一是管理保护。各级河长负责组织领导相应河湖的管理和保护工作，包括水资源保护、水域岸线管理、水污染防治、水环境治理等。二是联防联控。对跨行政区域的河湖，明晰管理责任，协调上下游、左右岸，实行联防联控。三是督导考核。对相关部门和下一级河长履职情况进行督导，对目标任务完成情况进行考核，强化激励问责。

2 实施湖长制的重要意义及特殊性

2.1 实施湖长制的重要意义

湖泊是江河水系的重要组成部分，是蓄洪储水的重要空间，在防洪、供水、航运、生态等方面具有不可替代的作用。湖长制是加强湖泊管理保护、改善湖泊生态环境、维护湖泊健康生命、实现湖泊功能永续利用的重要制度保障。

2.2 实施湖长制的特殊性

一是湖泊一般有多条河流汇入，河湖关系复杂，湖泊管理保护需要与入湖河流通盘考虑、统筹推进。二是湖泊水体连通，边界监测断面不易确定，准确界定沿湖行政区域管理保护责任较为困难。三是湖泊水域岸线及周边普遍存在种植养殖、旅游开发等活动，管理保护不当极易导致无序开发。四是湖泊水体流动相对缓慢，水体交换更新周期长，营养物质及污染物易富集，遭受污染后治理修复难度大。五是湖泊在维护区域生态平衡、调节气候、维护生物多样性等方面功能明显，遭受破坏对生态环境影响较大，管理保护必须更加严格。在湖泊实施湖长制，必须坚持问题导向，明确各方责任，细化实化措施，严格考核问责，确保取得实效。

3 上海市河道(湖泊)情况

3.1 全市河道(湖泊)总体情况

2017 年，全市共有河道 43 253 条，长 28 714.47 km，面积 497.53 km^2，河网密度每平方公里 4.53 km；湖泊 39 个，面积 72.53 km^2；其他河湖 5 047 条(个)，面积 50.92 km^2。全市河道(湖泊)面积共 620.98 km^2，河湖水面率 9.79%。

全市另有小微水体共计 53 441 个，面积 67.63 km^2。

3.2 按管理属性汇总分析

2017 年，全市共有市管河道 31 条，长 854.62 km，面积 93.81 km^2，河湖水面率 1.48%；市管湖泊 2 个，面积 48.27 km^2，河湖水面率 0.76%。全市市管河道（湖泊）面积共 142.08 km^2，河湖水面率 2.24%。

区管河道 515 条，长 2 934.77 km，面积 99.41 km^2，水面率 1.57%；区管湖泊 18 个，面积 21.34 km^2，河湖水面率 0.34%。全市区管河道（湖泊）面积共 120.75 km^2，河湖水面率 1.90%。

镇（乡）管河道 2 653 条，长 6 458.09 km，面积 113.33 km^2，河湖水面率 1.79%；镇（乡）管湖泊 19 个，面积 2.92 km^2，河湖水面率 0.05%。全市镇（乡）管河道（湖泊）面积共 116.25 km^2，河湖水面率 1.83%。

村级河道 40 054 条，长 18 467 km，面积 190.97 km^2，河湖水面率 3.01%。

2017 年各管理等级河道（湖泊）基本情况见表 1。

表 1　2017 年各管理等级河道（湖泊）基本情况表

水体类型		数量（条）	长度（km）	面积（km^2）	河湖水面率（%）
河道	市管	31	854.62	93.808 9	1.48
	区管	515	2 934.77	99.413 5	1.57
	镇（乡）管	2 653	6 458.09	113.333 9	1.79
	村级	40 054	18 467.00	190.973 7	3.01
	小计	43 253	28 714.47	497.530 0	7.85
湖泊	市管	2		48.271 3	0.76
	区管	18		21.340 0	0.34
	镇（乡）管	19		2.922 8	0.05
	小计	39		72.534 1	1.14
其他河湖		5 047		50.919 8	0.80
合计		48 339	28 714.47	620.983 9	9.79
小微水体		53 441		67.631 7	

注：受四舍五入影响，各管理等级河道（湖泊）水面率与河道、湖泊单项水面率数字相加值会有些许差异。

4 上海市河长制湖长制工作进展情况

4.1 工作方案到位

市、区、街镇三级河长制工作方案（实施方案）已由各级政府制定并印发。

4.2 组织体系和责任落实到位

通过媒体、门户网站、微信公众号等形式已分四批（2017 年 2 月 6 日、3 月 22 日、6 月底前、8 月底前）落实并公布了各级总河长，市管、区管、镇村管河道以及小微水体的河长名单。此外，部分区结合实际，探索设立了民间河长、河道监督员等。

全面建立市-区-街镇三级河长组织体系，设立三级总河长，成立三级河长制办公室。市水务局机关增加正副处级职数 2 名，保障市河长办工作开展，市水利管理处增加事业编制 5 名，增挂上海市河湖管理事务中心牌子，承担市河长办的相关事务性工作。河长制办公室相关经费已纳入本级水行政主管部门财政预算。

此外，出台了《上海市河长公示牌规范设置指导意见》，要求在河湖显著位置竖立河长公示牌，标明河长姓名、职务、职责、管护目标、监督电话等内容。

4.3 相关制度和政策措施到位

市和 16 个区的河长制会议、信息报送、信息共享、工作督察、考核问责和激励制度、工作验收六项工作制度均已印发。激励机制方面，与总工会联合开展"打好水环境整治攻坚战，全面提升上海城乡水环境"劳动竞赛，与市人社局联合开展优秀河长和上海市中小河道整治先进集体、先进个人评选活动。

政策措施方面，充分发挥河湖行业管理部门在河道日常维护、监管、执法等方面作用。市水利处深入推进养护作业市场化改革，已完成市管、区管河道市场化全覆盖，正推进镇村管河道市场化改革。水务、环保、城管等执法部门加强协作，2017 年以来，重点开展了城乡中小河道综合整治专项执法、河湖水面率管理专项执法和"三无"居家船舶专项整治等专项行动。此外，结合城乡中小河道综合整治，出台了一系列支持政策：项目审批和招投标支持政策、土地使用计划支持政策、断头河水系沟通工程补贴政策、污水管网完善工程补贴政策。

4.4 监督检查和考核评估到位

已印发 2017 年度督查工作方案，成立三个督查组，2017 年 4—12 月期间，以街镇为单位督查各区河长制落实情况、中小河道综合整治情况、媒体热线等集中反映的情况，形成问题清单，制定责任清单，督促各区工作落实。并于 2017 年 7 月、8 月以"致河长的一封信"的形式向 16 个区的第一总河长、总河长、副总河长反馈各区全面推行河长制情况及问题。郊区河长办均成立了督查组，对各街镇河长制落实情况和河道整治情况开展检查，形成"市督导区、区督查街镇"的工作机制。同时，上海已将全面推行河长制和城乡中小河道综合整治工作纳入市委组织部本年度重点考核内容。

社会监督方面，多渠道接受市民群众监督意见。一是畅通"12345"市民热线、政风行风热线、河长监督热线，认真处理群众来电意见；二是通过夏令热线、水务局长上线等多种形式接受市民提问，与市民就水环境治理、河长制进行互动交流；三是建立河湖管理保护信息发布平台，水务、海洋微信每日向社会推送河湖水环境治理、河长制等信息。同时，在公众号中开通"公众参与"功能，市民群众可以通过拍照、文字等形式反映河长制、河道治理和保护相关问题和情况。

5 推进上海市河长制湖长制工作的思路探索

5.1 健全长效机制

一是建立健全湖长组织体系。分级分区设立湖长，执行网格化管理。各级湖长要全面负责组织相应湖泊的管理保护工作，统筹推进周边陆域、入湖河道和湖泊的综合治理和管理。二是持续完善河长湖长体系，落实责任，督促各级河长切实组织领导相应河湖的管理保护工作，推进认河、巡河、治河、护河有序开展。

5.2 强化能力建设

一是加强湖长制机构建设，做好与河长制的有效衔接。各级河长办进一步完善湖长制工作职能，将湖长制目标任务纳入河长制统一部署、推进，统一落实、考核，实现有机衔接，共同见效。二是强化基层河长及河长办人员能力建设，加强河长制技术指导。加强河长制政策、业务知识培训，加强业务指导和技术帮扶。三是完善河湖监测监控体系。加强湖泊与入湖河流的统一监测，推进在饮用水水源地、入河湖排污口等建设自动监测站，对水质超标断面实现自动预警预报。加快建成人工与自动相结合、满足河湖管理保护需要的水资源保护监测体系。

5.3 科学高效治理

一是注重"一河一策"的科学性与时效性。准确摸清河湖状况，坚持问题导向和源头控制，加强部门间协作联动，统筹河湖治理保护目标，兼顾与相关规划协调衔接。二是开展专项保护行动。针对河湖管理保护中的突出问题，开展水资源保护、水域岸线管理、水污染防治、水环境治理、水生态修复等方面的专项整治行动、综合执法行动、河湖面貌改善行动等，督促落实问题整改。三是加大财政支持力度。强化资金保障，积极协调将工程项目纳入各级政府工程建设计划安排，同时探索多元化、多渠道、多层次的投资体系。

5.4 严格监督考核

一是建立监督检查、考核评价体系，将湖长制同时纳入此体系。在工作目标设立上要有利于考核问责，考核指标明确、可量化、易操作，结合最严格水资源管理制度和水污染防治行动计划实施情况考核安排，进一步研究明确水资源保护、水污染防治、水环境治理等方面的考核及计量手段。二是加强督导检查。重点面向河长制工作推进慢、困难较多的地区，针对具体问题，要进一步研究分析，提出明确整改意见和时间节点，督促指导落实整改要求。三是强化宣传引导和公众参与监督。加强对湖长制的宣传报道，营造良好舆论氛围。继续广泛发动社会力量参与河道保护，借助网络平台，畅通绿色热线，充分发挥群众的智慧和力量，实现群众主动参与、主动建设、主动保护，不断丰富河长制工作内涵。

5.5 持续探索创新

一是加强河长制法规配套制度建设。结合河长制湖长制新要求，在部门联动、奖惩考核、公众参与等方面出台配套措施制度，保障河长制机制稳步长效运行。二是加快河长制信息化建设。加强对区、镇河长制工作信息化的指导，推进各类监测数据、监控信息互联共享。三是完善河湖管理与保护体制机制。制定完善河湖管理制度和保护标准，推广政府购买服务，建立政府主导、部门分工协作、社会力量参与的河湖管护体制机制。四是提升技术水平。加强水处理、水生态修复等技术研究，深化科研院所合作，吸收和引进国内外先进技术和经验，提升水环境治理效果。

水利科技与信息化

卫星技术在青浦河道保洁管理中的创新应用

陆雪华

（上海市青浦区河道水闸管理所，上海 201700）

摘　要：针对青浦区河道保洁监管技术手段不足，结合当前高新技术的发展趋势，提出了利用北斗导航、高分遥感、无人机和智能 APP 等监测技术构建对河立体监测体系，同时搭建信息化平台，以信息化手段促进河道监管能力的提升，从而达到提高河道精细化管理的目的。

关键词：河道保洁；高分遥感；北斗导航；无人机；立体化监测体系

1　引言

青浦区作为上海的水乡，地处长江三角洲前缘，河网密布，全区共有河流 1 934 条，总长度 2 408.2 km，河网密度为每平方公里 3.60 km，河面率为 18.3%，是上海市河面率最大的区。随着经济的发展，任意排污、倾倒垃圾、侵占水域、盲目填河等现象时有发生，加之河道富营养化程度提高，水葫芦等水生植物很容易蔓延成灾，容易导致河道淤塞，河道水体质量变差。目前，对河道的保洁管理主要还是采取定点观测、人工巡查等方式，这种传统方式管理成本较高，难以全面覆盖全域范围，且多处区域人力抵达现场难，发现问题不及时，无法实现高效、准确、全面的工作效果。随着技术的发展，特别是我国自主卫星技术的发展，包括北斗卫星导航系统和高分遥感卫星，对河道的监测有了一种新的技术手段，即结合无人机及移动互联网等技术，形成对河的立体监测，以达到提高河面、河岸的监控效率，加强对作业人、船的监管，提升河道精细化监管水平的目的。在此趋势下，青浦区河道水闸管理所将北斗卫星定位技术、高分辨率遥感卫星技术、无人机技术以及移动智能 APP 技术引入到河道保洁监管中，积极探索高科技技术在河道精细化管理中的应用。

2　青浦区河道保洁监管现状

青浦区河道保洁管理目前采取的主要是人船巡查的方式，船分为保洁船和巡查船，保洁船用来打捞水面垃圾，巡查船用来巡查河面问题，同时配有监理人员，检查船舶巡查及打捞的效果。传统的方式存在如下不足之处。

2.1　河道保洁全面监管难度大

通过人工巡查的方式难以实现全区河道保洁信息的全面掌握。首先，有些河道资源不够或本身无法到达，导致河道巡查空间覆盖不全，如在水葫芦爆发期间，无法有效地评估整个青浦区水葫芦的分布面积。其次，由于人员的职业素养和责任心等问题，发现和处理问题

作者简介：陆雪华（1978—　），男，助工，青浦区河道水闸管理所所长。E-mail：whujinbin@163.com。

可能存在遗漏。因此，利用传统人工的方式，难以给管理人员一个综合全面的保洁监管情况，从而加大了决策的难度。

2.2 人船绩效监管手段不足

当前对作业人船的监管信息化程度不高，管理者无法确定人船是否按时间出工、考勤是否满足要求、作业船舶是否按照规定线路工作，对人船工作过程及工作量都缺乏有效的监管手段，因此无法对人船进行有效的绩效考核。

2.3 信息化管理效率低

人工保洁的方式收集的信息是孤立的，未通过信息化手段结合业务流程进行管理，导致河道相关问题从发现问题、整改问题，到整改问题监管未形成有效的闭环，对保洁问题的长效跟踪效率低。

3 基于卫星技术的河道保洁监管关键技术

通过对青浦区河道保洁管理现状及存在问题进行分析，需要突破如下几方面的关键技术，才能有效地实现对河的监管。

3.1 空天地立体化对河监控技术

当前人工巡查的方式存在对河监管不全面的不足，因此从多个角度对河道及作业人船的监控，是实现河道精细化监管的基础。为了达到综合监测的目的，本文构建基于卫星技术的对河立体监测体系，该监测体系包括四个层面，空基部分包括我国自主的高分遥感卫星系统和北斗卫星导航系统，天基部分包括无人机系统，岸基部分为监理人员，河道部分主要是巡查船和保洁船。河道保洁立体监测体系如图 1 所示。

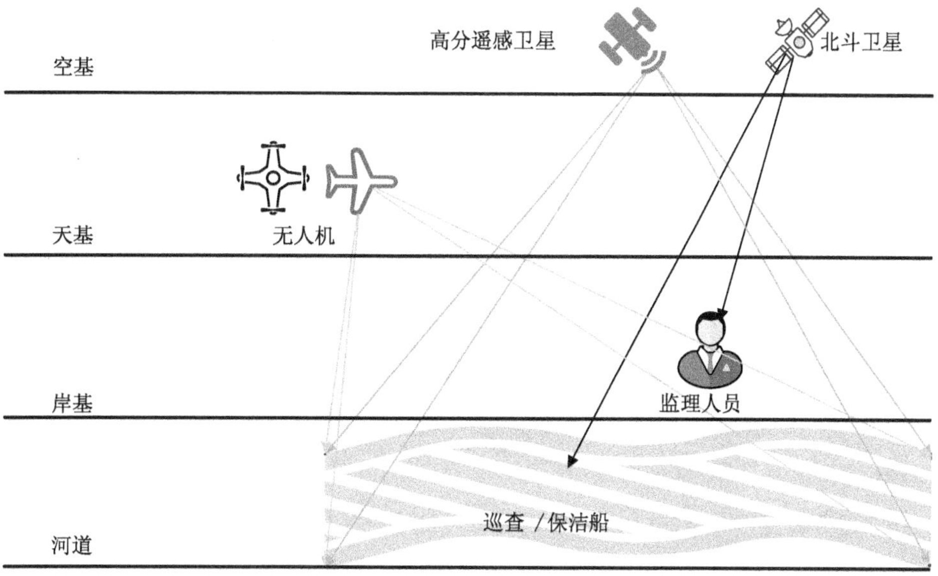

图 1　河道保洁立体监测体系

立体监测体系的相关技术指标如表 1 所示。

表1 立体监测体系技术指标

序号	监控手段	技术指标
1	高分遥感卫星	卫星:高分2号 分辨率:全色0.81 m,多光谱3.24 m 观测幅宽:45.3 km
2	无人机	型号:大鹏CW-10 空间分辨率:优于0.05 m
3	船载低功耗智能终端	供电:电池供电,续航能力1 a 定位模式:BDS/GPS/CellID 定位精度:优于10 m 传感器:三维加速度传感器,智能监测运动姿态
4	智能APP	采集数据:位置,河道问题描述,取证照片 取证一键上报 人员考勤监管

3.2 遥感水面漂浮物自动提取技术

遥感水面漂浮物自动提取是基于遥感影像,利用算法实现对漂浮物的自动提取,由于河道水面漂浮物内容复杂,需要采取特别设计的算法予以处理。该算法融合了搜索禁忌表、洪水填充法和delaunay三角网算法,对alpha-shapes算法进行优化改进,实现水域漂浮物的提取,获取漂浮物分布状态和面积等信息。

3.3 多源数据融合技术

在空天地立体化的监测体系下,系统会采集到各种各样的数据,同时还有青浦区水系图及水利设施等信息,因此系统需要对不同的数据进行融合处理,其技术路线主要是建立起青浦区标准空间参考系,将遥感影像、水系图、人船位置信息等所有和时间位置相关的信息,统一到一个标准空间参考系下。同时建立数据分类目录,按照类别的不同及时间的不同进行组织,从而实现了不同类型不同时相的数据以层的方式叠加到地理信息平台上(图2)。

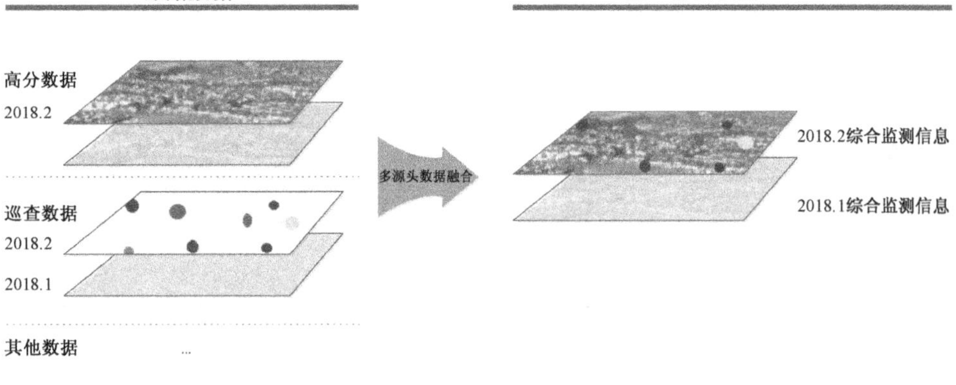

图2 多源数据融合

3.4 船载低功耗智能终端技术

监控型定位终端需要解决防拆和供电的问题，传统的设备由于需要外电，不适合应用于监控场所。船载低功耗智能终端采取 BDS、GPS 以及基站三种定位模式，利用 GPRS 进行数据传输，可通过内置三维加速度传感器监测船舶的状态，同时采用内置电池的供电模式，可根据状态采取不同的节能模式。通过低功耗及智能工作模式切换等特有功能，终端能有效地实现船舶监控。

4 河道保洁监管系统设计

基于上述关键技术，利用信息技术手段，设计河道保洁监管系统，在系统上实现各类信息的监控，为管理者日常管理和宏观决策提供科学的技术支撑。

4.1 河道保洁监管系统总体设计

根据河道保洁涉及的各类要素，系统的总体拓扑结构包含数据采集端、中心服务端以及用户端三大部分，如图 3 所示。

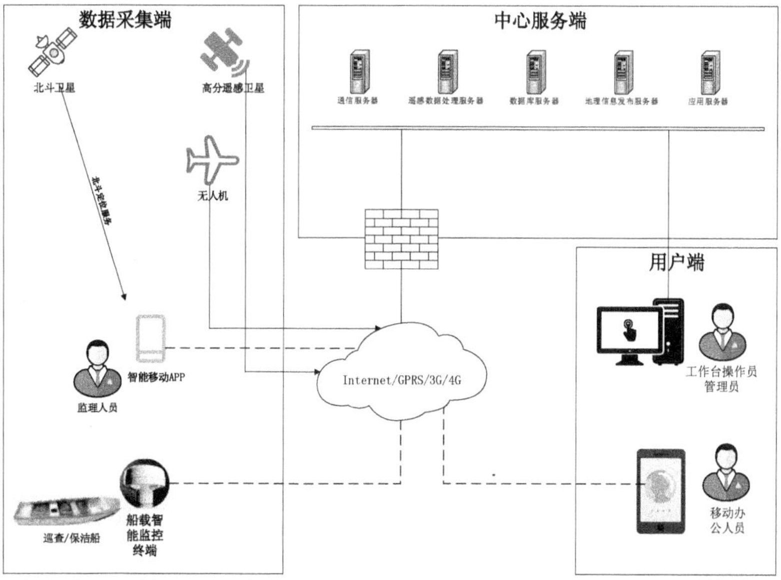

图 3 系统拓扑结构图

在系统架构上，采取多层设计方式，底层是数据采集层，通过网络服务层，将数据整合到数据资源层，数据资源层的数据在支撑平台层的处理下，最终将信息在应用软件层中得到应用，支撑不同用户使用本系统。系统基于青浦区水利一张图为用户提供了人船监控、河道保洁监控、河面问题跟踪以及人船绩效考核等功能。

4.2 对河立体监测数据流程设计

从数据流的角度看，系统主要包含三大数据流：基于遥感的水面漂浮物提取及应用流程、基于北斗监控的人船绩效监控流程和基于移动 APP 的河道问题上报流程。三者融合在整个系统中，系统的数据流程总体设计如图 4 所示。

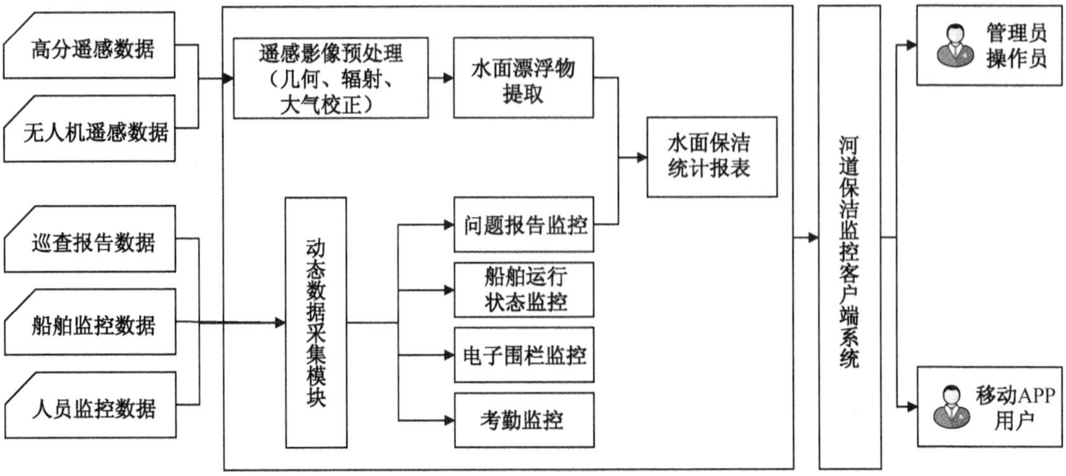

图 4　数据流程图

4.3　河道保洁监管系统主要功能设计

围绕着河道保洁监管，系统为用户提供了如下功能，包括河道信息一张图（图 5），人船监控（图 6），河面巡查问题监管和水面漂浮物统计分析（图 7）等。在一张图地理信息平台基础上，承载河道保洁监管相关的各类信息，为青浦区河道保洁管理提供信息支撑。

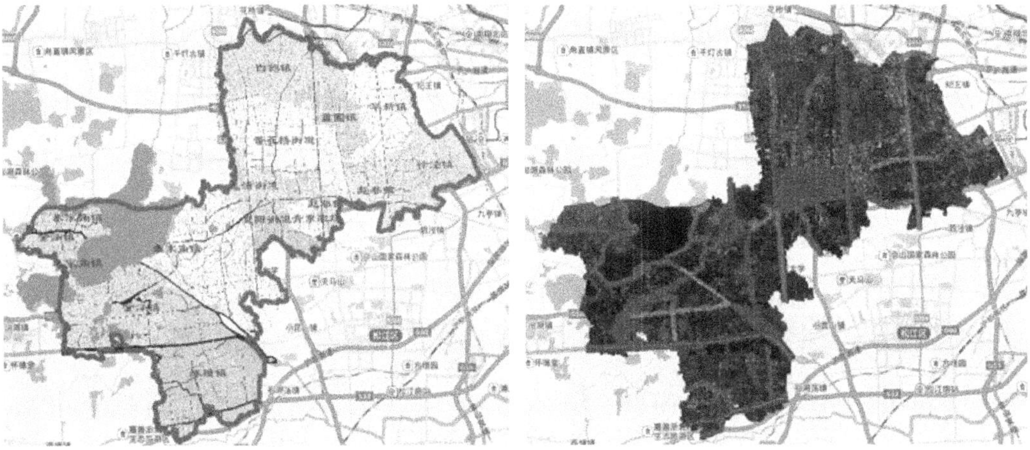

图 5　水系图、卫星图、无人机图三图合一

5　应用成效分析

监测体系和监管系统建成后，已在青浦河道保洁管理中得到应用。采用高分 2 号卫星编程对青浦区全区实现了 2 次全覆盖数据采集，将河面漂浮物做了不同时相的统计分析。无人机实现了青浦城区河道及市区管河道的数据采集，采集到的数据分辨率为 0.05 m，将城区河道和市区管河道的状况及细节部分做了重点普查。对 161 条保洁船和 4 条巡查船安装了船载低功耗智能监控终端，实现了全天候监控，划定了 10 个限定区，规定了船舶的航行作业区；对 30

个监理人员部署安装了手机APP软件，实现了监理人员的监管及河道问题的快速上报。

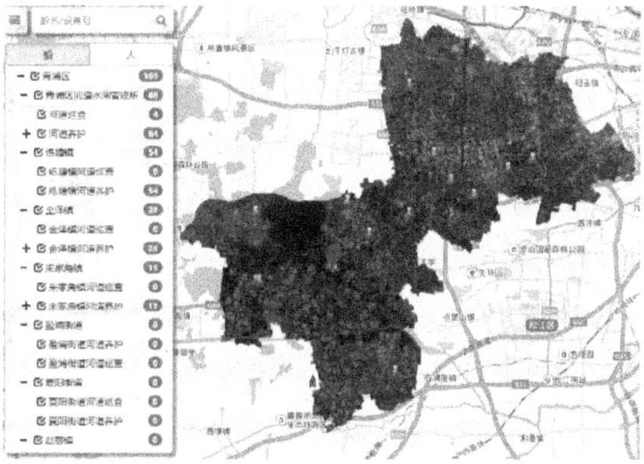

图6　人船监控

图7　水面漂浮物提取

系统投入使用后，青浦区河道水闸管理所对河道保洁和水域保护中涉水问题的监管能力显著提高，全面宏观地摸清了河道保洁的状况，对河道保洁工作方向和重点提供了重要的支撑信息。对保洁人船和监理人员的考核更科学，充分调动了各种保洁力量的责任心，将保洁工作落到了实处。通过积极探索高新技术在河道保洁中的应用，进一步提高了河道保洁的管理水平和能力，对河道保洁的规范化、标准化起到了积极的推动作用。

6　总结

上海市青浦区在河道保洁管理过程中，积极探索河道监管模式，成功地将我国自主研制的北斗导航卫星和高分遥感卫星等新型技术手段引入到河道保洁管理具体业务中，同时以新的技术手段提升传统的监测手段，并对监管系统做了顶层设计和规划，在此基础上建成了河道保洁监管系统。河道保洁监管系统已在青浦区河道保洁日常管理工作中发挥了重要的作用，系统为保障河道水环境提供了先进有效的技术支撑，极大地提高了管理者对河道监管的精细化水平。

参考文献

[1] 顾燕，钱一婧. 遥感监测在江苏长江河道监测管理信息系统中的应用[J]. 江苏水利，2006(3)：24－25.

[2] 万骏，刘劲松，吕玲玲. 河道开发利用遥感监测的实践和思考[J]. 江苏水利，2017(6)：50-53.

[3] 童云英，王宇，步永伟. 基于高分遥感影像的河道遥感普查——以绍兴市本级为例[J]. 浙江水利科技，2016，44(4)：82－86.

[4] 钱一婧，张鹰，张东，等. 长江江苏段河道遥感监测分析系统设计与实现[C]. 中国河口海岸学术研讨会，2007.

[5] 刘建良，杨琦，杨军. 天狼星无人机免像控技术在河道整治中的应用[J]. 测绘通报，2017(12)：149－152.

[6] 荆曦. 基于北斗的船舶动态监控及其应用[D]. 大连：大连海事大学，2015.

[7] 董晶晶，黄建华，沈菲，等. 基于北斗的船舶监控管理服务系统研究[C]. 中国卫星导航学术年会电子，2011.

[8] 丁振国. 基于“北斗”的船舶实时监控系统[J]. 航海技术，2011(4)：41－43.

[9] 曹晓. 西溪国家湿地公园湿地水生植被特征及其与水环境关系研究[D]. 南京：南京师范大学，2011.

奉贤区河长制管理查询发布系统建设实践

张诸俊[1]，封令强[2]

（1. 上海市奉贤区水资源管理所，上海 201499；
2. 上海市奉贤区海塘管理所，上海 201418）

摘　要：围绕奉贤区河长制工作的总体部署，奉贤区水务局依托网格化管理工作理念，建设河长制管理查询发布平台，服务于区、街镇、居村三级领导和相关职能部门。系统实现智能动态监管、河道巡查管理、污染源整治等业务的信息支持；实现河湖功能永续利用提供制度保障；实现河道长效管理，建立河道常态化巡查机制，拓展河湖治理相关的管理内容；实现一体化环保感知体系，通过建立智能查询和发布系统，将河湖管理、污染源治理、水资源监控等信息归纳发布，为公众、企业等不同的对象提供便捷化的信息服务。

关键词：河长制；河道治理；常态化管理；管理系统

1　背景

河湖管理保护是一项复杂的系统工程，涉及上下游、左右岸、不同行政区域和行业。河长制是落实河湖管理与保护责任的一种制度创新，其核心是建立健全以党政领导负责制为核心的责任体系，明确各级河长职责，协调各方力量，形成一级抓一级、层层抓落实的工作格局。这是解决复杂水问题、维护河湖健康生命的有效举措，是完善治水体系、保障水安全的制度创新。2017 年上海市政府发布《关于本市全面推行河长制的实施方案》，从组织体系、工作任务、组织保障及考核问责等方面明确了河长制建设的主要内容。一是明确组织体系，建立市-区-街镇三级河长体系；二是明确主要任务，包括 6 个方面 21 项措施；三是明确组织保障，加强组织领导，健全工作机制，加强社会监督；四是明确考核问责，将河长制实施情况纳入市政府目标管理，考核结果作为地方党政领导干部综合考核评价的重要依据。

奉贤区水务局根据河道整治的工作理念，在充分利用已有建设成果的基础上，着手搭建“政务外网＋河道环境整治＋河道环境监管”河道综合整治信息管理平台，以增强本区河道整治的软硬实力。奉贤区河长制管理查询发布系统通过物联网技术、GIS 技术的集成应用，手持移动终端、PC 电脑端等不同终端的结合应用，为本区河道整治工作提供便捷、直观的辅助办公应用功能，进一步推动河道周边“五违四必”、工业企业、禽畜牧场、截污纳管以及市政泵站等源头控污任务的办事效率，进一步整合各类水务、环境资源、河道管理、污染源整合等信息，建立水资源监控情况的信息发布机制；以更加全面的信息化覆盖度和更广阔的视角，实现全区河道的实时可视化科学监管。

作者简介：张诸俊（1988—　），男，助理工程师，硕士学位。E-mail：zhangzhujun1988@163.com。
封令强（1983—　），男，助理工程师，学士学位。

2 总体框架设计

奉贤区河长制管理查询发布系统依据全面性和规范性原则、开放性原则、灵活性原则、可扩展性原则和可靠性原则建设。整体框架设计结构自下而上共分为五层:基础设施层、数据资源层、应用支撑层、业务应用层和用户层。各个层次之间通过相应的接口和函数有机地连接起来,从总体上保证了系统工程的模块化结构和功能构件划分(图 1)。

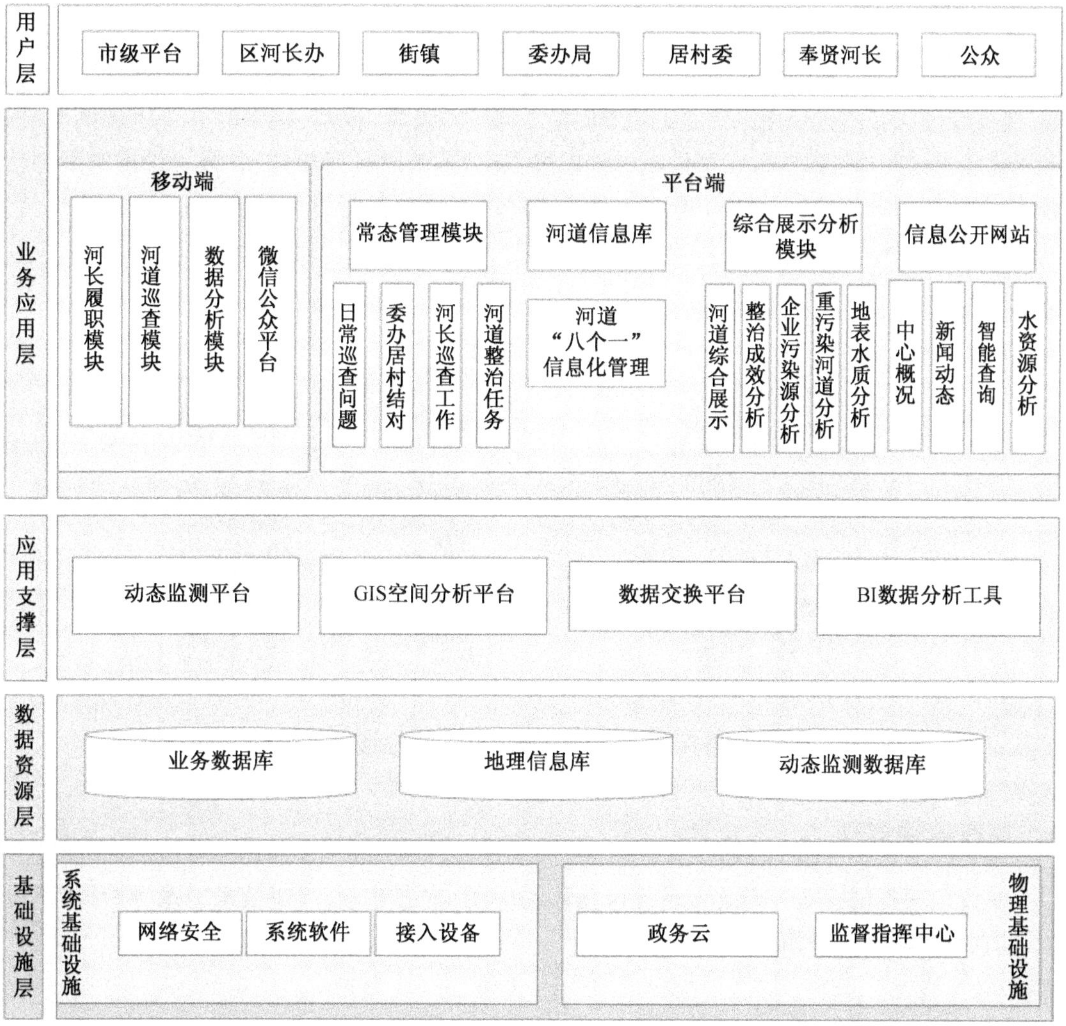

图 1 奉贤区河长制管理查询发布系统框架设计结构图

奉贤区河长制管理查询发布系统的具体层次:(1) 基础设施层。包括基础网络建设、平台物理环境建设、终端设备及软硬件环境支撑等。(2) 数据资源层。于基础环境层之上,是本区河道综合整治信息管理平台的核心之一,负责与河道整治相关的所有对象、数据、信息、方案和统计分析结果的存储与管理、维护、转换、备份等功能,为整个平台的业务应用提供数据管理支撑。(3) 应用支撑层。该部分为本平台内部的各类相关应用系统和业务数据之间以及本平台与外部已有信息系统之间提供统一的、标准的、可靠的数据交换、共享功能。(4) 业务应用层。该层次主要基于支撑服务层，依托信息交换模块，建立起集中与分布式相结合的综合应用系统，建设内容包括平台端和移动端两大部分。基于河道整治的各种基础数据及相应机制，将成为本区河道管理最有力的辅助工具和技术手段。(5) 用户层。包括区级、街镇、村居用户以及水务、环保等相关部分的用户、普通市民。

奉贤区河长制管理查询发布系统的问题发现渠道包括专职河道巡查人员、各对接系统现有问题发现渠道。各级河长通过信息系统进行管理监管：(1) 问题发现，依托河道巡查系统、各对接系统现有问题发现渠道、网格化平台已有发现渠道(包括网格化队员、12345 市民热线、居村委采集、视频监控等)及河长巡河上报等；(2) 问题流转，按照城市网格化“三级平台、四级管理”的理念，利用平台进行受理、立案、派遣、处置、核查、结案等一个闭环的流程，将问题解决；(3) 问题监管，在案件整个处理过程中，系统向区河长办、各级河长推送案件信息、协调管理请求信息，河长办、河长通过移动应用或平台参与协调管理；(4) 综合分析，将与河道相关的各类数据统一汇聚、整合后，为指挥决策人员、河长办、河长的研判分析提供数据支撑(图 2)。

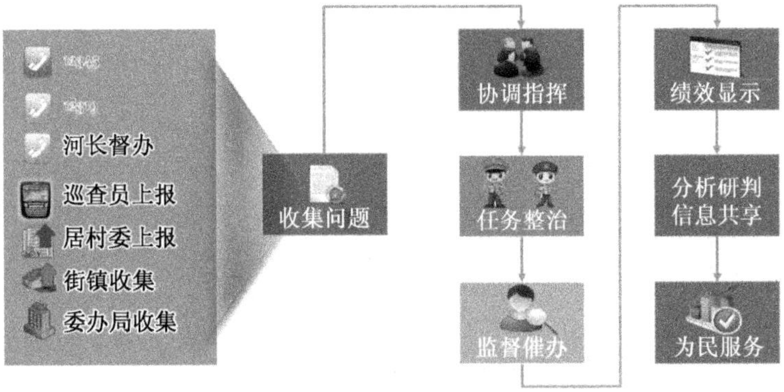

图 2　奉贤区河长制管理查询发布系统业务流程图

3　功能模块实现

奉贤区河长制管理查询发布系统包括移动应用、常态管理、河道信息管理、综合展示分析、信息公开网站五个模块。

3.1　移动应用

移动应用是指为河长制工作定制的一款移动应用，即河长 APP，主要包括河长履职模块、数据分析模块、APP 核心功能、地表水质展示、河长网站、后台信息发布管理等。移动应用设计采用轻架构形式的“html5”进行设计，通过移动政务服务平台实现统一认证后，接入移动办公平台(OA)。子模块包括河长履职、河道巡查、数据分析、微信公众平台。

3.2　常态管理

对专职巡查员和兼职巡查员常态化巡查上报的巡查日志、上报问题进行分拣和管理；同时可以配置管理巡查员的巡查范围、巡查轨迹等，针对重点案件提供方便快捷的通知渠道，使信息尽快到达每个巡查员、每个河长、每个管理员手中。子模块包括日常巡查问题管理、委办居村结对管理、河长巡查工作管理、河道整治任务管理、统计分析。

3.3 河道信息管理

依据河长制工作要求，对每条河道实行“八个一”管理，奉贤区河长制管理查询发布系统建立对应的管理模块，即“一河一档”“一河一长”“一河一策”“一河一景”“一河一牌”“一河一查”“一河一测”“一河一评”管理模块，将“八个一”管理措施落到实处。

3.4 综合展示分析

建设河道信息综合展示，将系统中实时的、重要的信息以及一些统计信息提取出来综合展示，方便用户及时了解到系统中关键信息的变动。可选择一定的区域查看区域内的河道整体分布情况，如本区河道分布，还可以选择单条河流对其查看详情。子模块包括全区河道分级展示、全区河道污染等级分布、河道基本信息查询、周边整治任务展示、巡视巡查案件展示、周边监测信息展示、历史监测数据分析。

整治任务信息与地理信息相结合，可以帮助用户掌握河道周边污染源的时空分布规律，开拓信息应用的新途径，进一步提高河道整治信息管理的水平，能更好地为研究河道管理顽症规律、制定河道管理策略服务。

在可视化表达方面，本系统提供了较为丰富的表达渲染方式。针对整治任务数据的特点，本专题主要提供专题图的简单渲染、分类渲染、逐级渲染等多种渲染方法，以直观、形象的表达方式，展现河道整治成效。整治任务对比分析、遥感数据对比分析、整治影像对比分析、企业污染源作为所有整治任务中比较特殊的一类，还可以单独进行分析展示，方便用户分析特定时间段内重点整治的企业类型，查找屡改屡犯的顽症企业，为后序的摸查工作提供一定的参考依据。对于被列为整治对象的企业，系统会用颜色差异化突出表达，方便用户查看。

3.5 信息公开网站

信息公开网站搭建在政务外网上，是将中心的概况、日常运行情况、信息采集、信息发布、工作动态等信息进行集中展示的网站。主要包括以下模块：中心概况、新闻动态、监督考评、政策法规、智能查询、水资源监控发布、应用后台管理。

4 结语

奉贤区河长制管理查询发布系统服务于区、街镇、居村三级领导和相关职能部门，采集河道及其附属设施的空间要素并建库，整合各类水务、环保资源。实现智能动态监管、河道巡查管理、污染源整治等业务的信息支持，构建责任明确、协调有序、监管严格、保护有利的河湖管理保护机制，维护河湖健康生命；实现河湖功能永续利用提供制度保障，在加强河道综合整治的同时，还需要加强日常监督。根据河道管理日常工作安排，加强对河道保洁、河道违法占用、河道堤防安全、河道占用建设监控、水土流失监控、违法排污等事件的巡查和违法事件的处理。实现河道长效管理，建立河道常态化巡查机制，对接城市网格化管理体系，拓展河湖治理相关的管理内容，实现人民群众关心的各类城市管理问题及违法行为的“及时发现—有效取证—依法解决”；实现一体化环保感知体系，通过建立智能查询和发布系统，将河湖管理、污染源治理、水资源监控等信息，为公众、企业等不同的对象提供便捷化的信息服务。

参考文献

[1] 魏梓兴，桑保良，汪结春，等. 上海市水利建设与管理论文集[M]. 郑州：黄河水利出版社，2008.

[2] 郭皓. 运用互联网思维构建河长制 O2O 联动体系的思考[J]. 中国水利，2017(18)：44－47.

[3] 李硕，王彦兵，晏清洪，等. 宁夏河长制综合管理信息平台建设探讨[J]. 中国水利，2017(18)：48－50.

[4] 于桓飞，宋立松，程海洋. 基于河长制的河道保护管理系统设计与实施[J]. 排灌机械工程学报，2016，34(7)：608－614.

[5] 程亚，黄丽萍，张明翔，等. 基于河长制的水环境综合平台的设计与实现[J]. 电脑知识与技术，2017，13(26)：76－78.

固定资产管理信息系统与水利固定资产管理

季星晨

（上海市堤防（泵闸）设施管理处，上海 200080）

摘　要：水利事业单位固定资产部门的传统管理工作方式已经不能适应日益提高的工作要求，面对日益增加的诸多问题，固定资产管理信息系统作为信息化管理手段被引入工作之中。本文主要介绍了水利固定资产管理工作中存在的问题及固定资产管理信息系统在实际工作中所具有的优势与不足。

关键词：事业单位；固定资产管理；二维码信息系统；水利

水利事业单位的固定资产是各类水利事业单位开展工作和提供服务的重要物质条件，随着我国水利事业投入规模的不断扩大，水利事业单位的固定资产体量在不断扩大，相应的管理工作也变得越来越高要求和烦琐。面对实际管理工作中所出现的诸多急需解决的问题，传统管理方式已经无法适应工作的要求，信息化管理越来越受到重视。在引入固定资产管理信息系统（Fixed Assets Information Networking Management System）后，水利固定资产管理工作的效率和质量得以大幅度提高。

1　水利固定资产的概念与分类

根据 2000 年 2 月国务院机关事务管理局出台的《事业单位国有资产管理暂行办法》，水利事业单位的固定资产是指使用期限超过一年（不含一年）、单位价值在 500 元以上、专用设备单位价值在 800 元以上，并在使用过程中基本保持原有物质形态的资产。单位价值虽未达到规定标准，但使用年限超过一年（不含一年）的大批同类物资，均可作为固定资产进行核算和管理。

水利事业单位涉及的固定资产一般分为六类：房屋和建筑物、一般设备、专用设备、文物和陈列品、图书及其他符合固定资产标准的物品。各事业单位可根据规定的固定资产标准，结合本单位的具体情况，制定各类固定资产的明细目录。

2　水利固定资产管理工作中存在的问题

在本单位固定资产管理与盘点工作过程中，笔者遇到了许多需要解决的问题。

2.1　对固定资产管理工作重视不足

我国水利事业单位的固定资产大部分为财政拨款购置，其占用具有无偿性，并缺乏资产管理约束机制的监督。虽然近年来已将行政事业单位收支纳入预算统一管理，对于固定资产购置须年年向财政部门报批实行政府采购制度，但有的单位将购置的部分固定资产用于

作者简介：季星晨（1989—　），男，助理工程师，水利水电工程学士学位。E-mail：460944283@qq.com。

事业经费支出，不登记入资产管理台账，形成账外资产；有的单位管理缺失或是缺乏专门的资产管理部门，造成大量的资产闲置甚至流失。

2.2 固定资产管理规章制度不健全

部分水利事业单位的固定资产管理规章制度不健全，没有形成一套能覆盖各个环节的较为完整的制度。未建立固定资产使用人责任制度、固定资产使用效益分析论证和固定资产使用考核制度，使得固定资产管理无章可循，当发生资产流失时也无人追究。在处置闲置、报废固定资产时不履行相关审批手续，资产评估定价较为随意。

2.3 固定资产账物不符

近年来对水利事业单位固定资产的管理日益规范，但固定资产账物不符的问题仍经常发生。主要表现为资产台账记录与资产实际信息不符，无法真实反映当前有效控制的固定资产实物状况，不能真实反映固定资产的数量增减与资产领用人变化的情况，固定资产账面价值与实有固定资产价值相距甚远等。

2.4 账务处理工作不及时

非经营性资产与经营性资产没有明确划分，产权不清，归属不明；固定资产不计提折旧，基层水利事业单位经济资源价值的变化没有明确地反映，因而无法真实揭示单位固定资产的实际价值，无法为固定资产的转让或报废提供准确评估信息。会计核算对基建形成的固定资产没及时入账，新购置的固定资产不及时验收登记入账，报废、报损的固定资产没有及时冲减等，造成账实不符、总账与明细账不符等。

3 固定资产管理信息系统简介

3.1 固定资产管理信息系统的发展概况

固定资产管理信息系统也称为固定资产管理追踪软件（Fixed Asset Management and Tracking Software），是企事业单位和政府部门管理繁杂固定资产的信息化工具。其基本原理是对固定资产实施资产卡片与信息系统关联的管理方式，最早起源于20世纪50年代欧美和日本等发达国家地区的企业对固定资产管理科学化的探索。

经过几十年的技术发展，随着信息化技术的高速发展与信息化办公设备的普及，特别是条形码（barcode）技术的发展，物联网技术作为一项新型的信息技术被广泛运用到现代固定资产管理中。所谓物联网，即通过条形码标签、条形码识读设备（PDA）及计算机等设备将固定资产中的各种物品连接至网络之中，以实现信息的共享和管理的信息化。由于网络内数据流向及处理方式的不同，物联网可分为传感网络层、传输网络层及应用网络层三个层次。其中，传感网络层主要是通过PDA设备和资产上的条形码标签对资产进行信息识别和采集，传输网络层是PDA设备通过网络将采集的资产信息传入保存数据的计算机服务器之中，应用网络层则是通过局域网将服务器中的资产信息传输到不同计算机或移动设备的客户端中，供资产管理人员查阅和管理。

初期的固定资产管理信息系统一般都采用一维码对固定资产进行标记，随着二维码技术的成熟，目前绝大部分使用单位都已经采用二维码来记录固定资产信息。相比一维码，二维码能包含更多的信息，并且可通过手机上安装的应用软件读取。

3.2 固定资产管理信息系统的技术原理

固定资产管理信息系统一般采用面向服务的体系结构(SOA),以实现物联网的三层网络结构,同时其所有领域对外的接口采用 Web service,所以可以被各种终端应用访问,提高了接口使用的重复性。而管理软件的 Web service 开发、发布和管理则采用 Apache 的 CXF 项目提供的 CXF 组件,这是一个开源的用于 Web 服务的框架,可以在多种传输协议上运行。

PDA 设备上安装采用 Android 技术开发的智能客户端系统,其具有的小型数据库 SQL Lite 能缓存 PDA 设备的条码读取头所采集的数据和信息,并通过 Web 通讯服务功能将采集到的数据和信息传输到服务器中。而服务器端的数据库则一般采用关系型数据库系统 Oracle,这一全球应用率最大的数据库系统很适合处理资产管理工作中产生的大量数据、并发访问和复杂的关联查询。

3.3 我国固定资产管理信息系统的应用状况

我国事业单位的固定资产管理工作以往采用以纸质账目为载体、以手工抄写为登记方式的传统手段,这种管理方式弊端颇多。自从 20 世纪 80 年代中期我国一些高等院校、科研部门及企业开始运用条码技术以来,信息技术开始逐渐运用到固定资产管理工作之中。至 21 世纪初,我国大部分企事业单位已经开始使用固定资产管理信息系统管理固定资产。随着我国信息技术的全面普及,为了规范和加强我国行政事业单位国有资产管理信息系统管理,提升行政事业单位国有资产管理信息化水平,财政部于 2013 年 12 月颁布了《行政事业单位国有资产管理信息系统管理规程》。

随着我国水利事业投入规模的不断扩大,水利事业单位的固定资产体量也在不断扩大,为提高水利事业单位固定资产管理部门的工作效率,固定资产管理信息系统也早已应用到相关工作中。

4 固定资产管理信息系统在水利固定资产管理工作中的优势

4.1 全面的实用功能

固定资产管理信息系统的操作功能覆盖固定资产管理所需要的资产入账、信息变更、报废处置、折旧核算、分配使用、领用变更、人员管理、资产转移、条码打印、报表输出和到期提醒等各个环节。对于每一件固定资产,我们都可以通过系统查询出该资产在每个环节的详细信息记录。动态查询功能可以保证管理人员在第一时间掌握全面的资产信息资料,资产成批折旧可以减少大量重复劳动并保证了数据的准确性,固定资产信息报表的导出与打印迅速准确,可以节约大量手工编制固定资产报表的时间。固定资产管理信息系统将原来分散的管理信息集中起来,整合成为一个具有各种功能的信息管理平台。

4.2 先进的二维码管理方式

每一条新购置固定资产的信息输入计算机以后,都会自动打印生成一张不干胶二维码,二维码上的文字内容可由用户自己设定,其中包括资产名称、购入日期、型号、领用人等内容。将二维码贴在固定资产实物上,给固定资产盘点工作带来极大的方便,盘点人员不必通过记录资产编码、核对台账的方式进行盘点,只需使用 PDA 设备扫描固定资产上的二维码,资产信息就会自动显示在 PDA 设备中。PDA 设备使用电池供电，不必与计算机直接连接，因此盘点人员可以方便地将之携带到水利事业单位管辖的任何办公室、泵闸、堤防和在建工地上进行核查。这一设备的使用既大大提高了盘点速度，又杜绝了盘点中出错的可能，同时一码对一物的方式也有效解决了以往固定资产归属不明的问题。

4.3 公开透明的数据共享

固定资产管理信息系统能够通过事业单位内部局域网使得财务部门登录的固定资产的各种信息数据被同单位的其他管理用户共同分享，只需要在相关用户的计算机上安装一个管理系统应用客户端就行。信息修改、领用登记及报废处置等工作也同时可以在每一台安装了客户端的计算机上完成。同样，审计部门在检查资产管理情况、分管领导在了解工作内容时也只需在自己的计算机上登录该客户端就行。

4.4 独特的权限管理

固定资产管理信息系统充分考虑到了每一位操作人员的职责不同，为每一位操作人员制定了相应的操作权限，通过用户的身份和密码识别，保证不同操作人员只能在其职责范围内进行有限的操作，比如财务部门只能进行固定资产信息的录入，固定资产管理部门只能进行资产的领用发放和报废处置，资产领用人只能查看自己领用资产的信息等。这样保证了管理制度的固定性，使得不同部门的工作人员只能在各自的管理范围内各司其职，有助于落实责任。

4.5 简单易学的用户界面

固定资产管理信息系统的窗口操作界面采用与 Windows 操作系统经典界面相同的风格标准，并大量地运用窗口中目录树的风格，使用户对部门上下级归属关系、资产分类关系和各种操作一目了然。大量的功能提示使用户可以顺利地按要求一步步完成相应的工作，合理的菜单布置使用户可以方便地找到自己想要进行的操作，这样即使是对计算机操作不是非常熟练的大龄管理人员也能很快掌握该系统的各项基本操作。

5 固定资产管理信息系统使用中的思考

笔者在某水利事业单位的固定资产管理部门从事固定资产管理和盘点工作将近两年，在操作固定资产管理信息系统的过程中遇到了一些问题，也总结了一些经验，现分享如下。

5.1 资产管理工作仍需预留台账

固定资产管理信息系统虽然功能强大，但还没强大到可以完全取消固定资产台账的地步。尽管固定资产管理系统具有数据快速查询和报表导出的功能，但考虑到实际工作中需要提交各种资产统计表格，因此在计算机中仍需保留固定资产的电子台账，因为由 Excel 表格软件制作的电子台账在数据统计、资料查询上有时仍更具有直观性和高效性。在笔者工作的近两年时间里，就多次遇到上级领导及外单位审计部门来要求查看某一类别或某一年限内的固定资产清单，这时所保留的电子台账就能按照要求迅速打印出来供其审阅。

5.2 信息更新操作要及时

固定资产管理信息系统虽然功能全面但本质上仍需要用户的手动操作才能完成信息的

更新，因此每当固定资产信息发生变化，比如新购置资产、分配领用、领用变更和报废处置时，管理人员就应及时在系统中进行操作，及时更新数据库信息、更新数据报表台账和打印出新的二维码条与资产领用单，这些细致又烦琐的操作需要管理人员的长期坚持，不然一旦有所疏漏就容易出现资产信息账物不符的状况。笔者在梳理旧资产明细时就曾发现多例因之前的管理人员疏于登记而导致目前该资产信息及归属不明的情况。

5.3 资产领用责任要落实到位

为避免出现固定资产账物不清，领用人因为固定资产去向不明而拒不承认领用的情况，每次分配固定资产时除了打印二维码贴条，同时也需要打印资产领用单并让资产领用人签字，一式两份，一份由固定资产管理部门保管，另一份由领用人所在部门的资产管理员保管。单位各部门应有一人兼任部门资产管理员，负责摸清本部门的资产领用情况，与固定资产管理部门做好对接确认工作。

5.4 与其他部门及时做好沟通工作

水利事业单位固定资产管理部门应及时与单位财务部门做好沟通工作，督促其及时、准确地将所有购置的固定资产录入资产管理系统中，避免出现因没有及时录入而导致某些资产被遗漏录入的情况，以及因为财务部门工作人员录入资产信息错误而导致以后盘点时出现账物不符的情况。水利事业单位的部分业务科室工作较为繁忙，因此更需要主动积极地与该部门的资产领用人员及资产管理员进行沟通，才能及时掌握被领用资产是否存在损毁、遗失或转移等状况。

5.5 完善水利固定资产领用与管理制度

只有真正建立与落实水利固定资产管理相关的各项制度，确立资产责任追究制，工作中的各种操作与沟通才能真正做到有制度可依据，有方向可遵循。毕竟管理信息系统只是工作中的一个辅助工具，真正决定水利固定资产管理工作有所成效、滴水不漏的依然是健全完备的规章制度。

参考文献

[1] 瞿红霞. 浅析水利事业单位固定资产管理存在的问题及对策[J]. 中国市场，2017(1)：166.

[2] 王淑芳. 水利事业单位固定资产管理探析[J]. 行政事业资产与财务，2012(22)：155-156.

[3] 慈丽. 科学事业单位固定资产管理信息系统构建的思路探讨[J]. 财会学习，2016(13)：180-181.

[4] 王杰民. 条码技术在固定资产管理中的应用[J]. 财会月刊，2014(4)：107-108.

[5] 姚伟江. 水利事业单位固定资产的信息化应用管理[J]. 财经界(学术版)，2014(20)：63.

[6] 金豪. 物联网固定资产管理系统的研究与开发[D]. 成都：电子科技大学，2014.

奉贤区水务公共信息平台设计和实现

张诸俊

（上海市奉贤区水资源管理所，上海 201499）

摘　要：奉贤区水务局在集成与整合奉贤区水务信息化基础设施和已有成果的基础上，以"互联网＋"为主导思想，利用物联网、大数据、移动互联等先进的技术手段，打造以"一张图、一个平台、一个门户、多终端应用"为特征的奉贤区水务公共信息平台（水文、水资源试点应用），实现了综合预警监视、统计分析、设施管理、工程管理、水文监测站网管理、计划用水业务管理等应用，为奉贤区水务局区域防洪减灾、水生态保护、公共服务等业务提供信息服务和技术支持。

关键词：公共信息平台；综合预警；统计分析；站网管理

1　背景

多年来，在上海市水务局、奉贤区委、区政府以及区机关党工委领导下，在全体职工的共同努力下，奉贤区水务局各项工作有了很大发展和提高。通过多年的信息化积累，区水务局积累了丰富的数据，也建立了相应的信息化系统。奉贤区水务局在信息化发展过程中，由于各类业务应用系统建设于不同时期、各项目投资来源不同、建设管理各异、运行维护分散等，各类业务应用系统在各个环节中都大量存在，信息资源分散，各业务系统之间的接口繁杂，存在信息孤岛。并且缺乏信息资源的统一管理机制，信息化建设与业务管理服务的融合度不足，如水质和视频信息未联网发布；未集成环保局水质数据，气象局雨量、气压、预报数据，奉贤区水闸管理所水闸开度、闸上和闸下水位等数据。前期建设缺乏整合与协同应用的理念，形成了一个个"信息孤岛"，很难形成信息服务和应用的合力。各类信息系统的相互分割和基础信息的分散导致使用不便，并直接影响了信息服务水平。在后续的信息化建设过程中，需要通过水务信息化总体规划，搭建水务信息化建设整体框架，实现水务数据资源整合，打造综合数据库。

奉贤区水务公共信息平台（水文、水资源试点应用）项目的建设是水务现代化、水务信息化的必然选择。长期的水务实践证明，完全依靠工程措施，不可能有效解决当前复杂的水问题。广泛应用现代信息技术，充分开发水务信息资源，拓展水务信息化的深度和广度；工程与非工程措施并重是实现水务现代化的必然选择。以水务信息化带动水务现代化，以水务现代化促进水务信息化，增加水务的科技含量，降低水务的资源消耗，提高水务的整体效益是水务发展的必由之路。

2　公共信息平台建设

2.1　建设原则

奉贤区水务公共信息平台以需求主导、统一规划、标准规范、合理设计为建设原则，重点

作者简介：张诸俊（1988—　），男，助理工程师，硕士学位。E-mail：zhangzhujun1988@163.com。

满足奉贤区水务管理工作当前最为迫切的需求，以实用为第一准则，切实满足行业管理应用；信息化建设需要进行统一规划，设计较为完善、合理的信息化建设框架，后续的建设内容可遵循统一的建设框架，逐步进行扩展、升级和完善，避免重复投资；从奉贤区水务信息管理的应用出发，采用成熟的先进技术，利用云计算、大数据、GIS、RS、统计分析、中间件等技术，保证系统的先进性。系统应具有较强的实用性、安全性、可靠性、可扩展性和较长的生命周期，保持适度的先进性；系统建设需要充分考虑系统操作方便、易学、直观，并有方便查找和使用的帮助系统，适合各级工作人员的应用要求。同时要求系统的建设与开发遵循数据库建设、应用开发、软硬件环境配置等有关标准、规范和指南，采用标准的易操作的图形界面，以利于系统的有效运用；综合考虑信息采集、传输、处理等各个环节应用的实际需要，在多方案论证、综合比选的基础上做出设计方案选择，正确处理发展与安全关系，综合平衡成本和效益，以保证方案的合理性和科学性。

2.2 总体结构

奉贤区水务公共信息平台总体架构如图 1 所示。

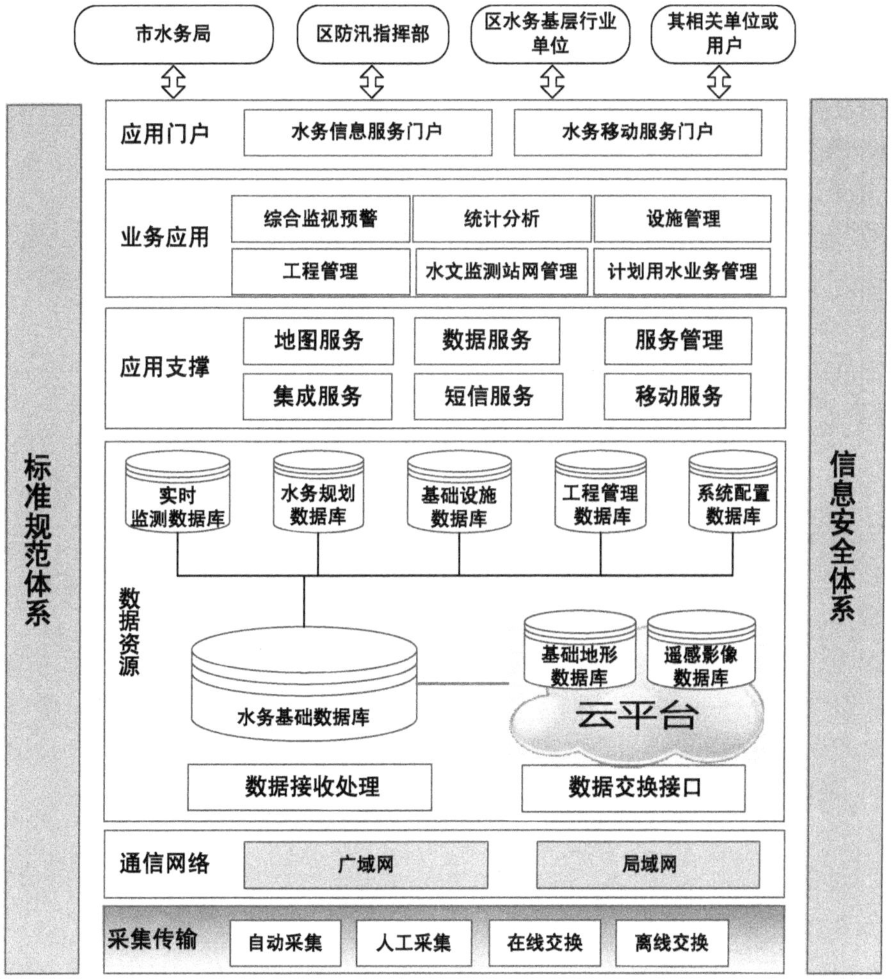

图 1　奉贤区水务公共信息平台总体架构示意图

按照系统建设的目标和任务，遵循水利信息化综合体系，系统的总体结构主要由采集传输层、通信网络层、数据资源层、应用支撑层、业务应用层、应用门户层6部分组成。

2.2.1　采集传输层

采集传输层是系统的数据源基础。信息采集方式包括自动采集、人工采集、在线交换和离线交换等。自动采集方式是指通过自动采集设备进行在线监测，涵盖范围自信息采集端至系统的信息传输接收端；人工采集方式是指人工录入信息，涵盖系统应用各层级的客户端；在线交换方式是指通过网络互连进行信息的在线交换，涵盖系统需要在线直连的各外部信息资源存储设备，主要包括奉贤区水务条线、与本系统共享交换信息的市水务局、区气象局等部门；离线交换方式是指通过其他介质进行信息的交换，如纸质成果数据等。

2.2.2　通信网络层

通信网络层的通信网络主要包括局域网和广域网。局域网主要包括局内部局域网；广域网主要包括市政务外网和水务专网。通信网络主要依托社会公网、水利信息骨干网、政务外网进行搭建，本次项目建设将利用奉贤区政务网实现各单位的网络互联。

2.2.3　数据资源层

数据资源层是系统信息汇集的目的地，主要实现数据存储与管理。数据管理内容主要包括基础地形与遥感影像空间数据库、实时监测数据库、基础设施数据库、防汛应急数据库、工程管理数据库及系统配置数据库等，以及与实体数据库相对应的元数据库、数据字典，本次项目将利用区云平台基础设施环境。

2.2.4　应用支撑层

应用支撑层主要由系统资源服务、公共基础服务、应用支持服务、业务服务等组成。系统资源服务主要包括移动终端接入服务、统一数据访问服务、数据转换服务、数据交换服务、元数据管理、数据字典管理、系统资源管理。公共基础服务主要包括统一数据查询服务、安全服务、算法服务、消息服务、内容管理与信息发布。应用支持服务主要包括GIS服务、报表与图表服务、事务流程服务、统一用户管理服务等。业务服务主要提供告警服务、数据查询服务、统计分析服务、人机界面展示处理等相关服务。服务管理主要包括服务调用、服务装配、服务定制、服务日志、服务注册、服务监控等。

2.2.5　业务应用层

业务应用层依托应用支撑平台环境，建设综合预警监视、统计分析、设施管理、工程管理、站网管理、计划用水业务管理等业务应用。

2.2.6　应用门户层

应用门户层是直接与用户进行交互的层面，面向业务人员提供业务管理门户，实现各种应用系统、数据资源和主题服务的访问；面向社会公众提供综合信息服务门户，实现各类信息的发布。应用门户层遵循水利信息化“五统一”原则，实现统一门户、统一身份、统一受理、统一反馈、统一监管。

2.3　模块划分

2.3.1　综合预警监视

以奉贤区水务一张图为背景，通过叠加水闸、泵站、水位站、流量站等专题图层，实现对现地监测信息的实时监视与告警，在系统中进行统一展示。支持信息自动报警，可实现监测信息的超标、超限报警以及设施的故障报警功能。当监测值发生异常或监测设备发生故障时，报警系统可通过闪烁、声音、短信等方式进行自动报警，提示工作人员采取应对措施对异常情况进行处理。

2.3.2　水文信息预警

建设水文信息预警服务，在水文实时信息服务系统采集信息的基础上，设定信息预警规则，通过对采集信息（如水情、雨情、流量、水质）进行自动监视，对超标数据进行预警并自动发报。

2.3.3　设施管理

以奉贤区基础地形及遥感图为基础图层，以 GIS 技术为显示手段，查询与统计区行政区划内、河道蓝线、水文站点、排水设施、供水设施、防汛墙等基础设施数据，主要功能包括各类水利设施基础信息管理和查询。

2.3.4　工程管理

水务条线结合自己工程管理建设实际情况，实现工程项目的事前检查、事中控制、事后监管的全过程管理；实现水务行业工程建设、设施运行养护的全过程动态监管，满足行业管理部门对水务工程建设感知化掌控。

2.3.5　计划用水业务管理

基础资料管理为系统使用的分类信息和基础资料信息提供管理功能，主要包括管理块信息、行政区管理、行业类型信息、水价信息等管理模块。用水水价管理针对管理对象和水价计算方式不同，提供自来水超计划加价水价管理，为用水收费提供水价标准和水价计算方式。用水户管理包括用水户户籍管理和用水工程设施信息管理。用水户户籍管理主要管理自来水计划用水户的基础信息，并实现开户、分户、改户、并户、销户等户籍管理功能。用水工程设施信息管理提供自来水计量设施管理，实现水表与自来水计划用水户关联，并提供增表、销表等设施管理功能。

根据《上海市用水定额》制定定额指标和定额计算模型用于用水户的定额考核。制定用水计划模型为用水户制订年度用水计划和月度用水计划。提供用水户柜台、电话等多途径的业务申请和咨询，业务包含年计划调整、月计划调整、计划转移。对自来水公司每月提交给水资源管理所的用户水量数据进行管理。对数据的真实性进行核实，对核实有误的予以修改。

主要包括转换自来水公司数据、提取考核表数据、抄表数据修改、开账等功能。提供多种收费方式方便用户缴费，包括托收、支票、现金、付委等。根据收费开账等要求打印相关的单据，包括缴款通知单、账单、托收凭证、重托单等。对发票需要有严格的管理，包括入库、领用、作废、还原、打印等。根据已出的账单，提供多种方式进行账务处理，包括转账、销账、冲账、到账管理、银行账清单、退款、托收退票、发票管理等。

奉贤区水务公共信息平台系统截图见图 2。

3　小结

奉贤区水务公共信息平台充分利用已建的水利基础设施，最大限度地整合已有信息和公用信息，同时采用全国统一的水资源信息化标准体系，在技术上保证数据和应用的集成，

图 2　奉贤区水务公共信息平台系统截图

实现资源共享，避免重复投资，具有显著的经济效益。系统的建设提高了监控与管理工作效率，提高了信息资源利用率，降低了管理成本，实现了监控与管理日常工作从传统管理方式到信息化管理方式的转变，提高了对突发事件的应急反应能力，优化了工作流程，改进了管理工作模式。

奉贤区水务公共信息平台为奉贤区水资源的统一调度提供了重要手段，可进一步加强河网水系的优化配置与调度，从而实现减少水污染、提高奉贤区河道水体自净化能力的目标，提高水资源可持续利用水平。通过系统的建设，进一步促进了河道水位、水量、水质等信息的全面有效应用，促进水环境和生态环境的良性发展，为推进奉贤区水资源的有效利用，促进环境逐步改善、生态逐步恢复提供技术支撑。

参考文献

[1] 魏梓兴，桑保良，汪结春，等. 上海市水利建设与管理论文集[M]. 郑州：黄河水利出版社，2008.

[2] 李宁，王京晶，徐寅，等. 基于 GIS 的水务基础地理信息平台设计及应用[J]. 科技经济导刊，2017(21)：34－35.

[3] 孙国庆. 基于 GIS 的智慧水务平台软件设计与实现[J]. 物联网技术，2017，7(6)：100－102.

[4] 张小娟，唐锚，刘梅，等. 北京市智慧水务建设构想[J]. 水利信息化，2014(1)：64－68.

[5] 陈宏峰. 论现代水务信息化门户平台的规划与设计[J]. 水利科技与经济，2011，17(8)：92－94.

[6] 郑晓阳，胡传廉，李佼，等. “一张图”水务信息整合共享实践[J]. 水利信息化，2010(2)：21－25.

浅谈数据挖掘技术在水利工程管理中的应用

沈闳示

（上海市松江区水利工程管理所，上海 201600）

摘　要：数据挖掘技术可以对水利工程相关数据进行综合分析，为水利工程运行的管理开辟新视界，更有利于管理的科学性与合理性。如何从大量繁杂的数据中寻找出潜在有价值的数据，并进行技术处理是关键所在。本文通过分类模型中决策树的建立来尝试构建模型，发挥数据挖掘技术在水利工程管理中的作用。

关键词：水利工程管理；数据挖掘；决策树

1　引言

松江区水利工程管理所管辖的各水闸在防汛、调水等各项工作中起着重要作用。随着科学技术水平的不断发展，工程的基础设施设备也在不断完善。特别是水闸监控系统的不断升级完善，采集数据，对水利工程管理在精度、效率等方面起着重要作用。数据的收集产生了大量的数据，对这些数据通过建立数据挖掘模型和采用数据挖掘技术，能够使人们更有效地进行水利工程运行管理。

2　数据挖掘

2.1　什么是数据挖掘

数据挖掘是一种技术，它将传统的数据分析方法与处理大量数据的复杂算法相结合，能从大量的、不完全的、模糊的、随机的实际应用数据中，提取出隐含在其中的人们事先没发现的但又是潜在有用的数据和信息。现在，随着各行各业自动化、信息化的实现，大量的业务数据产生了。这类深层次的数据分析方法，能为行业决策提供真正有价值的信息。

2.2　为什么要用数据挖掘

社会的发展越来越要求水利工程的精细化管理，而数据挖掘技术的应用对水利工程精细化管理的促进作用是十分重要的。在传统的数据分析技术中，往往需要基于一种假设来设计实验，收集数据，然后针对假设情况分析数据。这一过程劳神费力，实际情况可能存在着成百上千种可能，对每一种可能情况假设并合理设计实验进行评估的工作量十分巨大，因此需要人们开发一些数据挖掘模型来自动地产生评估和假设。同时，数据挖掘也是数据库知识发现的步骤之一。在当前信息时代下，我们要通过计算机、互联网自动进行搜索、统计、分析、学习，使之服务于水利工程运行管理。

作者简介：沈闳示（1982—　），男，助理工程师，工学学士，从事水利工程信息化应用工作。E-mail：conan_shs@163.com。

3 水利工程管理数据挖掘模型

3.1 数据挖掘对水利工程的重要性

在水利工程的运行过程中,相关数据的挖掘可以获得许多有价值的二次数据与信息,有助于提高管理能力与决策水平。松江区的许多水利工程都运行了很长时间,一些水利工程建于20世纪六七十年代,距今已有半个世纪。在水利工程运行过程中,我们会不断发现问题,并在此基础上分析问题、解决问题,由此积累了大量的经验和数据。在实际运用中,影响水利工程运行管理的数据不仅限于水利工程相关数据,往往也会涉及气象气候、地貌形态、洪涝灾情、社会经济等方面的数据。但是,这些方面的数据关联较少,它们几乎都处于独立的系统中,数据的格式也不统一。运用数据挖掘技术能更好地进行数据的分类、关联处理、类聚和分析,甚至进行预测,这是传统数据处理模式无法做到的。

3.2 数据挖掘的算法过程与模型构建

在进行数据挖掘时,我们首先要进行行业理解,即我们需要解决什么问题,达到什么目的;其次需要进行数据理解,即我们需要哪些数据以及什么样的数据;再次进行数据准备,即进行数据采集并进行数据预处理;最后采用数据挖掘算法,建立数据挖掘模型,尝试去解决实际问题。

3.2.1 数据预处理

水利工程不同设备采集的数据或从其他数据源导入的数据可能存在数据不完整、类型不一致、质量不一致等情况,直接使用可能无法进行数据挖掘,这时通常需要对数据进行预处理才能进一步使用,包括数据的清理、集成、变换和归约。数据清理对数据的缺失属性进行填充,对数据进行光滑处理、识别并删除数据中的异常点。数据集成用以解决多个数据源接入时带来的不一致问题。数据变换将数据转换为数据挖掘适用的形式。数据归约是在保持原数据完整性的情况下,将大数据量归约形成数据集,以减少输入数据量,从而减少分析时长。

3.2.2 分类模型

分类模型有逻辑回归、决策树、支持向量机等多种。这里拿决策树分类模型做说明,采用自上而下的递归方式构造决策树,以样本为基础进行学习。

假设 D 是一个训练数据集,含有 n 个类别的数据,那么 D 的信息熵为 $Info(D) = -\sum_{i=1}^{n} p_i \log_2(p_i)$,其中 p_i 表示类别 i 样本数量所占比例。选择特征 A 作为决策树判断的某一节点,将样本 D 分为 m 个部分,则在特征 A 作用下的信息熵为 $Info_A(D) = \sum_{j=1}^{m} \frac{D_j}{D} Info(D_j)$,信息增益为 $Gain(A) = Info(D) - Info_A(D)$,特征选择越合适,值越大。

在分类模型建立的过程中,容易出现过拟合的现象,可通过剪枝进行一定程度的修复。剪枝分为预先剪枝与后剪枝。预先剪枝是指在决策树生长过程中,加以一定条件的限制。比如,当信息增益小于一定阈值时,通过剪枝使其停止某一方向的生长,但如何通过依据确定阈值大小是关键所在,太高导致拟合不足,太低又容易过拟合。后剪枝是在决策树生长完成后,采用自下而上的方式进行修剪。一种是用新的叶节点代替子树,该节点由子树中的关键类决定;一种是用子树中最常用的分支代替子树。预先剪枝与后剪枝各有优缺点,预先剪枝能节省计算代价,但可能过早终结决策树的生长;后剪枝能产生更有精度的效果,但决策树生成过程中的一部分计算被浪费了。

决策树的整个创建流程如下:

(1) 创建节点 N。

(2) 判断训练数据集 D,若属于同一类,则标记为 C,N 为叶节点。

(3) 若训练集属性为空,则 D 为叶节点,该节点为 D 中出现最多的类。

(4) 若不满足(2)(3),则对 D 各属性进行信息增益计算。

(5) 选取最高信息增益的属性,将训练数据集 D 进行分割生成新的子节点 N_i($i=1,2,3,\cdots,n$)。

(6) 对每个新子节点 N_i 进行判断。若叶节点对应的样本子集 D_i 为空,则分裂一个新叶节点,否则重复(2)~(6)继续分裂。

(7) 计算每个节点的偏差值,设定合理的阈值,并进行剪枝。

3.3 一个例子

以某设备为例,假设输入特征包括振动强度平均值、温度、湿度、累计运行时间,通过决策树分析历史数据和仿真数据,预测设备的故障。收集的有效数据越多,可靠性越大(表 1)。

表 1 某设备的训练数据集

序号	振动强度	温度	湿度	运行时间	故障(1:故障;0:正常)
1	高	热	湿	长	1
2	高	冷	中	短	1
3	高	冷	干	长	0
4	中	热	中	短	0
5	低	冷	湿	短	1
6	低	中	干	短	0
7	低	中	干	长	1
8	高	中	湿	短	1
9	中	冷	干	短	0
10	中	冷	湿	长	0
11	高	中	湿	短	1
12	高	热	湿	长	1
⋮	⋮	⋮	⋮	⋮	⋮

3.3.1 计算信息熵

我们检查特征属性"故障",一共 n 条记录,样本取值为 1 的有 n_1 条,为 0 的有 n_2 条。记样

本有 n_1 个正例，n_2 个负例，记为 $S=(n_{1+},n_{2-})$。以表 1 中 12 个数据记录为例，则 $S=(7+,5-)$。$Info(S)=-(n_1/n)\log(n_1/n)-(n_2/n)\log(n_2/n)$，为书写方便，用 $\log(x)$ 表示 $\log_2(x)$。以表 1 中 12 个数据记录为例，$Info(S)=-(7/12)\log(7/12)-(5/12)\log(5/12)=0.98$ 。

3.3.2 计算某一特征属性作用下的信息熵及信息增益

以“振动强度”为例，分别计算特征值{高，中，低}下的信息熵。

$Info$(强度：高)$=-(5/6)*\log(5/6)-(1/6)*\log(1/6)=0.65$。

$Info$(强度：中)$=-(3/3)*\log(3/3)=0$。

$Info$(强度：低)$=-(2/3)*\log(2/3)-(1/3)*\log(1/3)=0.92$。

$Gain$(强度)$=Info(S)-(6/12)*0.65-(3/12)*0-(3/12)*0.92=0.425$。

同理求得 $Gain$(温度)$=0.076$，$Gain$(湿度)$=0.218$，$Gain$(运行时间)$=0.001$。

选取信息增益最大的“振动强度”作为根节点。

以此类推，依次选出后续节点。

3.3.3 部分 python 代码

使用 scikit-learn 自带的 DictVectorizer()类将字典转换为要求的矩阵数据，featureList 和 labelList 为已经过数据预处理的字典形式。

```
from sklearn.feature_extraction import DictVectorizer
from sklearn import preprocessing
#将原始数据转换成矩阵数据
di_vec=DictVectorizer()
train_data=di_vec.fit_transform(featureList).toarray()
#将要预测的列转化为数组
la_bin=preprocessing.LabelBinarizer()
fore_data=la_bin.fit_transform(labelList)


from sklearn import tree
#创建决策树
cdt=tree.DecisionTreeClassifier(criterion='entropy')
cdt=clf.fit(train_data,fore_data)
print('cdt:'+str(cdt))
```

3.4 决策树在水闸水位预测中的应用及分析

水位数据的变化对水闸在防汛、调水、通航等工作中起着重要的参考作用。水闸在运行管理中如能比较准确地预测今后一段时间内的水位，就能对各项工作的开展提前布局。

以水闸监测系统记录的水位历史数据作为训练集对未来水位进行预测。为简化问题的复杂性，消除瞬时水位的不平稳性，本案例中对水位增量 ΔZ 进行预测，设为当日 6 时到次日 6 时水位的增量。

首先确定属性集，本例中选取多个特征 C_{ij}：水闸监测点 1 当日水位与前一日水位差值 C_{11}，前一日水位与前二日水位差值 C_{12}，前二日水位与前三日水位差值 C_{13}…… 水闸监测点 2 当日水位与前一日水位差值 C_{21}，前一日水位与前二日水位差值 C_{22}，前二日水位与前三日水位差值 C_{23}…… 其次对训练集按表 2 进行分类。

表 2　水闸水位数据的分类

分类	C_{ij} (ΔZ)取值范围(m)
1	$C_{ij}>0.20$
2	$0.15<C_{ij}\leqslant 0.20$
3	$0.10<C_{ij}\leqslant 0.15$
4	$0.05<C_{ij}\leqslant 0.10$
5	$0<C_{ij}\leqslant 0.05$
6	$-0.05<C_{ij}\leqslant 0$
7	$-0.10<C_{ij}\leqslant -0.05$
8	$-0.15<C_{ij}\leqslant -0.10$
9	$-0.20<C_{ij}\leqslant -0.15$
10	$C_{ij}\leqslant -0.20$

确定属性和分类后，对 2012—2016 年水位监测数据组成的训练集进行挖掘并构建决策树，预测 2017 年数据并与当年记录的历史数据进行比对，检验发现，多数预测准确。

对分类模型的分析及改进：

(1) 水位监测数据定时采集并传输，在选取特征属性时如能增加时间跨度并缩小时间差值(如与更多天前的水位数据对比，每小时水位差等特征)，引入更多的训练集(更多年份的历史数据)，并对 ΔZ 划分更细，那么预测精度将更高，但会增加更多的计算。

(2) 现有水闸监测系统有一定的故障率，在记录中存有不少空数据和错误数据，对逻辑回归模型影响较大，因此采用决策树模型，但还是会降低不少预测准确率。

(3) 水位数据受较多因素影响。只通过历史数据来预测的准确率并不高，如果能引入上下游及多个关键点水位、流速、流量等水文数据，获取降雨量、气温、风力等气象数据，考虑水位周期、支流入汇及分流、地壳运动、区域内水利设施运行影响等多种因素，那么数据完整性和预测准确率将得到极大提高。而这些都需要与水文、气象等多个数据库对接。

4　结语

本文粗浅地探讨了水利工程管理中的数据挖掘模型，采用广泛应用的决策树为分类模型，能集中反映大量历史数据的规律性，且数据量越大，预测精度越高。但也应看到模型的构建存在缺陷，一是要对应用场景加以筛别，由于决策树采用了分治的策略，缺乏启发式搜索的机制，分组效率较低，不适用于时效性强的场景；在内部节点构造过程中采用的是局部最优搜索方式，尽管结果有较高的准确性，但达不到全局最优，因此也不适用于需宏观判断的场景。二是模拟场景或仿真数据与实际情况存在较大差别，还需根据具体情况进一步深入研究并加以改进。

参考文献

[1] 曾敬松，汪丁怀. 关于水利工程管理数据挖掘模型探究[J]. 新材料新装饰，2014(5)：439.
[2] [美] Pang-NingTan，Michael Steinbach，Vipin Kumar. 数据挖掘导论(完整版)[M]. 范明，范宏建，等，译. 北京：人民邮电出版社，2011.
[3] [美]Tom M. Mitchell. 机器学习[M]. 曾华军，张银奎，译. 北京：机械工业出版社，2003.